A Invenção da Pornografia

A Invenção da Pornografia

Obscenidade e as Origens da Modernidade, 1500-1800

Organização: Lynn Hunt

Tradução: Carlos Szlak
1ª edição

hedra

São Paulo 1999

Título original
The Invention of Pornography

Capa
Raul Loureiro

Projeto gráfico e editoração (miolo)
Fabiana Pinheiro

Tratamento de imagens
Murillo Medina

Preparação de texto
Iuri Pereira

Revisão
Artesãs das Palavras
Fábio Furtado

Dados Internacionais de Catalogação na Publicação (CIP)
(Câmara Brasileira do Livro, SP, Brasil)

A Invenção da Pornografia: Obscenidade e as Origens da Modernidade
Organização Lynn Hunt; tradução Carlos Szlak. — 1ª ed. — São Paulo: Hedra, 1999.

Título original: The Invention of Pornography.
Vários autores.
Bibliografia.
ISBN 85-87328-03-4

1. História Social 2. Pornografia — Europa — História I. Hunt, Lynn. CDD-363.47

99-4258

Índices para catálogo sistemático:
1. Europa: Pornografia: História 363.47
2. Europa: Obscenidade: História 363.47

[1999]

EDITORA HEDRA LTDA.
rua fradique coutinho, 1139 - 2º andar
05416-011 São Paulo - SP - Brasil
telefone/fax: (011) 867-8304
hedra@ibm.net
www.hedra.com.br

Foi feito o depósito legal

Sumário

Agradecimentos

Estes ensaios foram apresentados no seminário "A Invenção da Pornografia", promovido por The School of Arts and Sciences e por Annenberg Fund do Departamento de História da Universidade da Pennsylvania, em outubro de 1991. Agradeço a Victoria Thompson, Jeffrey Horn e David Smith, estudantes de graduação do departamento, que ajudaram na organização do evento. Sou grato também aos participantes do seminário, que contribuíram com comentários e questionamentos.

Introdução:

Obscenidade e as Origens da Modernidade, 1500-1800

Lynn Hunt

A Pornografia Tem uma História

A pornografia ainda provoca um intenso debate, mas, atualmente, no Ocidente, está ao alcance de consumidores adultos e também de estudiosos. Quando visitamos a Sala Reservada da Biblioteca Nacional francesa, vemos que restaram poucas lembranças do segredo que outrora envolvia a famosa Collection de l'Enfer [Coleção do Inferno]. Até 1992, ainda era necessário preencher um formulário para justificar o "motivo exato da solicitação". Um asterisco na página de rosto do formulário remetia a uma observação no verso, segundo a qual "explicações genéricas ou vagas ('pesquisa científica', 'documentação', 'pesquisa pessoal') não seriam aceitas". Ao ler essas palavras de advertência torna-se difícil não pensar em bibliotecários afetados e preocupados, que tentam manter livros obscenos fora do alcance das pessoas erradas. A maioria, homens de meia-idade vestindo paletós puídos, provavelmente procurando algo diferente da erudição. É um sinal da mudança dos tempos que ninguém mais questione suas razões.

A própria existência da Collection de l'Enfer ou da Private Case, sua equivalente inglesa na Biblioteca Britânica, define e esclarece a pornografia de um modo original. Ela não constituía uma categoria de literatura ou de representação visual independente e distinta antes do início do século XIX. Se a consideramos como representação explícita dos órgãos e das práticas sexuais para estimular sensações, então, até meados ou final do século XVIII, a pornografia era quase sempre algo além. Na Europa, entre 1500 e 1800, era mais freqüentemente um veículo que usava o sexo para chocar e criticar as autoridades políticas e religiosas. Porém, emergiu lentamente como categoria distinta nos séculos entre o Renascimento e a Revolução Francesa, por causa, em parte, da difusão da própria cultura impressa. O desenvolvimento da pornografia ocorreu a partir dos avanços e retrocessos da atividade desordenada de escritores, pintores e gravadores, empenhados em pôr à prova os limites do "decente" e a censura da autoridade eclesiástica e secular.

Embora o desejo, a sensualidade, o erotismo e até mesmo a representação explícita dos órgãos sexuais possam ser encontrados em muitos, senão em todos, tempos e lugares, a pornografia como categoria legal e artística parece ser um conceito tipicamente ocidental, com cronologia e geografia particulares. Em seu sentido moderno, o termo só foi definido e difundido no século XIX. Por isso, alguns estudiosos consideram o final do século XVIII e o início do XIX decisivos para o desenvolvimento da noção moderna de pornografia. Mas as fontes principais da tradição pornográfica moderna e de sua censura podem ser buscadas na Itália do século XVI e na França e Inglaterra dos séculos XVII e XVIII, apesar dos antecedentes da Grécia e Roma antigas. Os ensaios deste livro vão enfocar esse período e esses lugares — os séculos XV a XVIII da Europa Ocidental.

A pornografia adquiriu existência simultaneamente como prática literária e visual e como categoria de pesquisa, acompanhando a longa emergência da modernidade no Ocidente. Está relacionada aos principais momentos desse processo: o Renascimento, a Revolução Científica, o Iluminismo e a Revolução Francesa. Os autores e gravadores pornográficos surgiram entre os hereges, livres-pensadores e libertinos de reputação duvidosa, que ocupam uma posição inferior entre os promotores do progresso do Ocidente. Por essa razão, a perspectiva histórica é crucial para a compreensão da pornografia na cultura contemporânea. A pornografia não foi espontânea, foi definida num longo processo de conflitos entre escritores, pintores e gravadores, por um lado, e espiões, policiais, padres e funcionários públicos, por outro. Seu significado político e cultural não pode ser separado de seu aparecimento como categoria de pensamento, representação e regulamentação[1].

A pornografia moderna inicial revela algumas das mais importantes características da cultura moderna. Vinculada ao livre-pensamento e à heresia, à ciência, à filosofia natural e aos ataques à autoridade política absolutista, ressalta especialmente as diferenças de gênero que se desenvolviam na cultura da modernidade. Embora essas primeiras manifestações não bastem para que se julgue o valor da pornografia moderna, a compreensão de sua história é essencial para o debate. O relatório da Meese Commission sobre pornografia, de 1986, reconheceu a necessidade de uma perspectiva histórica, lamentando que "a história da pornografia ainda precisa ser escrita"[2]. No texto final, contendo 1.960 páginas, apenas 16 dedicam-se à história da pornografia em todos os tempos e lugares (ou seja, menos de 1% do total), e 49 páginas sobre a história da regulamentação da pornografia. Essa desproporção entre a história da prá-

1. Meus estudos sobre pornografia foram influenciados pelas diversas obras de Michel Foucault sobre a emergência histórica dos discursos da vida moderna; assim como a medicina, a loucura, a prisão e a sexualidade, a pornografia deve ser considerada produto das novas formas de regulamentação e dos novos desejos de saber. Embora o interesse pela pornografia e, particularmente, pelo marquês de Sade seja evidente em muitas de suas obras, Foucault não se dedica ao assunto. Sobre Sade, ver Michel Foucault, *The History of Sexuality: An Introduction*, trad. Robert Hurley, Nova Iorque, Random House, 1980, pp. 148-9. (Ed. bras. *A História da Sexualidade* vol. 1, Rio de Janeiro, Graal,1999)
2. Departamento de Justiça dos EUA, *Attorney General's Commission on Pornography. Final Report*, 2 vols., Washington, DC, 1986, p. 233.

tica e a história de sua regulamentação demonstra que os esforços empreendidos para controlar a pornografia contribuíram, em parte, para a sua definição.

O sucinto panorama histórico delineado pelo relatório, porém, surpreende, e revela que o controle dos trabalhos manuscritos e impressos na Europa dos tempos medievais até o século XVII era feito em nome da religião e da política, e não em nome da decência, indicando que as leis modernas sobre a obscenidade se formaram apenas no início do século XIX. Por exemplo, nos Estados Unidos, a primeira condenação para crime de difamação obscena, baseada no direito consuetudinário, aconteceu na Pensilvânia, em 1815, no caso Commonwealth contra Sharpless. Como o relatório da Meese Commission mostra, embora o controle da pornografia não seja uma invenção dos tempos modernos, a regulamentação do início do século XIX assinalou um evidente ponto de partida para preocupações mais antigas[3].

Na obra *The Secret Museum* [*O museu secreto*], Walter Kendrik traça com mais precisão as origens da postura moderna em relação à pornografia. O autor atribui a invenção da pornografia à conjunção de dois fatos muito diferentes ocorridos entre o fim do século XVIII e as primeiras décadas do século XIX: a criação de "museus secretos" para objetos classificados como pornográficos e o volume crescente de escritos sobre prostituição. Kendrik situou o museu secreto (seja na forma de recintos fechados à chave, seja na forma de bens não-catalogados) no contexto da regulamentação cautelosa do consumo do obsceno e no contexto de exclusão dos operários e das mulheres. Com o crescimento da alfabetização e a difusão da educa-

3. A conclusão da histórica seção da Meese Commission é, no entanto, decepcionante e vaga: "Em todo caso, concluir que a proibição da discussão pública das práticas sexuais e de suas representações é um fenômeno totalmente moderno exagera a questão e interpreta mal os tempos antigos. Mas supor que, antes de 1850, as discussões públicas sobre sexualidade e suas descrições foram sempre proibidas, como nos países de língua inglesa de 1850 a 1950, é igualmente equivocado". Departamento de Justiça, *Attorney General's Commission*, p. 236.

ção, o expurgo das obras clássicas pornográficas tornou-se necessário. Na literatura de língua inglesa, essa prática começou no início do século XVIII, floresceu ao longo do século XIX e teve um fim abrupto, mas não definitivo, no período da Primeira Guerra Mundial. Portanto, a promiscuidade das representações do obsceno — "quando passou a ser possível exibir qualquer coisa para qualquer pessoa"[4] — gerou o desejo por barreiras, catalogações, novas classificações e censura. Em outras palavras, a pornografia como categoria regulamentada surgiu em resposta à ameaça de democratização da cultura. Como a própria Meese Comission observou — apesar da cronologia equivocada e da exposição incompleta — "nos últimos cem anos, quase todos os escritos, esboços ou material impresso ficaram restritos a um pequeno segmento da população, constituído pela elite social"[5]. A pornografia começou a aparecer como gênero distinto de representação quando a cultura impressa possibilitou às massas a obtenção de escritos e ilustrações.

Segundo Kendrik, o conceito foi definido historicamente, e seu desenvolvimento como categoria esteve sempre sujeito a conflitos e mudanças. "A 'pornografia' especifica um argumento, não uma coisa", e designa uma zona de batalha cultural. A obscenidade existiu justamente como distinção entre o comportamento privado e o público. Mas segundo Kendrick, aproximadamente em meados do século XIX o equilíbrio entre obscenidade e decência, privado e público foi abalado, e a pornografia emergiu, então, como preocupação governamental distinta[6].

Em termos lingüísticos, os meados do século XIX foram cruciais. Em 1857, a palavra *pornografia* apareceu pela primeira vez no *Oxford English Dictionary*, e a maioria de suas variações — *pornógrafo* e *pornográfico* — datam do mesmo período. Esses verbetes surgiram na França um pouco antes. Segun-

4. Walter Kendrick, *The Secret Museum: Pornography in Modern Culture*, Nova Iorque, Penguin, 1987, p. 57.
5. Departamento de Justiça, *Attorney General's Commission*, p. 235.
6. Kendrick, *op. cit.*, p. 31.

do o *Trésor de la langue française*, a palavra *pornographe* apareceu primeiro em 1769, no tratado de Restif de la Brettone intitulado *Le Pornographe*, aludindo a textos sobre prostituição, enquanto *pornographique, pornographe* e *pornographie*, no sentido de escritos ou imagens obscenos, datam de 1830 e 1840[7]. Aparentemente, a Collection de l'Enfer, da Biblioteca Nacional, foi constituída em 1836, embora a idéia existisse desde o regime napoleônico e, talvez, até mesmo antes[8]. Portanto, nas décadas pouco anteriores e pouco posteriores à Revolução Francesa, o termo começou a ganhar consistência, fato que nada tem de acidental.

Encontrei o primeiro uso moderno do termo pornografia no *Dictionnaire critique, littéraire e bibliographique des principaux livres condamnés au feu, supprimés ou censurés*, de Etienne-Gabriel Peignot, publicado em Paris, em 1806. Peignot não estava interessado apenas na catalogação dos livros censurados, mas nas razões dessa condenação. No prefácio, estabeleceu três tipos de justificativa: religiosa, política e moral. Na categoria moral, incluiu os livros que perturbavam a ordem social e transgrediam a boa moral. Além disso, subdividiu essa categoria em: obras que, mesmo não sendo obscenas, eram recheadas de "opiniões bizarras e perigosas", como *Émile*, de Rousseau, e os livros de Helvétius; obras imorais escritas em prosa "denominadas *sotadique* ou pornográficas"; e obras do mesmo tipo escritas em verso. Portanto, associou a pornografia à imoralidade e à necessidade de proteger-se a sociedade[9].

7. *Trésor de la langue française*, Paris, Centre Nationale de la Recherche Scientifique, 1988, vol. 13, pp. 786-7.
8. Há uma discussão sobre essa literatura em Annie Stora-Lamarre, *L'Enfer de la IIIe République: Censeurs et pornographes, (1881-1914)*, Paris, Imago, 1990, pp. 14-5.
9. Etienne-Gabriel Peignot, *Dictionnaire critique, littéraire et bibliographique des principaux livres condamnés au feu, supprimés ou censurés*, 2 vols., Paris, 1806, vol. 1, p. xij. (Mencionarei as traduções do francês que não forem de minha autoria.) Peignou usou os termos *pornographique* e *sotadique* como sinônimos. O verbete *sotadique* vem do latim *sotadicus*, que advém do nome de um poeta obsceno grego, Sotades. Agradeço à colega Ruth Mazo Karras por ajudar no esclarecimento do significado dessa palavra.

Peignot diplomou-se em direito, foi bibliotecário e inspetor escolar. Estava atento, sem dúvida, às discussões modernas sobre pornografia: legislação, classificação bibliotecária e consideração de seu efeito sobre a moral. Ainda no prefácio de seu dicionário, Peignot recordou todos os primeiros catalogadores da pornografia e os comentários mais em voga, ou seja, usou-os como uma espécie de garantia, reconhecendo a "delicadeza" do tema abordado: "Fiz o possível para tratá-lo de modo apropriado, isto é, de modo a não chocar alguma opinião, mas para inspirar horror aos depravados de espírito que incitaram a severidade das leis". Como seus sucessores, insistiu na necessidade de promover pesquisas de modo rigoroso e imparcial. Segundo o autor, alguns livros foram censurados injustamente e muitos escritores e livreiros foram punidos com severidade excessiva, quando seria mais do que suficiente a simples supressão da publicação. Peignot apreendeu o problema da publicação de uma obra em uma sociedade supostamente moderna. Os livros deveriam ser condenados não por desagradar as autoridades religiosas e políticas, mas por transgredir a ordem social[10].

Peignot reconheceu a contradição implícita na discussão sobre literatura pornográfica: ao escrever a respeito do asqueroso, não estaria promovendo o assunto, justamente o que a boa moral tentava impedir? Para contornar esse problema, declara que citou poucas obras pornográficas, ainda que estas sejam, "infelizmente, muito numerosas". Sua relutância tinha dois motivos: seria perigoso tornar esses livros conhecidos e alguns deles foram publicamente condenados. A polícia, alega o autor, geralmente tirava esses livros de circulação em segredo. Então faz uma relação representativa dos mais repugnantes e cita muitos, embora não todos, em seu dicionário. Assim, Peignot situava-se exatamente no campo de batalha decisivo identificado por Kendrick: no limite entre as zonas da escuridão e da luz, do secreto e do revelado, do oculto e do evidente.

10. *Idem*, p. vij.

Peignot ampliou a zona de luz ao compilar seu dicionário, embora supostamente condenando certos livros às trevas[11].

Considerando o modo como Peignot elaborou sua lista dos livros imorais e repulsivos, torna-se evidente que, no início do século XIX, uma espécie de cânone dos escritos pornográficos já interessava os especialistas. No topo da lista das obras em prosa estavam *P – des Ch –; Th – ph –* e *A – des d –*. Por ter revelado que o autor da primeira obra era o "tradutor" da última, Peignot não declara os títulos completos para não desapontar ninguém: *Histoire de Dom Bougre, portier des Chartreux* (1741), *Thérèse philosophe* (1748) e *L'Académie des dames* (1660). Na mesma categoria, incluiu as obras libertinas, tanto de Fromaget (autor de *Le Cousin de Mahomet*, 1742) como de Crébillon, o Filho; além de *Les Bijoux indiscrets; Jacques, le fataliste* e *La Religieuse*, de Diderot; *Les Liaisons dangereuses*, de Laclos; *Le Poëte* (Pierre-Jean-Baptiste Desforges, 1798); e *Veillées conjugales* e *Galerie de six femmes*, de Desf (provavelmente, *Galerie des femmes*, de Victor-Joseph-Etienne de Jouy, 1799). Entre as diversas obras em verso enumeradas por Peignot, estão: *Pucelle d'Orleans*, de Voltaire (1755), *Chandelle d'Arras*, de Dulaurent (1765), *Ode à Priape*, de Piron (1710) e *Epigrammes*, de Jean-Baptiste Rousseau, em circulação desde o início do século XVIII (fig. 1.1)[12].

No prefácio, Peignot comenta extensamente a única obra — confiscada pela polícia — que "envolve tudo o que a imaginação mais depravada, cruel e abominável pode oferecer no que diz respeito ao horror e à infâmia": *Justine*. Ao se referir às duas edições, às gravuras e às iniciais do autor (M. D. S.), Peignot deixa claro que muitos, senão a maioria de seus leitores estavam familiarizados com essa obra de Sade. Porém, o próprio Sade não aparece no dicionário, pois Peignot sustenta

11. *Idem*, pp. viij-xij.
12. Peignot fornece os títulos abreviados. Os títulos completos e informações bibliográficas são do *Dictionnaire des oeuvres érotiques: Domanine français*, Paris, Mercure de France, 1971.

Figura I.1: O autor pornográfico. Frontispício de *Histoire de Dom B —, portier des Chartreux* (ed. de Frankfurt, 1748)

que não devemos "avançar demais na direção dos esgotos da literatura"[13].

Em 1806 já havia uma tradição pornográfica francesa. Porém, no corpo do dicionário, Peignot fez uma única lista em ordem alfabética dos livros condenados, sem nenhuma distinção entre pornografia, heresia, subversão política e radicalismo filosófico. Os sonetos de Aretino (1527) e *L'École des filles* (1655) são arrolados junto a *L'Homme machine* (1748), um tratado materialista de Mettrie, sem considerar suas diferenças. Ainda que a pornografia, deixando de ser apenas uma forma secundária de crítica à Igreja e ao Estado, "tenha tornado-se um objetivo em si mesma" nos meados do século XVIII, segundo Peter Wagner a distinção ainda não era bastante compreendida[14]. Robert Darnton demonstrou que, no Antigo Regime francês, todos os livros que ameaçavam a religião, o Estado ou a boa moral foram proibidos e classificados indiscriminadamente como "livros filosóficos", quer fossem panfletos políticos difamatórios, tratados metafísicos, sátiras anticlericais ou histórias pornográficas[15]. No Império napoleônico, críticos como Peignot começaram a considerar a pornografia uma categoria distinta de obras nocivas, mas sua especificidade ainda não estava consumada.

A Tradição Pornográfica

Em setembro de 1800, em Paris, o delegado de polícia Louis-Nicolas Violette recebeu a ordem de investigar uma livraria de obras licenciosas, localizada na Pont Neuf, onde descobriu e inventariou uma grande quantidade de livros. Alguns eram encadernados ricamente a ouro, outros eram mais simples.

13. Peignot, *op. cit.*, pp. xxiv-xxv.
14. Peter Wagner, *Eros Revived: Erotica of the Enlightenment in England and America*, Londres, Secker Warburg, 1988, p. 6.
15. Robert Darnton, *Edition et sédition: L'Univers de la littérature clandestine au XVIIIe siècle*, Paris, Gallimard, 1991, principalmente pp. v, 13-6. (Ed. bras. *Edição e Sedição*, São Paulo, Companhia das Letras, 1992)

Depois de confiscá-los o delegado foi ao apartamento do livreiro, onde encontrou mais três conjuntos de livros proibidos. No mesmo edifício descobriu uma encadernadora e, com ela, duzentas cópias não-encadernadas de *Oeuvres badines*, de Piron, uma antologia de poemas eróticos do século XVIII, reeditada em 1796, com gravuras pornográficas.

A lista do delegado Violette apresentava muitas referências importantes que não constavam no dicionário de Peignot, publicado seis anos mais tarde: *Thérèse philosophe*, *L'Académie des dames* e a poesia de Piron, além de *La Philosophie dans le boudoir*, de Sade. As obras publicadas durante a década revolucionária eram particularmente proeminentes: *Julie philosophe* (1791), *Le Portefeuille des fouteurs* (1793), *Etrennes aux fouteurs* (1793) e os romances de André-Robert Andréa de Nerciat (*Félicia*, de 1775, e a continuação, *Monrose*, de 1792). A polícia sabia o que buscava[16]. Como os livreiros, a polícia tinha suas próprias listas, que se assemelhavam — na verdade, moldavam-se — às dos comerciantes. No final da década de 1790, a polícia francesa possuía um departamento destinado aos atentados contra a moral, que se dedicava a descobrir e confiscar "obras licenciosas"[17].

Esse caso de 1800 mostra que a repressão policial à pornografia foi dirigida a obras pornográficas clássicas e também a tipos mais efêmeros de literatura. Em 1718, quase um século antes, a polícia de Paris enumerou um conjunto de livros tipicamente nocivos, entre os quais figurava, no topo da lista, *L'Académie des dames* e *L'École des filles*, os principais clássicos do século XVII. Havia ainda livros de pornografia política, obras anticlericais e panfletos políticos potencialmente subversivos, mas não pornográficos. Ao lado de notórios clássicos pornográficos, encontravam-se panfletos defendendo os poderes

16. Archives de la Préfecture de la Police [daqui em diante mencionados apenas como APP], Paris, Aa/132/178, Section de la Cité.
17. Ver, por exemplo, os registros do Departamento Central do distrito de Paris do ano V (1795) em APP, Paris, Aa/153/328, Section des gardes françaises, ans III à VI.

da nobreza contra o poder real ou detalhando os amores do recentemente falecido Luís XIV e de outros cortesãos importantes[18].

A pornografia constituiu-se a partir de sua regulamentação e da existência de um mercado para as obras impressas. Os esforços das autoridades religiosas e políticas para regulamentar, censurar e proibir os trabalhos contribuíram, por um lado, para sua definição e, por outro, para a existência de um público leitor para tais obras e de autores empenhados em produzi-las. A censura intensificava o desejo dos leitores, mas é insuficiente para constatar as obras mais procuradas, já que alguns livros proibidos venderam muito, enquanto outros não obtinham o mesmo desempenho. Muitas encomendas dos leitores eram parecidas e os autores faziam referências constantes aos seus predecessores, evidenciando que a informação sobre livros e gravuras pornográficas era fácil de obter, ao menos para a elite e os homens educados.

Os leitores sabiam quais eram as obras "quentes", como Darnton demonstrou em seu estudo sobre os livros mais vendidos, editados pela Société Typographique de Neuchâtel nas últimas décadas do Antigo Regime. Os livros que se sobressaíam na lista de Darnton também foram citados por Peignot em seu prefácio. Segundo Darnton, entre os dez livros mais vendidos de temática religiosa, obscena ou ímpia, destacavam-se *Histoire de Dom Bougre, portier des Chartreux*, *Pucelle d'Orléans* e *Chandelle d'Arras*; entre os dez livros pornográficos mais vendidos, incluíam-se *Thérèse philosophe* e *L'Académie des dames*[19]. O trabalho de Darnton revelou muito sobre os leitores franceses de obras pornográficas do século XVIII, mas a informação sobre outras épocas e lugares é escassa. O caso freqüentemente citado de Samuel Pepys, na Inglaterra, é, infelizmente, a exceção que confirma a regra do silêncio geral.

18. APP, Paris, Aa/4/710-12. Agradeço a Margaret C. Jacob por essa referência.
19. Darnton, *op. cit.*, pp. 220, 223.

Ao contrário da maioria dos escritores de diários, jornalistas ou memorialistas dos séculos XVII e XVIII, Pepys, em 1668, descreveu a compra da obra *L'École des filles* em seu diário:

> Fui até o meu livreiro, onde fiquei uma hora e comprei *L'escholle des Filles*, esse livro fútil e maroto; o qual adquiri em encadernação modesta (evitei uma encadernação melhor), já que vou queimá-lo quando terminar a leitura. Essa obra não pode permanecer ao lado das outras, pois as desonraria caso fosse descoberta.

Dias depois, em linguagem cifrada, Pepys relatou minuciosamente sua masturbação enquanto lia o livro: "[Era um] livro poderosamente lascivo, mas maltratou minha piroca, deixando-a erguida uma porção de tempo; precisei descarregá-la uma vez". Em seguida, queimou o livro como havia prometido, jantou e foi dormir[20]. Os homens respeitáveis (não podemos nem mencionar as mulheres) não mantinham em suas bibliotecas obras consideradas "muito lascivas", embora freqüentemente as procurassem para os seus prazeres privados.

Não surpreende que Pepys tenha adquirido um livro francês, pois a tradição pornográfica francesa era fundamental para o mercado de consumo europeu. Contudo, a literatura francesa não era a única fonte, os escritores ingleses contribuíram com obras importantes para a tradição pornográfica do século XVII e, principalmente, do século XVIII. A tradução francesa de *Memoirs of a woman of pleasure* [*Memórias de uma mulher do prazer*] (conhecida popularmente como *Fanny Hill*), escrita em 1748-1749 por John Cleland, foi uma das obras pornográficas mais vendidas do catálogo da Société Typographique de Neuchâtel[21]. Possivelmente, *Fanny Hill* é o romance pornográfico mais lido de todos os tempos (fig. 1.2). Foi traduzido

20. Samuel Pepys, *The Diary of Samuel Pepys*, Robert Latham e William Matthews (eds.), 11 vols., Berkeley, University of California Press, 1970-1983. Ver os registros de 8 e 9 fev. 1668, vol. 9, pp. 57-9.
21. Darnton, *op. cit.*, p. 223.

Figura I.2: Tradução francesa de *Fanny Hill. La Fille de joie, ou Mémoires de Miss Fanny* (ed. francesa, 1786).

para diversas línguas durante o século XIX – traduções alemãs foram publicadas em 1792, 1863, 1876 e 1906, por exemplo –, figurando ao lado de numerosas traduções de obras francesas. *L'École des filles*, *Histoire de Dom Bougre*, *Thérèse philosophe* e, mais tarde, os ro ances de Sade, apareceram em alemão, espanhol e em outras línguas européias ao longo dos séculos XIX e XX. As traduções dos clássicos pornográficos ingleses e, principalmente, franceses, constituiu o núcleo da literatura pornográfica na Espanha, Alemanha e Holanda, assim como em outros países europeus, e essas traduções eram complementadas pelos originais em francês e inglês[22].

O predomínio de títulos ingleses e franceses pode ser constatado no catálogo da Private Case, da Biblioteca Britânica. A maioria esmagadora dos 1920 títulos são ingleses e franceses. Seguem-se obras em alemão (127 títulos, sendo 28 traduções do francês ou inglês), em italiano (38 títulos), em latim (32 títulos), em espanhol (9 títulos), em holandês (8 títulos), além de livros em húngaro (2 títulos) e um título em finlandês. Antes de 1800, foi rara a publicação de obras pornográficas fora da França e da Inglaterra. Existem três títulos em alemão, publicados entre 1780 e 1790, um em holandês (uma coleção de ilustrações) e nenhum em espanhol. Até meados do século XIX, pelo menos, as publicações francesas e inglesas dominavam a literatura pornográfica européia.

O catálogo da Private Case é a melhor fonte para estabelecer uma cronologia preliminar da pornografia, ainda que privilegie publicações inglesas e francesas. Dos 127 títulos alemães, 3 foram publicados antes de 1850 (todos entre 1780 e 1790), 29 foram publicados entre 1850 e 1899, 46 entre 1900 e 1918, e 32 entre 1919 e 1933[23]. Embora muitas obras pornográficas fossem publicadas na França, na primeira metade do século XIX não se publicaram tantas obras novas. Na *Bibliographie du*

22. Baseei-me em Thomas Liebenzell, *Smut in the British Library: Register zu Kearneys Private Case*, Hamburgo, C. Bell Verlag, 1986, que fornece listas por país.
23. *Idem*.

roman érotique au XIXe siècle (1930), Louis Perceau enumera apenas 26 novas obras entre 1800 e 1850, porém sete vezes mais títulos surgiram entre 1850 e 1900[24]. Entre as últimas décadas do século XIX e as primeiras do século XX, a quantidade de publicações cresceu novamente, em quase todos os países. Após o surgimento da política de massas — a partir da década de 1880 —, outros países passaram a produzir literatura pornográfica, fato que sugere a relação entre pornografia e democracia.

A ausência de tradições pornográficas nacionais fora da França e da Inglaterra fica evidente em um estudo sobre a pornografia russa do século XVIII[25]. No tempo de Catarina, a Grande, a maior biblioteca particular russa possuía grande quantidade de obras pornográficas francesas e inglesas de renome. A produção de obras pornográficas russas era pequena, assim como a de romances não-pornográficos, sujeitos a censura. Freqüentemente, até mesmo romances estrangeiros não-pornográficos eram encontrados somente em traduções manuscritas, encomendadas por membros importantes da nobreza. Pode-se concluir que os países com pequena produção literária não produzem muitas obras pornográficas.

No século XVIII, Ivan S. Barkov foi o único escritor russo com uma obra literária próxima à pornografia. Seu nome passou a ser uma referência a escritos ilícitos: *barkovscina* designava pornografia em russo. Em sua vida curta e tumultuada, Barkov escreveu odes, tragédias, fábulas, sátiras, idílios, canções, epitáfios, epigramas, charadas e dísticos (entretanto, não escreveu romances), a maioria dos quais circulou sob a forma de manuscritos *samizdat*. O escritor combinou formas clássicas, sob influência, por exemplo, da *Ode à Priape*, de Piron, com elementos do folclore russo. Uma coleção foi intitulada *The Maiden's Plaything* [*O Brinquedo da Donzela*], numa re-

24. Patrick J. Kearney, *A History of Erotic Literature*, Londres, Macmillan, 1982, p. 101.
25. As observações desse parágrafo baseiam-se em William Hugh Hopkins, "The Development of 'Pornographic' Literature in Eighteenth and Early Nineteenth-Century Russia", tese de doutorado, Indiana University, 1977.

ferência ao falo, louvado por Barkov em toda a sua obra pornográfica. Embora Barkov seja ameno quando comparado aos modelos ocidentais, influenciou a literatura clandestina da Rússia do século XIX. Quando interrogado sobre a origem de seu livre-pensamento, um homem preso no levante dezembrista dissipado em 1825 respondeu: "As obras (quem não as conhece?) de Barkov"[26].

Embora os livros franceses constituíssem o núcleo da tradição pornográfica dos séculos XVII e XVIII, a primeira fonte moderna citada pelos estudiosos de pornografia — e por muitos de seus sucessores — é o escritor italiano do século XVI Pietro Aretino. Aretino escreveu duas obras pornográficas, uma em prosa e outra em verso. *Ragionamenti* (1534-1536) tornou-se o modelo da prosa pornográfica do século XVII. Nela, o autor desenvolveu diálogos realistas e satíricos entre uma mulher velha e experiente e outra jovem e inocente. A composição em diálogos teve vida longa; dominou completamente a literatura pornográfica do século XVII em todas as línguas e ainda aparece, por exemplo, em *La Philosophie dans le boudoir* (1795), de Sade, escrita 250 anos depois. Em *Ragionamenti*, a seção que exerceu mais influência foi a primeira parte, que tratava da vida das prostitutas. Rapidamente essa parte alcançou grande circulação em espanhol, latim, alemão, holandês, francês e inglês[27].

Aretino também compôs uma série de sonetos, conhecidos como *Sonnetti Lussuriosi* (relacionado no *Dictionnaire*, de Peignot), para acompanhar uma coleção de gravuras eróticas que representavam diversas posições sexuais. Em 1524, essas gravuras foram publicadas sem os textos e em seguida retiradas de circulação por ordem do papa. O nome de Aretino foi logo associado às ilustrações, apesar de não ser seu autor. Além

26. *Idem*, pp. 256-7.
27. A bibliografia essencial foi tratada em David Foxon, *Libertine Litterature in England, 1660-1745*, New Hyde Park, NY, University Books, 1965, pp. 25-7.

disso, "Posições Aretino" tornou-se o nome de todas as imitações e variações elaboradas a partir das gravuras originais do século XVI. Por exemplo, as referências às Posições Aretino eram abundantes nos dramas ingleses do século XVII e, principalmente, nos textos pornográficos[28]. Em 1744, quando a tradução inglesa de *L'École des filles* foi divulgada em um jornal londrino, a propaganda anunciava que o livro era adornado com 24 ilustrações raras, "à maneira de Aratine [*sic*]"[29].

Para seus sucessores, o escritor italiano representou a intenção pornográfica básica. O nome Aretino significava o que Peter Wagner definiu como pornografia: "a representação realista, escrita ou visual, de órgãos genitais ou condutas sexuais, que implica transgressão deliberada da moral e dos tabus sociais existentes e amplamente aceitos"[30]. Aretino pareceu desempenhar esse papel intencionalmente, como se pode ver em uma dedicatória na qual defende a celebração dos prazeres contra a hipocrisia:

> Renunciei ao mau julgamento e ao hábito sujo que proíbe os olhos de verem o que mais lhes agrada [...]. Parece-me que aquilo que não se quer dizer por ser óbvio e indelicado, que nos é dado pela natureza para a preservação da espécie, deveria ser usado como um ornamento em torno dos nossos pescoços ou como um distintivo em nossos gorros, já que é a fonte da qual jorra o fluxo da humanidade[31].

Aretino trouxe alguns elementos decisivos para a formação da tradição pornográfica: a representação explícita da atividade sexual, a forma do diálogo entre mulheres, a discussão sobre o comportamento das prostitutas e o desafio às convenções morais da época.

28. Extraí este levantamento de Patrick J. Kearney, *op. cit.*, pp. 24-9.
29. Foxon, *op. cit.*, p. 3.
30. Wagner, *op. cit.*, p. 7.
31. Citado em David Foxon, *op. cit.*, pp. 19-20. Paula Findlen fez uma tradução um pouco diferente em seu ensaio "Humanismo, Política e Pornografia na Itália Renascentista" neste volume.

O primeiro ensaio deste livro, de Paula Findlen, situa Aretino no contexto da cultura renascentista do século XVI e da criação de um novo mercado para o obsceno. Ele foi apenas um dos muitos autores e gravadores que produziram trabalhos proibidos à margem da nova cultura impressa. As imagens de encontros amorosos que, até aquele momento, estavam confinadas aos círculos humanistas e que eram freqüentemente apresentadas como arte de elite, passaram a circular em reproduções baratas, destinadas a um público popular. A pornografia do século XVI baseou-se em modelos clássicos e promoveu o ressurgimento dos poemas romanos dedicados à divindade Priapo, que circularam em manuscritos durante o século XV. Mas a dependência dos temas clássicos fez com que a pornografia no século XVI não fosse particularmente inovadora. Antes, foi a difusão impressa que assinalou o início de um novo e significativo processo.

Os humanistas do século XVI também escreveram uma espécie de "pornografia acadêmica", de distribuição limitada, destinada à elite ilustrada, na qual a política local era dissecada em termos sexuais. Findlen analisa um desses escritos, *La Cazzaria* (1525-1526), de Vignali, que descreve os conflitos das facções de Siena como uma competição entre cacetes, bocetas, colhões e cus. Esses livros serviram de modelo para a pornografia política dos séculos XVII e XVIII. Já na pornografia do século XVI, os sodomitas e as prostitutas eram descritos como observadores privilegiados e críticos da ordem estabelecida, graças a sua condição de membros do "terceiro sexo". Aretino e seus pares, comparados a estes que escreveram antes do século XVI, podem ser considerados fundadores de uma tradição literária que inovava em dois aspectos: por atrair um público maior, que crescia com a nova técnica de impressão, e por usar a sátira política, que desempenharia um papel cada vez mais importante nos dois séculos seguintes.

Logo surgiram obras inspiradas em Aretino, como *La*

Puttana Errante (1531), atribuída ao escritor italiano. No final da década de 1650, a publicação na França de *L'École des filles* e de *L'Académie des dames* (publicada originalmente em latim, como *Aloisiae sigaeae toletanae satyra sotadica de arcanis amoris et veneris*... em 1659 ou 1660, fig. 1.3) marca outro momento importante para a tradição pornográfica. Pensou-se por algum tempo que esta última era uma tradução, feita por um filólogo holandês, de uma obra escrita originalmente em espanhol por uma mulher, Luisa Sigea. Porém, *L'Académie des dames* foi escrito, de fato, pelo advogado francês Nicolas Chorier. Essa acidentada história mostra que a tradição pornográfica era considerada eminentemente européia, desvinculada de caráter nacional, tanto por autores como por leitores.

A internacionalização da tradição é atestada pela variedade de países nos quais os livros eram editados, mas a publicação em latim de *L'Académie des dames* foi, provavelmente, um recurso para evitar a instauração de um processo judicial (fig. 1.4). Os estudiosos discordam sobre o primeiro local de publicação dessa obra, admitindo como possibilidades Lyon, Grenoble ou a República Holandesa. Esta era um famoso refúgio para editores de livros proibidos, que logo poderiam ser encontrados na Inglaterra. Em 1668, Pepys adquiriu sua cópia de *L'École des filles*, e um outro escritor de diários inglês registra a existência, em 1676, de uma edição em latim de *L'Académie des dames* (a edição francesa apareceu em 1680). Uma tradução para o inglês surgiu em 1684[32]. No século XVIII, a pornografia inglesa era rapidamente traduzida para o francês; o livro de Cleland apareceu em francês apenas dois anos depois do original.

Segundo David Foxon, "a pornografia parece ter nascido e amadurecido em um prazo muito curto, em meados do século XVII"[33]. Nessa ocasião, o sexo tornou-se intelectualizado, par-

32. Kearney, *op. cit.*, pp. 29-52.
33. Foxon, *op. cit.*, p. ix. Esse autor é uma fonte indispensável para a literatura pornográfica do século XVII.

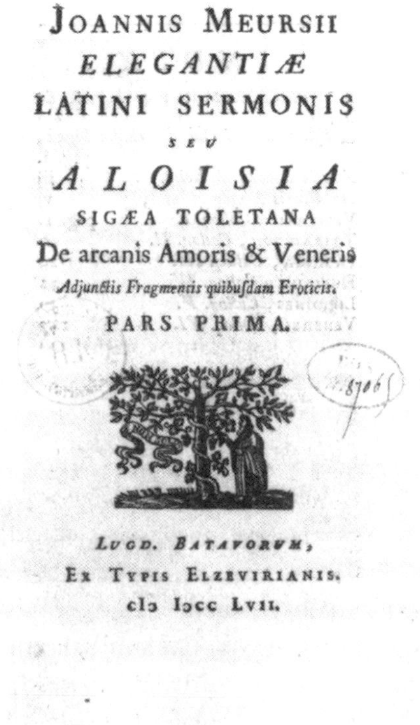

JOANNIS MEURSII
ELEGANTIÆ
LATINI SERMONIS
SEU
ALOISIA
SIGÆA TOLETANA
De arcanis Amoris & Veneris
Adjunctis Fragmentis quibusdam Eroticis.
PARS PRIMA.

LUGD. BATAVORUM,
EX TYPIS ELZEVIRIANIS.
cIↄ Iↄcc LVII.

Figura I.3: (acima) Frontispício de uma das versões em latim de *L'Académie des dames* (1678).

Figura I.4: (página seguinte) Frontispício de uma reedição francesa de *L'Académie des dames*, do século XIX (apesar da informação de que foi publicada em Veneza por Aretino — há muito falecido —, foi impressa em Grenoble, 1680). Essa ilustração pode ter sido incluída no século XIX.

L'ACADEMIE
DES
DAMES.

ticularmente em *L'Académie de dames* e em *L'École des filles*. Exemplar dessa nova abordagem do sexo foi o uso do material pornográfico para o que é atualmente chamado de *ajuda sexual*. Entre 1660 e 1670, surgiram em Londres os consolos-de-viúva e os preservativos importados da Itália[34]. Quase todos os temas da prosa pornográfica posterior estavam presentes na década de 1660: o objetivo consciente de despertar o desejo sexual do leitor, a exposição de material autêntico sobre sexo em oposição às convenções hipócritas da sociedade e ao domínio da Igreja e — como elemento novo no século XVII — a catalogação das "perversões", consideradas variações diversas do prazer amoral e autojustificado dos sentidos (mesmo quando algumas dessas perversões eram supostamente condenadas). Tais aspectos, tanto quanto o aparecimento da libertinagem como um modo de pensar e agir, foram relacionados à ênfase no valor da natureza e dos sentidos como fontes legítimas[35]. Desde o início, a pornografia mantinha laços estreitos tanto com a nova ciência quanto com a crítica política.

A pornografia surgiu, portanto, no século XVI e desenvolveu-se simultaneamente à cultura do material impresso. Não surpreende que no século XVII seu avanço estivesse intimamente relacionado com o desenvolvimento do romance, que era o mais novo e importante gênero dessa cultura. A publicação de *L'École des filles* e *L'Académie des dames* assinalou o deslocamento da produção pornográfica da Itália para a França, mudança que ocorreu exatamente quando os romances franceses passaram a se diferenciar dos gêneros literários anteriores. Marie-Madeleine Pioche de Lavergne, condessa de Lafayette, publicou seus influentes romances entre 1662 e 1678.

Porém, como a relação entre o desenvolvimento do romance e o da pornografia no século XVII não é evidente, incluímos

34. Lawrence Stone, *The Family, Sex, and Marriage in England, 1500-1800*, ed. res., Nova Iorque, Harper & Row, 1977, pp. 333-4.
35. Foxon, *op. cit.*, pp. 48-9.

um texto que apresenta uma investigação adicional. O ensaio de Joan DeJean revela que a originalidade de *L'École des filles* foi exagerada pelos historiadores literários da época e também pelos posteriores, porque ficou associada à repressão dos textos relacionados à Fronda (1648-1653), a guerra civil da nobreza e dos magistrados contra a Coroa e os seus ministros. *L'École des filles* ficou vinculada ao romancista Paul Scarron e à sua esposa, Françoise d'Aubigné, futura madame de Maintenon e amante de Luís XIV, e ao esbanjador ministro das Finanças do mesmo Luís XIV, Nicolas Fouquet, que possuía uma das poucas cópias remanescentes. DeJean conjectura que os autores, quem quer que fossem, estavam experimentando várias formas de ficção em prosa em um momento no qual o romance como gênero não estava ainda estabelecido. Tanto em *L'École des filles* como em *L'Académie des dames* há sinais do esforço dos autores em combinar o diálogo entre mulheres à maneira de Aretino com os diversos elementos presentes nos romances que surgiam.

Entre a publicação dessas duas obras, em meados do século XVII, e a grande reformulação dos escritos pornográficos ocorrida na década de 1740, a produção desse gênero pornográfico ficou estagnada[36]. As publicações, no entanto, continuaram, especialmente a da pornografia política, como revela Rachel Weil em seu ensaio sobre o período da Restauração inglesa. Durante a Fronda, na França, os panfletos pornográficos atacavam o regente, a rainha-mãe Ana da Áustria e seu suposto amante e conselheiro, o cardeal Mazarin. Alguns panfletos libertinos e difamatórios também foram publicados contra a rainha Cristina da Suécia, depois de sua conversão ao catolicismo, em 1654[37].

36. Kearney, *op. cit.*, p. 53. Nenhuma explicação satisfatória dessa estagnação foi proposta.
37. Susanna Åkerman, *Queen Christina of Sweden and Her Circle: The Transformation of a Seventeenth-Century Philosophical Libertine*, Leiden, E. J. Brill, 1991, principalmente o apêndice 2, "The Libertine Pamphlets", pp. 310-5. A análise de Åkerman não esclarece quão explícitos eram esses panfletos. Agradeço a Paula Findlen pela referência.

Apesar da produção contínua de panfletos pornográficos, nenhuma obra importante surgiu para incorporar-se aos clássicos.

Na década de 1740, a literatura pornográfica ganhou novo alento com a publicação de obras novas e influentes: *Histoire de Dom Bougre, portier des Chartreux* (1741); *Le Sopha*, de Crébillon, o Filho (escrita em 1737 e publicada em 1742); *Les Bijoux indiscrets*, de Diderot (1748); *Thérèse philosophe* (1748) e *Fanny Hill* (1748-1749), de Cleland. Mencionamos apenas os textos mais conhecidos, que surgiram em um período muito curto e tornaram-se clássicos do gênero. Todas essas obras utilizavam a forma do romance extenso, abandonando o modelo anterior, de Aretino, caracterizado pelo diálogo entre duas mulheres. Será que os escritores pornográficos precisaram, como foi sugerido, esperar o desenvolvimento do romance, ocorrido principalmente no século XVIII — o romance *Pamela*, de Richardson, foi publicado em 1740 — antes de avançar em suas próprias, tentativas de experimentação em prosa? Em caso afirmativo, como a nova forma foi tão rapidamente assimilada pela tradição pornográfica?

A relação entre a pornografia e o romance nos séculos XVIII e XIX suscitou diversas interpretações. Para Steven Marcus, "o desenvolvimento da literatura pornográfica é dependente e inseparável do desenvolvimento do romance". Contudo, sua análise é muito genérica e, conseqüentemente, vaga. O autor relaciona a pornografia e o romance aos "vastos processos sociais que resultaram no mundo moderno": o crescimento das cidades, que implicou um crescimento do público leitor; o surgimento de novas experiências, como a privacidade; e a separação entre vida sexual e vida cotidiana em um mundo urbano, capitalista, industrial e de classe média. Segundo Marcus, a pornografia é uma "paródia louca" da experiência nova e íntima resultante dessas mudanças sociais[38].

38. Steven Marcus, *The Other Victorian: A Study of Sexuality and Pornography in Mid-Nineteenth-Century England*, Nova Iorque, Basic Books, 1974, p. 282.

Uma análise tão abrangente, embora válida, falha em explicar o ritmo das principais rupturas no desenvolvimento da pornografia e, principalmente, as diferenças entre os diversos países. Se a pornografia é reflexo do crescimento das cidades (refletindo também sobre essa expansão), o reflexo da alfabetização e da privacidade, por que então os escritores holandeses — indiscutivelmente, o país mais urbano, de classe média, alfabetizado e privado — não se especializaram no gênero? Uma grande parte da literatura pornográfica mais antiga foi editada na República Holandesa, mas pouca coisa foi escrita ali, como Wijnand W. Mijnhardt expõe em seu ensaio sobre política e pornografia. Apesar de os escritores holandeses terem produzido apenas um pequeno número de romances pornográficos nas últimas décadas do século XVII (em alguns casos, imitações diretas de Aretino), a crescente produção pornográfica francesa e inglesa da década de 1740 passou quase despercebida na Holanda. Como Mijhardt argumenta, os holandeses rejeitaram sua antiga franqueza na discussão pública da vida sexual, bastante evidente nos numerosos manuais sexuais e eróticos publicados perto do fim do século XVII, e eliminaram todas as referências sexuais da esfera pública, como prostíbulos, pinturas ou livros pornográficos.

Não é provável que seja coincidência a ascensão das publicações pornográficas nos anos de 1740 ser simultânea ao início do apogeu do Iluminismo e à crise geral na sociedade e política européias. O ano de 1748, tão rico em publicações pornográficas, também foi o ano de publicação de *L'Esprit des lois*, de Montesquieu, e *L'Homme machine*, de La Mettrie. Darnton revelou que embora a literatura pornográfica estivesse freqüentemente interessada em atacar o Antigo Regime, a pornografia política ocupava uma posição inferior na literatura do Iluminismo[39].

39. Robert Darnton, *The Literary Underground of the Old Regime*, Cambridge, MA, Harvard University Press, 1982.

Outros estudiosos postularam uma relação mais íntima entre a pornografia e a crítica iluminista contra a rigidez clerical, a censura policial, a mesquinhez e os preconceitos das tradições e costumes morais. Aram Vartanian argumenta que, de modo geral, o erotismo desempenhou um papel importante, embora negligenciado, ao fornecer energia criativa para o movimento iluminista. Diderot, seu filósofo exemplar, foi encarcerado em 1749 por escrever textos pornográficos e, de acordo com Vartanian, o Iluminismo ofereceu um clima favorável para o progresso de uma "sexologia literária", da qual participou a pornografia. Ainda segundo Vartanian, a concepção iluminista de natureza provocou o ressurgimento do elemento erótico na literatura e na pintura do século XVIII: o desejo sexual era natural, enquanto a repressão desse desejo era artificial e despropositada, e as paixões podiam ter uma influência benéfica, já que tornavam os seres humanos mais felizes. Conseqüentemente, o Iluminismo sexual foi uma parte do próprio Iluminismo[40].

O ensaio de Margaret C. Jacob sobre os aspectos filosóficos e sociais da pornografia nos séculos XVII e XVIII admite esse lado radical do Iluminismo. A autora revela que a pornografia foi naturalista no início e, mais tarde, profundamente influenciada pelo materialismo. No século XVIII, baseava-se na obra filosófica de Locke e de La Mettrie, e grande parte de seu impacto residia em seus fundamentos materialistas. Alguns pensadores materialistas tentavam criar teorias sobre o prazer a partir de textos que tratavam da subordinação da alma às influências físicas, como demonstra La Mettrie em *L'Art de jouir*. Diderot, também materialista, escreveu romances pornográficos e obras filosóficas mais convencionais, ainda que ameaçadoras. Como Diderot observou em uma de suas cartas, "há sem-

40. Aram Vartarian, "La Mettrie, Diderot, and Sexology in the Enlightenment", em Jean Macary (org.), *Essays on the Age of Enlightenment in Honor of Ira O. Wade*, Genebra, Librarie Droz, 1977, pp. 347-67.

pre um pouquinho de testículo no fundo de nossos mais sublimes sentimentos e de nossa mais pura ternura"[41].

Além disso, como Jacob sugere em seu ensaio, a abundância de publicações pornográficas nos anos de 1740 pode também estar relacionada a uma crise geral do Estado francês, provocada pela malsucedida continuidade da Guerra de Sucessão da Áustria. A guerra terminou em 1748 com um impasse que significou a perspectiva de um declínio permanente da influência francesa. Tanto a filosofia materialista quanto a pornografia eram meios de criticar o *status quo*, já enfraquecido.

No final da década de 1740, a tradição pornográfica estava estabelecida e associava-se claramente ao romance, como forma literária. As publicações francesas predominavam, apesar da notável influência internacional de *Fanny Hill*. Entre 1740 e 1790, a literatura pornográfica francesa tornava-se cada vez mais política. Nas críticas mais agudas à monarquia, os panfletos pornográficos atacaram o clero, a corte e, no caso de Luís XV, o próprio rei.

A Revolução Francesa provocou na década seguinte um novo dilúvio de panfletos pornográficos políticos e de uma literatura que retomou a tradição pornográfica, culminando nos escritos de Sade. O marquês abordou praticamente todos os temas da pornografia moderna e especializou-se na catalogação das práticas pornográficas. Em sua obra, o estupro, o incesto, o parricídio, a profanação, a sodomia e o tribadismo, a pedofilia e todas as mais terríveis formas de tortura e assassinato eram associados à excitação sexual. Ninguém foi capaz de superar Sade, pois ele explorou realmente a derradeira possibilidade lógica da pornografia: a aniquilação do corpo — base real do prazer — em nome do desejo. Essa *reductio ad absurdum* da pornografia não seria possível sem o estabelecimento prévio da tradição pornográfica. Quando, no início do século XIX, os

41. *Apud* R. F. Brissenden, "La Philosophie dans le boudoir; or, A Young Lady's Entrance into the World", *Studies in Eighteenth Century Culture*, 2, 1972, p. 124.

esforços pela regulamentação com propósitos morais expandiram-se dramaticamente, a polícia, os escritores, os editores e os leitores sabiam quais eram os modelos.

A Pornografia como Crítica Política e Social

Desde a época de Aretino, no século XVI, a pornografia vinculou-se à subversão política e religiosa. Aretino só decidiu escrever os sonetos para acompanhar as gravuras obscenas quando soube da prisão do gravador. A identificação entre pornografia e subversão política também podia ocorrer em sentido contrário: *L'École des filles* era considerada uma obra acentuadamente pornográfica, por ser objeto de repressão política. Porém, segundo Rachel Weil, a pornografia política era contígua a outras formas de comentário político e nem sempre destacava-se como gênero. A tirania de Carlos II era freqüentemente retratada em termos sexuais, mas também se comparavam reis despóticos a tiranos do Oriente em obras políticas mais formais. Nos séculos XVII e XVIII, a relação entre libertinagem e tirania ou despotismo culmina, depois de 1789, na profusão de panfletos contra Maria Antonieta e outros importantes personagens da Corte francesa, os quais examino em meu ensaio sobre a pornografia durante a Revolução Francesa (ver capítulo IX).

A correspondência entre a pornografia e o romance como forma narrativa sustentou sua reputação como gênero de oposição, pois o próprio romance sofreu ataques severos durante o século XVIII. Segundo Jean Marie Goulemot, ambos empregaram os mesmos paradoxos relativos à imaginação e realidade, e o romance também foi condenado por incitar o desejo do leitor. Desse modo, a pornografia, como versão especializada do romance, estimularia a imaginação do leitor ao simular uma atividade sexual real, mesmo se tratando de uma situação completamente imaginária. Mas Goulemot omite em sua análise uma importante diferença: considerava-se que as mulheres eram particularmente suscetíveis aos efeitos imaginativos do romance, enquanto os homens seriam os principais leitores de textos pornográficos, ao menos até o final do século XVIII[42]. Se a literatura pornográfica é apenas um tipo de romance, por que seu público leitor e seus efeitos são tão distintos?

A literatura pornográfica, assim como o romance, era freqüentemente associada à libertinagem[43]. Influenciada pela nova ciência, a libertinagem constituiu-se no século XVII como uma revolta da classe alta contra a moralidade e a ortodoxia religiosa, seguindo a mesma trajetória da pornografia. No século XVIII, difundiu-se entre os artesãos e a classe-média baixa de muitos países ocidentais, principalmente Inglaterra e França. Os libertinos seriam livres-pensadores abertos à experimentação sexual e literária. Para os seus adversários da Igreja e do Estado, eram os propagadores e consumidores da pornografia.

Os romancistas pornográficos exploraram técnicas realistas que se tornaram cada vez mais importantes no século XVIII. Em *La Philosophie dans le boudoir*, por exemplo, Sade parodiou as intermináveis cenas de sedução de romances como *Pamela*, de Richardson. Essa transgressão na narrativa pornográfica resgatou o estilo de Aretino. "Fale claramente", a prostituta Antonia insiste em *Ragionamenti*, "e diga 'foder', 'caralho', 'boceta' e 'cu' [...]". Em *Histoire de Dom Bougre*, uma freira libertina explica o verdadeiro sentido da expressão "estar apaixonado": "Quando alguém diz: o cavalheiro [...] está apaixonado pela dama [...], é a mesma coisa que dizer: o cavalheiro [...] viu a dama [...] que excitou seu desejo, e ele está

42. Jean Marie Goulemot, *Ces Livres qu'on ne lit que d'une main: Lecture et lecteurs de livres pornographiques au XVIIIe siècle*, Aix-en-Provence, Alinéa, 1991. De fato, a questão do gênero sexual dos leitores da pornografia ainda está aberta ao debate.
43. Sobre libertinagem em geral, ver Péter Nagy, *Libertinage et révolution*, trad. Christiane Grémillon, Paris, Gallimard, 1975, p. 29.

morrendo de vontade de meter sua pica na xoxota dela. Esse é realmente o sentido da expressão"[44].

Em seu ensaio sobre as palavras obscenas, Lucienne Frappier-Mazur investiga a linguagem da transgressão. A palavra obscena representa o contraste entre diferentes registros sociais da linguagem — rude e elegante, proletária e aristocrática, masculina e feminina. Ao representar a transgressão social, além de uma espécie de hiper-realismo, a linguagem obscena cria o fetichismo de certos vocábulos relacionados ao sexo. Ao representar uma parte do corpo, algumas palavras adquirem o *status* de fetiche. Em conseqüência, a ênfase no realismo transforma-se, paradoxalmente, em uma forma grotesca, os falos são sempre imensos, as vaginas multiplicam-se e o ato sexual é uma espécie de frenesi improvável. Isso resulta em uma pornografia imaginária e, às vezes, fantástica, ainda que os efeitos sobre os leitores fossem bastante reais.

Uma das características mais surpreendentes da pornografia moderna dos primeiros tempos é a preponderância de narradoras. Frappier-Mazur mostra que as estruturas de voyeurismo e de escuta clandestina fixadas pelas narradoras proporcionavam uma condição de cumplicidade para os leitores do sexo masculino. Margaret C. Jacob e Kathryn Norberg tratam da narradora feminina com focos diferentes, mas ambas sublinham o potencial subversivo e filosófico da narrativa feminina. Por exemplo, a filosofia materialista exigiu que as mulheres fossem material ou sexualmente equivalentes aos homens, mas nem todos os corpos da natureza são iguais no plano mecânico. Em seu ensaio sobre o século XVIII inglês, Randolph Trumbach revela que a sexualidade masculina foi codificada antes da feminina para tornar ilegítimos os relacionamentos homossexuais masculinos, por isso muito raramente

44. Robert J. Ellrich, "Modes of Discourse and the Language of Sexual Reference in Eighteenth-Century French Fiction", *apud* Robert P. Maccubin (org.), *Unauthorized Sexual Behavior during the Enlightenment*, ed. esp. de *Eighteenth-Century Life 9*, maio 1985, p. 222.

os homens eram representados como sexualmente polimorfos, ao contrário das mulheres . Os personagens masculinos em Sade são raros, por exemplo. Assim, a discussão sobre a narradora feminina e sua transgressão do papel feminino tradicional dirige-se ao âmago das questões de gênero.

Norberg focaliza em seu ensaio a figura mais privilegiada pela literatura pornográfica moderna do início: a prostituta. Desde os diálogos de Aretino, a narradora feminina é freqüentemente uma prostituta. A prostituta pornográfica, tal como Margot (a tagarela opulenta, personagem principal de *Margot la ravaudeuse*, de 1750), é muitas vezes retratada como mulher independente, determinada, bem-sucedida financeiramente e desdenhosa dos novos ideais femininos de virtude e vida familiar. Essas obras, escritas por homens, ignoravam as diferenças sexuais.

Margot e outras prostitutas narradoras dos romances pornográficos eram observadoras sagazes, captavam aspectos importantes do mundo social a partir de sua posição singular. Assemelham-se em muitos aspectos aos enjeitados e bastardos, principais personagens dos primeiros romances realistas. Tanto o romance pornográfico quanto o realista empenharam-se em reinventar e representar o mundo social durante o século XVIII. O romance pornográfico foi uma espécie de *reductio ad absurdum* do romance realista e, como tal, é revelador das questões sociais desse período. Margot e outras personagens similares nascem geralmente pobres e conhecem o lado miserável da vida, mas, graças à sua profissão, podem freqüentar a ópera, o mundo dos salões e conviver com homens dos mais altos escalões da Igreja e do governo.

Isso não quer dizer, porém, que o romance pornográfico representou de modo transparente o processo social. Segundo Stephen Marcus, a "tendência — dominante" da pornografia "é eliminar a realidade externa ou social". Em *pornotopia* — termo criado pelo autor para designar a fantasia utópica implícita na pornografia — o espaço e o tempo só registram a repetição dos encontros sexuais, os corpos são reduzidos a partes sexuais e suas possibilidades infinitas de variação e combinação (uma visão materialista, se é que houve alguma). Em conseqüência, a pornografia "regularmente move-se na direção da independência do tempo, do espaço, da história e, até mesmo, da própria linguagem"[45]. Seguindo a mesma idéia, Angela Carter argumenta que: "[...] a pornografia reforça as falsas proposições universais sobre arquétipos sexuais, porque nega [...] o contexto social em que o sexo ocorre — por não ter tempo ou não encontrar espaço para isso, ou porque sua ideologia o ignora . Portanto, a pornografia precisa ter a falsa simplicidade da fábula"[46].

O ápice dessa tendência de ignorar padrões de tempo, espaço e realidade social pode ser constatado nas grutas subterrâneas, nos abrigos florestais e nos castelos solitários de Sade, versões do bordel ideal.

Contudo, invariavelmente, a pornografia ocupava-se da questão social, quer em seus esforços para realizar descrições realistas dos personagens, quer nos estilos codificados de modo mais abstrato. Carter sustenta que "as relações sexuais entre homens e mulheres sempre tornam explícita a natureza das relações da sociedade em que ocorrem e, se descritas explicitamente, produzirão uma crítica dessas relações, mesmo que essa não seja a intenção do autor"[47]. No início do período moderno, freqüentemente a intenção do autor pornográfico era criticar as relações sociais e sexuais. Os relatos de conversas sobre prostitutas ou entre prostitutas — artifício favorito da pornografia moderna inicial — eram usados para revelar a hipocrisia das convenções morais. As descrições dos bordéis eram um ataque aos principais aristocratas, aos clérigos e, na França, até mes-

45. Marcus, *op. cit.*, pp. 44-5, 268-71.
46. Angela Carter, *The Sadeian Woman: An Exercise in Cultural History*, Nova Iorque, Pantheon, 1978, p. 16.
47. *Idem*, p. 20.

mo a Maria Antonieta. O panfleto pornográfico *Les Bordels de Paris, avec les noms, demeures et prix...* (1790), por exemplo, delatava o bordel próprio da rainha e estava repleto de descrições detalhadas de suas orgias com aristocratas e padres. Além disso, a prostituta era a mulher pública *par excellence* e, conseqüentemente, personagem fundamental para o exame do papel das mulheres, do poder supostamente excessivo de algumas mulheres politicamente ativas e da comercialização dos relacionamentos sociais.

Como Trumbach demonstra, o público consumidor da pornografia era predominantemente masculino. Eram os homens que cantavam canções obscenas nas ruas, declamavam versos grosseiros em aglomerações masculinas e socializavam-se em prostíbulos, ainda que as ilustrações pornográficas parecessem dirigir-se tanto aos homens como às mulheres. Entretanto, a sexualidade masculina é uma área obscura na pornografia. Embora a pornografia moderna inicial fosse escrita por homens para um público presumivelmente masculino, enfocava exclusivamente a sexualidade feminina. Na maioria dos textos está implícita a questão da sodomia: em que situação os homens (exceto o clero católico, descrito como capaz de qualquer coisa) podiam ser imaginados como sexualmente ambíguos e polimorfos, ou seja, como mulheres?

Trumbach examina essa questão na ideologia sexual de John Cleland, autor de *Fanny Hill*, e de seus presumidos leitores. Cleland e outros autores admiravam as representações religiosas e sexuais greco-romanas e indianas. Eles podem ter sonhado em fundar uma nova religião, deísta e libertina, que incluiria rituais homoeróticos. Uma congregação desse tipo foi fundada por *sir* Francis Dashwood em Medmenham Abbey, na década de 1750, embora seus membros, inclusive o notório John Wilkes, insistissem em sua heterossexualidade. Mais tarde, no mesmo século, Richard Payne Knight escreveu extensivamente sobre o culto a Priapo, considerando-o uma alternativa reprimida pelo advento do cristianismo. A prática da sodomia parece estar relacionada a esses cultos, e Trumbach sugere que Cleland e Payne Knight podem ter sido sodomitas. A partir de Aretino, a pornografia e a sodomia estiveram entrelaçadas de diversas formas, inclusive para a polícia. Sade reforça essa conexão quando exalta a sodomia em suas obras da década de 1790.

Entre 1790 e 1830, dependendo do país — mais cedo na França, depois na Grã-Bretanha —, as funções social e política da pornografia mudam. Durante a década de 1790, as descrições sexuais explícitas quase sempre eram subversivas. No final da década, a pornografia começou a perder suas conotações políticas e tornou-se um negócio comercial. Sobre esse momento, que coincide com o aparecimento dos romances de Restif de la Bretonne e Andréa de Nerciat, Wagner escreve: "nada resta a ser dito sobre o aspecto ideológico [...], o prazer sexual é o único objetivo"[48].

Na Inglaterra, a obscenidade continuou servindo a objetivos políticos até o início do século XIX. Iain McCalman revelou, por exemplo, como o "populismo obsceno" impulsionou a atividade dos impressores no caso que envolveu a rainha Carolina, no início da década de 1820. Porém, o autor sustenta que na década seguinte a excitação sexual substituiu os objetivos populistas radicais e libertinos do submundo editorial. Conseqüentemente, o caráter social do público leitor da pornografia também transformou-se, ou retomou uma configuração anterior. Depois de 1820, a pornografia era consumida por aristocratas, profissionais liberais e empregados de escritório do sexo masculino, e não pela classe operária. Os editores desse novo tipo de pornografia abandonaram os círculos políticos radicais ou foram expulsos deles[49].

48. Wagner, *op. cit.*, p. 214.
49. Iain McCalman, *Radical Underworld: Prophets, Revolutionaries and Pornographers in London, 1795-1840*, Cambridge, UK, Cambridge University Press, 1988, principalmente pp. 204-321.

Na França esse desenvolvimento é menos conhecido, embora seu momento decisivo de mudança pareça anterior, remontando ao período da revolução de 1789. Como argumento em meu ensaio, durante a década da revolução a pornografia obteve maior alcance na França, em termos sociais e numéricos, do que sob o Antigo Regime. Kathryn Norberg demonstra que a imagem da prostituta também mudou na década de 1790: ela saiu de seu pedestal social passando ao domínio de todos os homens. Até mesmo a prostituta pornográfica se democratizou. Em 1795, a pornografia explicitamente política começou a desaparecer lentamente no país, talvez como resultado irônico dessa democratização. Apesar de alguns sinais de ressurgimento no fim da década, a maioria das obras pornográficas posteriores era, como Wagner afirma, inteiramente dedicada à excitação sexual. A polícia ainda considerava essas obras perigosas — como demonstra a perseguição resoluta contra a obra de Sade —, porém esse perigo era menos político do que moral e social. O impacto da Revolução Francesa estimulou a repressão à pornografia em todos os países da Europa. Em conseqüência, a censura por razões exclusivamente morais iniciou suas atividades quando a pornografia afastou-se da crítica social e política.

Portanto, a pornografia e a democracia mantêm um relacionamento peculiar, até mesmo paradoxal. Nos séculos XVI e XVII, a pornografia era escrita para uma elite masculina, majoritariamente urbana, aristocrática e libertina. No século XVIII, o público ampliou-se quando os temas pornográficos entraram nos discursos populistas, processo que ganhou força com a Revolução Francesa. Mas a democratização da pornografia não foi um caminho de mão única, sem desvios. David Underdown analisa como um jornal monarquista, durante a Guerra Civil inglesa, usou a calúnia sexual para atacar o governo revolucionário, acusando-o de ser constituído por cornudos e fornicadores que usariam as palavras "independência" e "liberdade" como senha de entrada em bordéis[50]. Houve caso semelhante nos primeiros anos da Revolução Francesa, quando os documentos e panfletos monarquistas usavam insultos escatológicos e sexuais para atacar a nova monarquia constitucional e, em particular, seus defensores mais democráticos. A pornografia não era exclusiva da esquerda. Além disso, parece que tinha muito menos apelo na República Holandesa, onde não existiam reis, corte ativa, nobreza entrincheirada em privilégios, nem uma Igreja estabelecida. A pornografia parece não ter sido exatamente uma tática de propaganda democrática, mas sim um instrumento de crítica, que se ajustava às circunstâncias locais.

O potencial democrático da pornografia deve-se a suas associações com a cultura impressa, com as novas filosofias materialistas da ciência e da natureza e com os ataques políticos aos regimes estabelecidos. Se todos os corpos são permutáveis — topos dominante nos textos pornográficos —, então as diferenças sociais e de gênero (e, talvez, até mesmo raciais) perdiam efetivamente seu sentido. Os primeiros autores pornográficos modernos não eram feministas *avant la lettre*, mas sua representação das mulheres, ao menos até a década de 1790, valorizava freqüentemente a atividade e a determinação sexual feminina muito mais que os textos médicos do mesmo período. *Thérèse philosophe, Margot la ravaudeuse* e *Julie philosophe* tinham muito mais controle sobre seus destinos do que as outras representações femininas daquele período.

Porém, há um outro lado dessa descrição que se tornou mais evidente no final do século XVIII. Nos romances de Sade, mulheres determinadas e libertinas eram minoria entre as vítimas femininas. O corpo da mulher era concebido como um bem comum a todos os homens, quer no tratado *Le Pornographe*, de Restif de la Brettone, que defendia a constru-

50. David Underdown, "The Man in the Moon: The Upside Down World in Popular Journalism, 1649-1650"; esboço de um estudo gentilmente cedido pelo autor.

ção de gigantescas casas de prostituição, quer em *La Philosophie dans le boudoir*, de Sade, que propunha a criação de enormes templos dedicados ao culto de Vênus. O que estava implícito nessas propostas não era a libertação das mulheres, mas a criação de uma comunidade de mulheres a serviço dos homens. Nesse período, que vai do século XVI ao XVIII, a pornografia, como estrutura de representação literária e visual, apresentou o corpo feminino como um objeto a serviço do prazer masculino. Os homens escreveram sobre sexo para outros leitores homens. Para sua excitação sexual, liam relatos de mulheres fazendo sexo com outras mulheres ou com múltiplos parceiros. A nova comunhão criada por essas complexas interseções de voyeurismo e objetivação pode ter sido democrática no sentido do nivelamento social, mas quase sempre beneficiava os homens.

Sem dúvida, a servidão masculina presente na maior parte da pornografia contribuiu para sua total incompatibilidade com os novos ideais de domesticação que se desenvolveram nos séculos XVIII e XIX[51]. A idéia de uma esfera feminina separada e íntima passou a depender da reafirmação da diferença sexual — e, portanto, social e política — fundamental entre homens e mulheres. Em comparação, a pornografia sempre transgrediu intencionalmente os limites ao estabelecer diferenças. Como Mijnhardt revela em seu ensaio, os holandeses foram os primeiros europeus a observar ativamente as esferas privada e doméstica da vida, o que pode contar, em parte, para a rejeição holandesa à pornografia no século XVIII. Quando novos padrões biológicos e morais de diferença sexual se desenvolveram, a pornografia parece ter-se tornado até mesmo mais exótica e perigosa, e precisou ser erradicada. A maior parte de nossas atuais preocupações em relação à pornografia resulta dessa crença.

51. Lynn Hunt, "The Unstable Boundaries of the French Revolution", e Catherine Hall, "The Sweet Delights of Home", em Michelle Perrot (org.), *A History of Private Life: From the Fires of the Revolution to the Great War*, trad. Arthur Goldhammer, Cambridge, MA, Harvard University Press, 1990, vol. 4, pp. 13-94.

PARTE UM

O Sentido Político e Cultural mais Antigo

Figura 1.1: Pietro Liberi, *Homem Tombado pelo Vício* (C. 1650).

Capítulo I

Humanismo, Política e Pornografia no Renascimento Italiano

Paula Findlen

Neither for all this will I affirm that this solitarinesse of place is chosen of all, to bestow them selves in laudable studies, and commendable speculations, for that there are some who having in their handes all day long bookes full of naughtinesse and leude examples, roote and inure them selves in this doctrine, and make an ordinarie practice of it: insomuch that these ill disposed persons may well say that they have learned more naughtinesse beeing by them selves, then they should have done beeing alwayes in companie in publick and frequented places.

Stefano Guazzo, *Civil Conversation*, 1574

[Por tudo isso, afirmarei que todos escolhem um lugar solitário para se dedicar aos estudos louváveis e às especulações meritórias; com essa finalidade, há alguns que, durante todo o dia, levam em suas mãos livros extensos, repletos de exemplos maliciosos e lascivos. Enraízam-se e acostumam-se nessa doutrina, fazendo disso uma prática comum, de maneira que essas pessoas malevolentes podem dizer que aprenderam mais a respeito da malícia estando sozinhas do que deveriam aprender estando sempre acompanhadas em lugares públicos e muito freqüentados.]

Em seu quadro *Man Fallen by Vice* [Homem Tombado pelo Vício], Pietro Liberi, pintor do século XVII, retratou as tensões entre as virtudes e os vícios do humanismo (fig. 1.1). Em primeiro plano, um homem cobre a cabeça, denotando vergonha e proteção, com o corpo arqueado para trás, caindo no chão. Acima estão os Vícios, cujas ações precipitam seu triste fim. À direita, uma mulher voluptuosa — corporificação da luxúria — equilibra graciosamente seu pé direito sobre sua vítima. Não fica claro se a mulher colabora com sua queda ou tenta retardá-la. À esquerda, uma figura orgíaca inclina-se sobre o precipício vertendo o suco de um cacho de uvas sobre o homem em queda. No centro, um anão precipita a ação visual dessa cena de punição: seu pé, posto firmemente sobre a virilha da vítima, empurra o homem cambaleante para a borda do pórtico. O que representa esse anão, situado entre a Luxúria e o Excesso? Vestido com traje nobre, segurando um baralho no alto, ele relaciona a falibilidade dos homens e a cultura das cortes do Renascimento. O pequeno mas instruído cortesão que Liberi escolheu para representar o pecado original humanista é revelador, ao corporificar os vícios sociais e os excessos textuais que caracterizaram as práticas das elites renascentistas.

Mais de um século depois do fim do Renascimento, Liberi teve oportunidade de refletir sobre o impacto desse movimento político e cultural sobre a sociedade daquela época. Sua crítica ao humanismo como uma forma de excesso, uma força desestabilizadora, não pode ser considerada excepcional. Antes, sua pintura era a expressão das emoções contraditórias produzidas por seu engajamento com o passado. O saber humanista, como Liberi lembra, era o produto de ambientes sociais e políticos específicos, cujo caráter ocioso era presumivelmente pagão em suas origens e objetivos. O baralho, agitado acima do protagonista em queda, é símbolo das forças que se combinam para empurrar o homem para o abismo, evoca as atividades dominadas pelo vício, que definiam a cultura humanista. Embora não fosse uma expressão canônica do saber, essa cultura humanista era, entretanto, um talismã das formas ociosas de conhecimento que circulavam entre as elites. O saber produzido pelos nobres da corte, que ficavam à vontade diante do comportamento dos ébrios orgíacos e das fascinantes sedutoras, não era simplesmente um subproduto desse desenlace moral, era *a fonte*.

Imaginemos que o anão segurasse um livro em vez de um baralho; nesse caso, haveria igualmente uma expressão apropriada da "queda". Embora só fosse possível especular sobre o livro que Liberi escolheria para colocar na mão do seu anão, de acordo com a preferência dos seus contemporâneos ou historiadores do final do século XIX e do século XX que idearam o Renascimento como um artefato moral, o artista não consideraria inadequados os textos de Pietro Aretino (1492-1556). Segundo John Addington Symonds: "[Aretino] encarnou a dissolução da cultura italiana"[1]. É conhecido sobretudo por duas famosas obras pornográficas, *Sonnetti Lussuriosi* (1527) e *Ragionamenti* (1534-1536), embora seja autor de tratados religiosos, peças teatrais e pasquins muito populares, e tenha uma famosa coleção das suas cartas publicadas[2]. Freqüentador das cortes dos Gonzaga e do papa, e habitante da República de Veneza desde 1527 até sua morte, em 1556, Aretino foi um dos primeiros autores a viver do seu trabalho de escritor. Logo depois de sua chegada a Veneza, estabeleceu um círculo de amizades que incluía o pintor Ticiano, o crítico de arte Ludovico Dolce, o escultor Jacopo Sansovino e diversos impressores. Sua presença atraiu aspirantes a escritores, como Niccolò Franco, Lorenzo Venier e Anton

1. John Addington Symonds, *Renaissance in Italy (1875-86)*, *apud* Walter Kendrick, *The Secret Museum: Pornography in Modern Culture*, Nova Iorque, Penguin, 1987, p. 60.
2. A literatura sobre Aretino é vasta. O estudo mais abrangente sobre Aretino é Paul Larivaille, *Pietro Aretino fra Rinascimento e Manierismo*, Roma, Bulzoni, 1980, tradução italiana do original francês *L'Aretin entre Renaissance et Manièrisme*, Lille, Université de Lille, Service de reproduction des thèses, 1972. Não há uma boa biografia em inglês, embora leitores interessados possam consultar James Cleugh, *The Divine Aretino*, Londres, Anthony Blond, 1965 e Christopher Cairns, *Pietro Aretino and the Republic of Venice: Researches on Aretino and His Circle in Venice, 1527-1556*, Florença, Olschki, 1985. Para uma discussão completa da bibliografia recente sobre Aretino e seus escritos, ver Giovanni Casalegno, "Rassegna Aretiniana (1972-1989)", *Lettere Italiane*, 41, 1989, pp. 425-54.

Francesco Doni, que ajudaram a transformar o trabalho literário de Aretino em um gênero reconhecido. Como sua pena não poupava ninguém, o autor atraiu muitos epítetos durante sua vida: "flagelo dos príncipes", "revelador da verdade" e "o divino Aretino"[3]. Outros o descreveram em termos menos entusiasmados. Para discípulos como Franco e Doni, que depois romperam com Aretino, ele se tornou "o flagelo dos cacetes" e "Pietro, o escritor dos vícios dos outros", proprietário da "língua mais terrível, vituperiosa e grosseira que já nasceu"[4]. Na década de 1540, Doni louvou a habilidade de Aretino como *polígrafo* — um escritor de muitos gêneros —, comentando que "sua sabedoria soube distinguir a linguagem com que devemos discutir Cristo [...] da linguagem dos Diálogos sobre a condição das mulheres [...]"[5]. Na década de 1550, Doni juntou-se à galeria de críticos que forjaram a imagem de Aretino como o escritor mais infame de uma época vil e imoral. Essa caracterização tornou-o merecedor do título de criador do gênero que se denominou pornografia[6].

3. A edição de John Wolfe de *Ragionamenti* apresentou Aretino como "M. Pietro Aretino; cognimato il Flagello de Prencipi, il Veritiero, e'l Divino". Pietro Aretino, *La Prima [-Seconda] Parte de Ragionamenti*, Bengodi, 1584. Sobre Wolfe, ver n. 23.

4. Niccolò Franco, "Rime contro Pietro Aretino con la Priapea", em Antonio Vignali, *La Cazzaria*, ed. Pasquale Stoppelli, Roma, Edizioni dell'Elefante, 1984, p. 14; e Anton Francesco Doni, *La Vita dello Infame Aretino*, ed. Constantino Arlía, Citttà di Castello, S. Lapi, 1901, pp. 25-6, 32. Em outra parte de sua *Priapea*, Franco sugeriu que a única coisa que calava a língua de Aretino era seu desenfreado apetite sexual: "Você sabe como ingerir um caralho cru e cozido, [...]/ Louvado seja Deus, que agora/ O caralho em sua boca o impede de falar". Em David O. Frantz, *Festum Voluptatis: A Study of Renaissance Erotica*, Columbia, Ohio State University Press, 1989, p. 111.

5. Anton Francesco Doni, *La Libraria*, em Pietro Aretino, *La Cortigiana*, ed. Angelo Romano, Milão, Rizzoli, 1989, p. 28.

6. Traduzi a maior parte do material usado neste ensaio, inclusive aquele que integra *I Modi*, de Lynn Lawner, e *Festum Voluptatis*, de David Frantz. A linguagem obscena e sexualmente explícita é especialmente difícil de ser transposta para outra língua, pois em geral é específica de um tempo e de um lugar. Ao contrário de Lawner, por exemplo, procurei traduzir todas as palavras tão diretamente quanto possível, substituindo por palavras equivalentes do inglês moderno onde me pareceu apropriado. Vários pesquisadores têm dificuldade em lidar diretamente com o conteúdo da literatura licenciosa, talvez devido às nossas reações conflitantes em relação a essa literatura. Por isso, os interessados nesse tema devem cotejar as traduções dos séculos XIX e XX com os textos do século XVI, já que elas foram freqüentemente adulteradas. Uma exceção é a tradução de *Ragionamenti*, de Aretino, realizada por Raymond Rosenthal, que se apoiou nas edições críticas italianas: Pietro Aretino, *Sei Giornate*, ed. Giovanni Aquilecchia, Bari, Laterza, 1969; e *Ragionamento: Dialogo*, ed. Nino Borsellino, Milão, Garzanti, 1984.

Jacob Burckhardt, em *The Civilization of the Renaissance in Italy* [*A Civilização do Renascimento na Itália*] (1860), afirma que a pornografia foi o epílogo inevitável de um período glorioso, mas problemático. Segundo o autor, embora os humanistas alcançassem grandes alturas espirituais e intelectuais, a influência maciça da Antigüidade resultou em uma nova forma de paganismo: "a enganosa influência da Antigüidade [...] abalou sua moralidade"[7]. A "Antigüidade" abrange não só obras de escritores "respeitáveis" e edificantes como Cícero e Virgílio, mas também os contos luxuriosos de Ovídio, Luciano e Petrônio, as obscenidades de Marcial, Juvenal e Catulo, e de diversos outros que não poupavam os leitores do Renascimento da tentação do pecado. Johannes Molanus, crítico do século XVI e censor oficial de Filipe II dos Países Baixos[8], descreveu algumas das imagens perturbadoras que circulavam no período: "Pãs diminutos, garotas nuas, sátiros embriagados e ereções expostas em ilustrações". Os humanistas, como os rapazes do século XVIII diagnosticados como vítimas de onanismo, azedaram seu sêmen por causa da masturbação muito freqüente estimulada pelos clássicos. A magnífica linhagem de erudição, que vai de Petrarca a Erasmo, produziu também Pietro Aretino, o mais famoso dos autores pornográficos do Renascimento e — não coincidentemente — do período final da Reforma.

Como o Renascimento favoreceu o surgimento da pornografia na Europa ocidental? Toda cultura produz alguma forma de arte e literatura sexualmente explícita, mas nem todas distinguem o erótico do pornográfico, e a pornografia não é

7. Jacob Burckhardt, *The Civilization of the Renaissance in Italy*, Londres, George Allen & Unwin, 1960, p. 164; sobre esse assunto, ver pp. 100-3, 162-4, 262-79. Para uma outra avaliação baseada no mesmo argumento, ver Leonard Barkan, *Transuming Passion: Ganymede and the Erotics of Humanism*, Stanford, CA, Stanford University Press, 1991.
8. Johannes Molanus, *De Picturis et Imaginibus Sacris*, Leuven, 1570, em David Freedberg, "Johannes Molanus on Provokative Paintings: *De Historia Sanctarum Imaginum et Picturarum*, livro 2, cap. 42", *Journal of the Warburg and Courtauld Institutes*, 34, 1971, p. 245.

definida da mesma forma em todos os casos. Repositório de sentidos múltiplos, com limites inconstantes, a pornografia surgiu dos livros e das coleções de imagens que representavam a vida das prostitutas, um gênero fundado por Luciano, em *Dialogues of the Courtesans* [*Diálogos das cortesãs*]. Esse gênero floresceu em textos eróticos e obscenos de autores do século XVI, como Pietro Aretino, Francisco Delicado, Lorenzo Venier e Niccolò Franco, cujas obras foram consideradas "sujas e imorais" por seu contemporâneo Tommaso Garzoni[9]. A definição de *porneia* feita por Aline Rouselle — "qualquer manifestação de desejo por outro corpo [...], uma medida da fraqueza humana a serviço de Deus" — remete às raízes cristãs desse conceito[10]. A pornografia, em relação ao modo como surgiu no início do período moderno, marcou um conflito entre as representações do desejo e da virtude.

Embora possamos reconhecê-la, é impossível que se tenha completa segurança sobre *o que* é definido *como* pornografia quando se escreve sua história. É uma história, porém, que precisa ser registrada, particularmente porque a falta de uma definição sugere que está ao mesmo tempo em todos os lugares e em nenhum lugar. Ao começarmos a identificar algumas matrizes relevantes, acumula-se rapidamente uma lista

9. Tommaso Garzoni, *Piazza Universale* (1585), em Paul F. Grendler, *Critics of the Italian World, 1530-1560*, Madison, WI, University of Wisconsin Press, 1969, p. 192. Para um esboço da história da pornografia moderna, ver David Foxon, *Libertine Literature in England, 1660-1745*, New Hyde Park, NY, University Books, 1965; David Frantz, *op. cit.*; Patrick J. Kearney, *A History of Erotic Literature*, Londres, Macmillan, 1982; Walter Kendrick, *op. cit.*, pp. 1-66; e Roger Thompson, *Unfit for Modest Ears: A Study of Pornographic, Obscene and Bawdy Works Written or Published in England in the Second Half of the Seventeenth Century*, Totowa, NJ, Rowman & Littlefield, 1979. Minhas divergências com esses autores são evidentes ao longo do ensaio. Em geral, porém, os escritores, leitores e censores do início da modernidade ofereceram menos instrumentos em comparação aos motivos e reações imputados aos seus equivalentes mais recentes, tendência que espero corrigir em minhas próprias incursões nesse assunto. Grande parte da literatura auxiliar tende a separar a arte e a literatura pornográficas, mas acredito que a cultura pornográfica surgiu com a interação entre meios diferentes.

10. Aline Rouselle, *Porneia: On Desire and the Body in Antiquity*, trad. Felicia Pheasant, Oxford, UK, Basil Blackwell, 1988, p. 4.

espantosamente heterodoxa. A história da pornografia identifica atitudes variáveis em relação aos corpos masculinos e femininos, às práticas sexuais e a suas respectivas representações. Relaciona-se com a persistência da cultura manuscrita, o impacto da atividade de impressão, a natureza da autoria, a difusão da alfabetização e o processo de circulação das palavras e das imagens. Além disso, a pornografia moderna inicial divulgava a imagem de um "mundo de cabeça para baixo", e seus componentes fortemente satíricos eram indicadores de hierarquias sociais mutáveis e de vicissitudes da cultura intelectual e política na complexa rede de Repúblicas e Cortes que constituíam a Itália renascentista. Em vez de situar a pornografia às margens do nascimento do mundo moderno, considerando-a produto de uma subcultura emergente, pretendo situá-la no centro dos acontecimentos[11]. Definir a pornografia renascentista é, basicamente, definir as interseções da sexualidade, da política e do saber. Nas páginas de livros como *Ragionamenti*, de Aretino, a estrutura moral da sociedade renascentista é exposta a todos. Dessa perspectiva, uma investigação da pornografia no Renascimento é uma tentativa, em primeiro lugar, de entender os fundamentos sexuais da sociedade italiana do século XVI e, em segundo lugar, de compreender o sentido sexual e moral da produção cultural desse período.

11. Concordo com o argumento de Michael Rocke, que não considera a homossexualidade no Renascimento italiano nem marginal nem subcultura. Ver seu livro *Friendly Affections, Nefarious Vices: Homosexuality and Male Culture in Renaissance Florence*, Oxford, UK, Oxford University Press, no prelo. Em um contexto diferente, Stephanie Jed ressalta a questão argumentando que a marginália humanista produz uma forma poderosa de gramática política. Ver sua obra *Chaste Thinking: The Rape of Lucretia and the Birth of Humanism*, Bloomington, Indiana University Press, 1989, p. 48 e ss., na qual a pornografia não é tratada simplesmente como produto de uma "subcultura" de literatos mercenários devassos. Aretino teve uma vida pública intensa e conviveu com muitas das principais personalidades políticas, religiosas, artísticas e intelectuais de sua época. Só podemos compreendê-lo marginalmente se separarmos sua obra pornográfica de suas outras produções literárias.

Entrando no Mercado do Obsceno

No fim do século XV, a Europa ocidental já possuía algumas das ferramentas necessárias para o desenvolvimento de uma cultura pornográfica. O advento da imprensa não só ofereceu um meio mais eficaz de disseminar o saber, mas também gerou atividades subsidiárias que tiraram proveito da formação de um público leitor urbano e do poder da reprodução de imagens[12]. A circulação privada de manuscritos concorria com um mercado menos regulamentado de figuras impressas. Gravuras de Marcantonio Raimondi e de Agostino Carracci, antes produções artísticas únicas, tornaram-se produtos populares. Enquanto as pinturas eróticas de Ticiano no palácio Escorial de Filipe II ficavam escondidas sob uma cortina e só eram vistas por visitantes selecionados pelo monarca, as estampas e os livros populares eram encontrados em livrarias na maioria dos centros urbanos[13]. As reações das autoridades ao surgimento do material impresso erótico e obsceno refletiu uma inquietante transição social: de uma sociedade em que o acesso ao conhecimento era restrito à elite social e intelectual para uma sociedade que di-

12. Sobre o impacto da técnica de impressão na Europa moderna, ver Roger Chartier, *The Culture of Print in Early Modern France*, trad. Lydia G. Cochrane, Princeton, NJ, Princeton University Press, 1987; Robert Darnton, *The Literary Underground of the Old Regime*, Cambridge, Harvard University Press, 1982 (Ed. bras. *Boemia Literária e Revolução*, São Paulo, Companhia das Letras, 1987); e Elizabeth Eisenstein, The Printing Press as an Agent of Change, 2 vols., Nova Iorque, Cambridge University Press, 1979. Sobre o papel das imagens nessa transformação, ver David Freedberg, *The Power of Images: Studies in the History and Theory of Response*, Chicago, University of Chicago Press, 1989, pp. 317-77; e Carlo Ginzburg, "Titian, Ovid and Sixteenth-Century Codes for Erotic Illustration", em *Myths, Emblems, Clues*, trad. John Tedeschi e Anne C. Tedeschi, Londres, Hutchinson Radius, 1990, pp. 77-95 (Ed. bras. *Mitos, Emblemas, Sinais*, São Paulo, Companhia das Letras, 1989).

13. Gostaria de agradecer a John Paoletti por me recordar as circunstâncias da exposição, muito importantes para situar as pinturas *Vênus e Adônis* e *Dânae*, de Ticiano.

14. Para uma discussão desse problema sob outra perspectiva, ver William Eamon, "Arcana Disclosed: The Advent of Printing, the Books of Secrets Tradition and the Developments of Experimental Science in the Sixteenth Century", *History of Science*, 22, 1984, pp. 111-50, e "From the Secrets of Nature to Public Knowledge: The Origins of the Concept of Openness in Science", *Minerva*, 23, 1985, pp. 321-47; e Carlo Ginzburg, "High and Low: The Theme of Forbidden Knowledge in the Sixteenth and Seventeenth Centuries", *Past and Present*, 73, pp. 28-41.

vulgava seus segredos cotidianos indiscriminadamente[14]. A ampla circulação de segredos políticos, sexuais e científicos no século XVI levou homens letrados a proferirem que a formação de um "mercado de idéias" causaria, inevitavelmente, a ruína da sociedade. Tanto a atividade de impressão quanto a formação de um novo mercado subverteram o pacto implícito dos *letterati*, que procuravam restringir a circulação de palavras e imagens.

Os mecanismos de censura, usados para definir os limites entre o lícito e o ilícito, eram um modo de controlar a circulação de mercadorias moralmente perigosas e impróprias, agora não mais restritas ao mundo dos humanistas, mas ao alcance de um público mais amplo. Embora o *Índex de Livros Proibidos* estabelecido em 1559 pelo papa Paulo IV se destinasse principalmente a expurgar escritos protestantes do mundo católico, preocupou-se também com o conteúdo moral da arte e da literatura. Os *Canons and Decrees of the Council of Trent* [*Cânones e Éditos do Concílio de Trento*] (1563) esboçaram a visão oficial sobre o assunto:

> Os livros que declaradamente abordam, narram ou ensinam coisas lascivas ou obscenas estão absolutamente proibidos; não só a questão da fé mas também a da moral, que é usualmente corrompida pela leitura dessas obras, devem ser consideradas, e aqueles que as possuem devem ser severamente punidos pelos bispos. Os livros antigos escritos pelos pagãos, devido a sua elegância e qualidade de estilo, são permitidos, mas de nenhuma maneira podem ser lidos por crianças[15].

Em 1558, a obra de Aretino perfilava com a de Maquiavel e as edições expurgadas de Boccacio, e permaneceu no *Índex* até o princípio da era moderna. Pressionados pelas autoridades da Igreja, os governos das cidades permitiam inspeções, surpresa

15. *Canons and Decrees of the Council of Trent*, trad. H. J. Schroeder, Saint Louis, MO, TAN Books, 1955, p. 275.

às livrarias. Os funcionários eclesiásticos responsáveis pelas inspeções descobriram grande quantidade de cópias de livros proibidos e não-expurgados. Essas obras eram particularmente abundantes na República de Veneza, onde as tentativas de restringir a liberdade da indústria de impressão encontraram forte resistência[16]. Embora punissem obras de contemporâneos que transgrediam as imposições, os representantes da Igreja eram ambivalentes em relação à censura dos clássicos. A "elegância e qualidade de estilo" que os impedia de condenar indiscriminadamente as obras dos autores antigos tornou a eloqüência humanista uma atenuante para a licenciosidade. Portanto, a caracterização feita pelo Concílio de Trento das "coisas lascivas ou obscenas" define-as implicitamente como obras produzidas fora do humanismo e desprezadas pelos humanistas. Essa classificação era tarefa daqueles que agiam de acordo com esse édito.

No final do século XVI, havia entre os literatos europeus um consenso em relação aos efeitos do *Índex* sobre a circulação da literatura proibida. Torriano em sua obra *Piazza Universale*, livro de expressões italianas para ingleses, apresenta no quadragésimo segundo diálogo, intitulado "Estrangeiro Conversando com um Livreiro Romano", a seguinte conversa:

> – Estou procurando as obras de A[retino] – o Estrangeiro diz.
> – Você pode procurá-las do começo ao fim de uma fileira, e não vai encontrá-las – o livreiro responde.
> – E por que não?
> – Porque estão proibidas, tanto as *Posições* como os *Discursos*. Os homens e mulheres braçados [*sic*] de maneira incomum provocam escândalo, e a Inquisição não admite esses assuntos, desaprova todas essas coisas sórdidas, e não só isso, condena também as proezas amorosas das histórias de amor[17].

16. Essa história é melhor relatada por Paul Grendler, *The Roman Inquisition and the Venetian Press, 1540-1605*, Princeton, NJ, Princeton University Press, 1977.
17. *Apud* John Lievsay, *The Englishman's Italian Books, 1550-1700*, Filadélfia, University of Pennsylvania Press, 1969, pp. 17-8.

Os esforços da Inquisição e do *Índex*, em vez de erradicar esse tipo de literatura, deram-lhe um *status* especial ao dificultar sua aquisição. Nas áreas reservadas das livrarias, os livreiros mantinham uma literatura erótica burguesa para um público ávido, como revela um veneziano que, no fim do século XVI, em Paris, declarou ter vendido mais de cinqüenta cópias da obra de Aretino em menos de um ano[18].

Os impressores que editavam em segredo as obras de Aretino e de seus imitadores também contribuíram para o crescente mercado das gravuras eróticas. Os éditos do Concílio de Trento falavam pouco da restrição às imagens, embora as atas da vigésima quinta sessão (3 e 4 de dezembro de 1563) recomendassem que "toda lascívia deve ser evitada; desse modo, as imagens não devem ser pintadas e adornadas com um encanto sedutor, nem o louvor aos santos e a visitação das relíquias devem ser pervertidos [...]"[19]. Em 1580, arcebispos reformistas como Gabriele Paleotti, de Bolonha, e Federico Borromeo, de Milão, decidiram vistoriar as pinturas e esculturas para verificar se os modos de representação pictórica escolhidos pelos artistas eram apropriados. Até mesmo leigos como Ludovico Dolce clamaram por maior regulamentação das imagens. "As leis proíbem a impressão de livros insolentes", escreveu em *Dialogo della Pittura Intitolato l'Aretino* (1557), "não seria o caso de impedir tais pinturas?"[20]. As imagens pagãs e de nudez, exceto onde a Sagrada Escritura decretava, eram sistematicamente censuradas. Os nus na pintura *Dia do Juízo Final*, de Michelângelo, que Aretino afirmou ter achado mais obscenos do que seus próprios textos, foram gradualmente encobertos com tiras de tecido, e um programa de saneamento de

18. Piero Lorenzoni, *Erotismo e Pornografia nelle Letteratura Italiana: Storia e Antologia*, Milão, Edizioni il Formichieri, 1976, p. 40.
19. *Canons and Decrees of the Council of Trent*, apud Robert Klein e Henri Zerner, Italian Art, 1500 1600, Evanston, IL, Northwestern University Press, 1966, p. 121.
20. Ludovico Dolce, *Aretin: A Dialogue on Painting*, trad. W. Brown, 1770, Nova Iorque, Scolar Press, 1970, p. 177.

iconografias foi promovido, embora nunca tenha sido executado com sucesso. Como Paleotti declarou em seu *Discorso intorno alle Immagini Sacre e Profani* (1586), "no que diz respeito às obscenidades, pintadas de maneira lasciva e provocativa, ou mostrando membros impróprios, devia-se impedir até mesmo sua posse particular. No futuro, quem quer que se atreva a pintar e esculpir desse modo será severamente punido como corruptor dos costumes"[21]. Os escândalos visuais de Giulio Romano, Marcantonio Raimondi e Ticiano, uma novidade na década de 1530, foram transformados nas "obscenidades" dos irmãos Carracci meio século depois.

Originou-se, como reação a essas restrições, uma próspera cultura ilícita. Em Veneza, no final do século XVI e no decorrer do seguinte, era possível comprar cópias manuscritas de Aretino e de outros trabalhos proibidos, como *La Puttana Errante* (1531), de Lorenzo Venier, e o anônimo *Tariffa delle Puttane* (1535)[22]. Os impressores de Londres e Amsterdã, onde a regulamentação era menor, aproveitaram-se dos infortúnios dos impressores italianos, embora sob o olhar vigilante da Inquisição. Os ingleses que viajavam para a Itália no final do século XVI deviam se surpreender ao descobrir que suas estimadas cópias de Aretino, usualmente adquiridas em Veneza, eram impressas em Londres, por John Wolfe[23]. As cópias das mal-afamadas posições de Aretino — gravuras de Marcantonio Raimondi das dezesseis posições sexuais originalmente concebidas por Giulio Romano e, posteriormente, acompanhadas pe-

21. *Apud* Roberto Zapperi, *Annibale Carraci: Ritratto di Artista da Giovane*, Turin, Einaudi, 1989, p. 89.
22. Grendler, *Critics of the Italian World*, p. 185.
23. John Wolfe foi o impressor que publicou o maior número de obras de Aretino e o primeiro a produzir uma edição completa de *Ragionamenti*, em 1584. Ver H. R. Hoppe, "John Wolfe, Printer and Publisher, 1579-1601", *The Library*, série 4, 14, 1933, pp. 241-87; A. Gerber, "All of the Five Fictitious Italian Editions of Writings of Machiavelli and Three of Those of Pietro Aretino Printed by John Wolfe of London (1584-88)", *Modern Language Notes*, 22, 1907, pp. 2-6, 129-35, 201-6; e, para uma visão geral, Dennis Woodfield, *Surreptitious Printing in England, 1550-1640*, Nova Iorque, Bibliographical Society of America, 1973.

los sonetos de Aretino – também continuaram sua tênue existência às margens da cultura impressa e prosperando em manuscritos.

A cultura pornográfica nasceu nesse circuito ampliado de bens populares, figuras impressas e manuscritos eróticos privados. Nanna, a célebre protagonista de *Ragionamenti*, de Aretino, que vivia e prosperava no ambiente anti-humanista no qual as obras do seu criador eram produzidas, descrevia-se como "uma puta de mercado"[24]. Segundo Mikhail Bakhtin, a partir de Aretino e seus seguidores, o mercado rabelaisiano ganhou outra característica: a habilidade de criar e sustentar uma cultura pornográfica[25]. Os pornógrafos do Renascimento, ao se apropriarem da cultura popular, que era habitada pelo grotesco e não pelos corpos nobres, desestabilizaram o campo da produção artística e literária, dissolvendo os limites entre o "alto" e o "baixo". Com isso, também definiram as condições autorais — ambíguas, na melhor das hipóteses, problemáticas, na pior delas. Qual a identidade perdida dos escritores que ampliaram tanto o mundo do mercado quanto o mundo da Corte? Na linguagem da pornografia renascentista, os autores, tanto quanto as prostitutas e os sodomitas, eram considerados membros do "terceiro sexo". E, ao moldarem suas identidades, promoveram cruzamentos e colisões entre os elementos que constituíam a cultura.

Erotizando os Sentidos

Embora seja caracterizada, em parte, pelo impacto provocado pela cultura impressa, com redefinições subseqüentes na autoria e no público leitor, a pornografia também foi o resultado de certas tendências artísticas e filosóficas que condicionaram

24. Pietro Aretino, *Ragionamenti*, *apud Aretino's Dialogues*, trad. Raymond Rosenthal, Nova Iorque, Ballantine Books, 1971, p. 319.
25. Mikhail Bakhtin, *Rabelais and His World*, trad. Hélène Iswolsky, Bloomington, Indiana University Press, 1984.

o olhar. A literatura erótica e obscena do Renascimento desenvolveu um repertório visual elaborado que integrou a formação da pornografia. Novamente, essas técnicas não eram específicas de um gênero denominado *pornografia*, mas permeavam o discurso artístico humanista. Como Edgar Wind e, mais recentemente, Leonard Barkan observaram, o platonismo renascentista recuperou o erotismo[26]. Um aspecto desse ressurgimento foi a difusão de estratégias de representação que poderíamos caracterizar como *voyeurísticas*. Há muito tempo o poder de sedução e excitação das imagens foi percebido pelos guardiães da moral; no século II, por exemplo, Clemente de Alexandria repreendeu os gregos por corromperem sua atenção e prostituírem sua percepção com imagens profanas[27]. O surgimento da imprensa e, simultaneamente, o ressurgimento da cultura clássica, produziram um inesperado e, em grande medida, incontrolável "enriquecimento da imaginação erótica"[28].

A partir da década de 1520, grande quantidade de estampas e pinturas representando encontros amorosos entre deuses e homens eram então impressas para o consumo popular — procedentes dos ateliês de Rafael, Giulio Romano, Ticiano e Carracci, reproduzidos por gravadores como Marcantonio Raimondi, Giulio Bocasone e Agostino Carracci. As estampas semipornográficas, como as populares imagens de cortesãs vendidas nas ruas, permitiam que os observadores as despissem, revelando a roupa íntima masculina que essas mulheres (escandalosamente) vestiam, pondo em dúvida o seu gênero sexual (fig. 1.2). As gravuras seqüenciais, como a série *lascivie* de Agostino Carracci (C. 1590-1595), pintada à maneira de

26. Edgar Wind, *Pagan Mysteries in the Renaissance*, Londres, Faber & Faber, 1968; e Leonard Barkan, *Transuming Passion*, p. 71.
27. Freedberg, "Johannes Molanus...", pp. 235 e 245.
28. Ginzburg, "Titian, Ovid and Sixteenth-Century Codes...", p. 92. Para um panorama geral das ilustrações eróticas desse período, ver Giorgio Lise, *L'Incisione Erotica del Rinascimento*, Milão, Carlo Emilio Bestetti, 1975; e Henry Zerner, "L'Estampe érotique au temps de Titien", em *Convegno Internazionale di Studi, Tiziano e Venezia, Vicenza*, Neri Pozza, 1980, pp. 85-90.

Figura 1.2: Ilustração anônima de uma cortesã veneziana (C. 1590).

Figura 1.3: Agostino Carraci, *Sátiro Aproximando-se de uma Ninfa Adormecida* (C. 1590-1595).

Raimondi, conduzem os observadores do momento da descoberta, quando um sátiro aproxima-se de uma ninfa adormecida, ao instante de seu eventual "despertar" e "abraço" (fig. 1.3)[29]. A abundância de reproduções baratas tornou pública, pela primeira vez, uma série de imagens antes confinadas aos círculos humanistas e aos recessos íntimos das cortes, popularizando um discurso erótico inicialmente destinado a um público de elite.

Os escritores e pintores renascentistas empenharam-se em reproduzir os efeitos dessas narrativas, como a do jovem que copulou com a estátua da Vênus de Cnidos "deixando atrás de si vestígios reais de sua luxúria", ou uma descrição romana mais conhecida, feita por Terêncio, em que Júpiter penetra no cárcere de Dânae na forma de chuva de ouro para engendrar um filho[30]. A obra pornográfica *Novellae* (1520), de Girolamo Morlini, por exemplo, recontou a história de uma mulher que ficou tão excitada com a visão de uma estátua com o pênis ereto (*erectus ille priapus*) em uma praça pública, que desejou beijá-la. Quando tocou a pedra, não resistiu à tentação de copular, desfrutando da estátua até o amanhecer[31]. A fantasia de Morlini antecipou um episódio real ocorrido na década de 1630, quando vários aristocratas venezianos foram julgados por terem supostamente copulado com uma estátua de Cristo[32]. Embora o século XVI tenha inserido essas imagens no discurso das artes, o século seguinte considerou-as potencialmente blasfemas. A narrativa galhofeira de Morlini, produto da jovialidade renascentista, tornou se então questão de moralidade pública.

No século XVI, os artistas e humanistas do Renascimento criaram uma figuração dos sentidos que ampliou seu perigo

29. A seqüência integral é reproduzida em Diane DeGrazia Bohlin, *Prints and Related Drawings by the Carracci Family*, Washington, DC, National Gallery of Art, 1979, pp. 298-303.
30. Freedberg, "Johannes Molanus..." p. 243; e *idem, The Power of Images...*, pp. 330-1.
31. Girolamo Morlini, *Novellae*, Nápoles, 1520, *apud* Freedberg, *The Power of Images...*, pp. 326-7.
32. Não consegui localizar a fonte dessa história, mas quero agradecer a Sally Scully por trazê-la a minha apreciação.

potencial. Em 1527, Aretino, em carta ao duque Federico Gonzaga, que encomendara uma estátua A Sansovino, comentou a expectativa em relação aos prazeres que a obra poderia trazer: "Suponho que vossa encomenda a Jacopo Sansovino seja para embelezar vosso dormitório com uma estátua de Vênus tão real e tão estimulante que irá encher de pensamentos luxuriosos a mente daquele que a observe"[33]. No universo de Aretino, todas as formas de representação abrigam um potencial erótico. Esse potencial reside não só no veículo, mas no olhar do observador, que não consegue conter sua reação emocional à visão de uma imagem provocante.

Pietro Bembo descreveu os desatinos de um rapaz, personagem de uma famosa passagem do *Book of the Courtier* [*Livro do Cortesão*], de Castiglione, cuja razão se esvaiu pelos "desejos impudicos" dos sentidos. "Se a alma permite orientar-se pelo julgamento dos sentidos, cai em erros e juízos muito graves, sendo o corpo em que essa beleza é vista o motivo principal disso", lembrou Castiglione "e, conseqüentemente, para se desfrutar tal beleza, julga-se necessária a união com esse corpo, tão próximo quanto possível [...]"[34]. O discurso neoplatônico de Castiglione é um dos diversos textos que procuravam estabelecer um fundamento teórico para a erotização dos sentidos renascentistas. Assim, pintores, escritores e mecenas forjaram uma figuração dos sentidos que, como na Galácia, fomentou a expectativa de que a pedra pudesse se tornar carne e as pinturas pudessem ganhar vida. A visão de uma imagem potencialmente erótica, além do contato físico prazeroso, era considerada um ato íntimo, capaz de transformar tanto o observador quanto o objeto de contemplação. Certamente, é preciso distinguir o lugar "próprio" — ou seja, o dormitório de um duque —

33. Carta de 6 de outubro de 1527, *Apud* James M. Saslow, *Ganymede in the Renaissance: Homosexuality in Art and Society*, New Haven, CT, Yale University Press, 1986, p. 71.

34. Baldesar Castiglione, *The Book of the Courtier*, trad. Charles S. Singleton, Garden City, NY, Anchor, 1959, pp. 337-8. (Ed. bras. *O Cortesão*, São Paulo, Martins Fontes, 1997)

e o lugar impróprio para "pensamentos luxuriosos", sem falar dos atos obscenos praticados sobre uma estátua de Cristo e sobre uma de Vênus. Porém, a narrativa de Morlini, a descrição de Aretino sobre a estátua de Sansovino e a acusação contra os libertinos venezianos indicam o poder de excitação das imagens.

As imagens e descrições de encontros famosos, como entre Júpiter e Dânae, Vênus e Adônis e Leda e o Cisne, realçam essa tradição. Essas eram as "mentiras metamórficas" satirizadas por escritores como Niccolò Franco, segundo o qual essas imagens proliferaram "para se dizer que no Céu também se trepa"[35]. Esse tipo de imagem preencheu as telas da maioria dos principais pintores renascentistas e maneiristas e foi popularizada em estampas como a versão de *Leda e o Cisne*, de Raimondi, em que a clareza sexual é evidente (fig. 1.4). É interessante para os observadores modernos distinguir as obras pictóricas da cultura erudita, como *Vênus e Adônis* e *Dânae* (fig. 1.5), de Ticiano, daquelas estampas pornográficas desleixadas, como a versão de Bocasone da história de Dânae, que aparece com as coxas escancaradas (fig 1.6). Porém, precisamos considerar as descrições dos observadores contemporâneos às obras, que nem sempre distinguiam o erotismo de Ticiano — produzido para cortesãos e humanistas — e a pornografia popular[36]. Como Anne Hollander observa, somos incapazes de nos colo-

35. Niccolò Franco, *Sonnetti Lussuriosi e Satirici con la Priapea*, Alvisopoli, 1850, p. 35. (Ed. bras. *Sonetos Luxuriosos,* trad. José Paulo Paes, Rio de Janeiro, Record, 1981)

36. Ao afirmar isso, retomo a interpretação proposta por Carlo Ginzburg, discordando da de Charles Hope, em "Problems on Interpretation in Titian's Erotic Paintings", em *Tiziano e Venezia*, pp. 111-24, principalmente p. 113. Naturalmente, não quero negar as importantes diferenças entre as pinturas de Ticiano e as ilustrações de Raimondi e dos irmãos Carracci. A dimensão física, as circunstâncias de produção, o público e o sistema de distribuição foram freqüentemente aludidos para distinguir a produção cultural "alta" de Ticiano e a produção cultural "baixa" de Raimondi e dos Carracci. E também, como Carlo Ginzburg observa, ambas baseavam-se no mesmo conjunto de imagens literárias e artísticas; Ticiano não era necessariamente mais culto que os ilustradores, e talvez nem mesmo tivesse recebido educação. Enquanto Ticiano considerava suas pinturas objetos dignos de príncipes, Raimondi e os Carraci atendiam a um público mais heterogêneo. Mas gostaria de ressaltar que eram essencialmente produtos de uma mesma cultura. Agradeço a Wendy Stedman Sheard por sua criteriosa crítica a esse aspecto do ensaio.

car inteiramente na posição do observador renascentista, porque, aos nossos olhos, as imagens estão "vestindo" a nudez renascentista[37]. Mais uma razão para se examinar as palavras dos contemporâneos com cautela, para entender melhor os efeitos das palavras de Aretino e das imagens de Ticiano e Raimondi.

Na década de 1550, escrevendo para Alessandro Contarini, Ludovico Dolce descreveu seu contato com a pintura *Vênus e Adônis*, de Ticiano. Elogiando a virtuosidade da imagem — "em suas partes íntimas, reconhecemos as dobras sobre a carne causadas por sua posição sentada" —, Dolce conta que a observação da pintura lhe causou "um arrepio ardente, amaciador, excitante". Recordando as descrições clássicas do efeito de uma estátua de Vênus, concluiu: "se uma estátua de mármore pode com o estímulo de sua beleza penetrar até o âmago de um rapaz, fazendo-lhe corar, então, o que essa Vênus pode provocar quando é de carne, belamente encarnada e parece viva?"[38]. Embora a avaliação de Dolce sobre as pinturas de Ticiano seja devedora tanto da observação de Aretino em relação à escultura de Sansovino, quanto dos textos de Castiglione, e não fique claro se descreveu o efeito erótico da pintura ou seu valor artístico, as afirmações da crítica contra-reformista condenaram inequivocamente essas imagens. Na década de 1570, o crítico de arte Pirro Ligorio descrevia qualquer imagem nua de Vênus como "uma coisa obscena, suja". Molanus, seu contemporâneo, exclamava: "Aquilo que é vergonhoso nomear é livremente pintado e apresentado. Esses objetos são apresenta-

37. "A nudez de uma época pode não ter interesse erótico aos olhos de uma outra. Podemos até mesmo confundir uma imagem intencionalmente erótica com uma imagem idealizada — se não percebermos as formas, as proporções e os detalhes a que nos habituamos [...]. Mesmo os *Sedici Modi* pornográficos de Giulio Romano, que exibem diversas posições de coito, tão chocantes para seus contemporâneos, possuem um ar curiosamente assexuado aos olhos modernos, já que todos "vestem" o personagem renascentista, associado hoje à nudez formal idealizada." Em Anne Hollander, *Seeing through Clothes*, Nova Iorque, Avon Books, 1975, p. 88.

38. *Raccolta di Lettere Sulla Pittura, Scultura ed Architectura*, Roma, 1759, vol. 3, pp. 259-60, e Ginzburg, "Titian, Ovid and Sixteenth Century Codes...", pp. 81-2.

dos ao público e atirados a nossa vista em tabernas e mercados"[39]. O receio das "coisas lascivas e obscenas", formalizado pelos éditos do Concílio de Trento, agora atingiam a representação erótica nas artes plásticas.

As imagens eróticas que jogavam com as técnicas do olhar não eram exclusivas das artes plásticas, também eram desenvolvidas com grande minúcia nos textos de Aretino. Começando com os sonetos, que juntou às gravuras de Raimondi baseadas nos dezesseis *modi* de Giulio Romano, Aretino construiu um mundo regido pela lógica do olhar. No primeiro soneto, os testículos do amante são descritos como "testemunhas de todo o prazer de trepar", a parte da anatomia privilegiada com uma visão de todos os segredos sexuais. Outros dois sonetos tratavam ironicamente de alguns temas abordados por Ovídio, depreciando-os. No soneto 11, a dinâmica entre os dois participantes é descrita:

> Abra suas coxas, assim posso ver diretamente
> Sua bela bunda e xoxota diante de mim,
> Uma bunda igual ao paraíso em prazer,
> Uma xoxota que derrete corações.
>
> Enquanto comparo essas coisas,
> De repente, quero beijá-la,
> E pareço-me mais belo que Narciso
> No espelho que mantém meu pau ereto.

Também no soneto 14 o homem exclama: "Eu me espelho em sua bunda [...]"[40]. Na linguagem de Aretino, os órgãos

39. Pirro Ligorio, *Trattato di Alcune Cose Appertenente alla Nobilità dell'Antiche Arti* (c. 1570-1580), *apud* Claudia Lazzara, "The Visual Language of Gender in Sixteenth-Century Garden Sculpture", em Marilyn Miguel e Juliana Schiesari (orgs.), *Refiguring Woman: Perspectives on Gender and the Italian Renaissance*, Ithaca, NY, Cornell University Press, 1990, p. 89; e David Freedberg, "Johannes Molanus...", p. 241.
40. Aretino, *I modi*, pp. 60-1, 80-1, 84-5.

Figura 1.4: (acima) Marcantonio Raimondi, *Leda e o Cisne* (início do século XVI).

Figura 1.5: (direita, acima) Ticiano, *Dânae* (1553-1554).

Figura 1.6: (direita, abaixo) Giulio Bocasone, *Dânae* (meados do século XVI).

genitais eram uma janela para a alma. Contrastando com a imagem purificada da alma descrita por Castiglione — que resistiu a aviltá-la —, sugeriu que olhar era um ato de poder sexual (masculino). Como o pequeno lago no qual Narciso se fitou, caindo de amor por seu próprio reflexo, a união entre homens e mulheres no *modi* tornou-se uma oportunidade para Aretino refletir sobre a auto-referencialidade de todas as formas de experiência sexual. Usando a imagem do espelho, Aretino relacionou seus versos às imagens mais sanificantes das cortesãs, cujo olhar erótico também se tornou íntimo (fig. 1.7), ou à história de Susana, cuja nudez foi inesperadamente revelada aos idosos quando se fitava em um espelho (fig. 1.8)[41]. Os *Sonnetti Lussuriosi* de Aretino associaram firmemente *voyeurismo* e imaginário pornográfico, o diálogo interno dos sentidos produzidos pelas diferentes posições e o diálogo externo entre os sonetos e o leitor:

> Assim como as pessoas lançam pimenta ou outros temperos
> No nariz, para fazê-lo espirrar rapidamente
> Então, pelo cheiro da trepada clamorosa vocês são corrompidos.
> Sintam entre suas pernas, se vocês não acreditam[42].

Foram esses os efeitos das imagens de Raimondi sobre Aretino, segundo afirmou o próprio autor a Battista Zatti, em 1537. Pressentia que sua poesia era como um conduto através do qual podia transportar essa sensação aos outros. Mais do que qualquer outro escritor do período, Aretino reforçou os temidos poderes dos sentidos em seus escritos pornográficos por meio de sua reiterada representação literal. A manipulação dos sentidos foi refinada e intensificada em *Ragionamenti*, obra que se divide em duas partes, cada uma contendo três dias de con-

41. Sobre esse assunto, ver Lynn Lawner, *Lives of the Courtesans: Portraits of the Italian Renaissance*, Nova Iorque, Rizzoli, 1987.
42. Extraído da conclusão de Pietro Aretino, *I modi*, pp. 90-1.

Figura 1.7: Giovanni Bellini, *Moça em Sua Toalete* (1540).

Figura 1.8: Tintoretto, *Susana* (C. 1560).

versa. Os diálogos de Aretino fazem amplo uso de representações visuais eróticas. A primeira parte, como Giulio Ferroni observa, era significativamente mais *voyeurística* do que a segunda[43]. Essa característica é particularmente evidente no primeiro dia, em que Nanna relata sua experiência como freira. Em um aposento que era um verdadeiro cenário erótico, a então inocente Nanna inicia-se nos prazeres do sexo a partir da observação das imagens que decoravam as paredes do convento e também espreitando as cópulas através dos vários orifícios nas paredes. Depois de contar em detalhes o que tinha visto, sua amiga Antonia interrompe-a:

Antonia: Como você pode controlar seu desejo por um homem depois de ver todas essas trepadas?
Nanna: Eu estava toda molhada de luxúria.

Nanna tem os sentidos bombardeados em suas aventuras iniciais. Um amante oferece-lhe um livro que, embora "abarrotado de figuras de pessoas se divertindo nos modos e nas posturas praticados pelas freiras instruídas", está disfarçado como livro de orações, e ela o lê avidamente. Nanna está constantemente "dominada pelo perfume do [...] prazer [...]"[44]. Antes de se tornar prostituta, a personagem simboliza o leitor ideal de Aretino, suscetível a toda visão, som e cheiro. Pode-se concluir que o público imaginado por Aretino fosse predominantemente feminino, porém o gênero sexual de Nanna não é claramente "feminino". Identificada mais freqüentemente com o autor do texto, ela permanece, de certa forma, fora do circuito sexual dos diálogos. Sua máscara inicial — semelhante à de Aretino

43. Giulio Ferroni, "Il Teatro della Nanna", em Giulio Ferroni (org.), *Le Voci dell'Istrione: Pietro Aretino e la Dissoluzione del Teatro*, Nápoles, Liguori, 1977, pp. 136-202. Esse é provavelmente o melhor ensaio sobre *Ragionamenti*, embora as introduções de Giovanni Aquileaia e Nino Borsellino para as edições italianas também mereçam ser consultadas.
44. As citações foram retiradas de *Aretino's Dialogues*, respectivamente pp. 30, 49, 21.

antes de chegar a Veneza — é de cortesã e é feminina, sem ser necessariamente fêmea.

Depois de experimentar as frustrações do convento e do leito matrimonial, Nanna opta pela prostituição, considerando-a a melhor profissão para uma mulher, e passa de consumidora erótica a criadora e manipuladora do olhar pornográfico[45]. Tanto Antonia como a filha de Nanna, Pippa, comentam sua habilidade de excitá-las com palavras. Depois de ouvir a protagonista contar uma história de um livro de posições obscenas, Antonia fala:

Antonia: Você sabe, Nanna, o que acontece comigo quando escuto você?

Nanna: Não.

Antonia: Aquilo que acontece com alguém que cheira um purgante e, mesmo sem tomá-lo, vai duas ou três vezes evacuar seu intestino.

Nanna: Sei.

Antonia: Sim, eu falei para você, suas histórias são tão naturais e cheias de vida que você me faz mijar, ainda que eu não tenha comido nem trufas nem alcachofra.

Para Pippa, menos experiente, que é iniciada na vida de prostituta na segunda parte do *Ragionamenti*, o efeito das palavras de Nanna é ainda mais intoxicante:

Pippa: Oh, você é uma pintora maravilhosa das palavras; quando eu a escuto, fico toda excitada. Tenho a sensação de que a mão que você descreveu tocou meus mamilos e era exatamente como seu eu sentisse... nem quero dizer o quê.

Nanna: Eu vi a excitação estampada em seu rosto, que se alterou inteiramente; enquanto eu lhe revelava aquilo que não se fala, você ficou ruborizada[46].

45. Segui o argumento de Giulio Ferroni, *op. cit.*, p. 181 e ss.
46. Aretino, *Aretino's Dialogues*, pp. 50 e 224.

Aretino desafiou o tópos horaciano de que as imagens eram mais cheias de vida do que as palavras, usando para isso o vocabulário artístico da época.

Em uma passagem no fim dos diálogos, Aretino identificou a matriz social e política na qual o olhar pornográfico surgiu. Ao descrever o ponto fraco dos nobres, Nanna previne a filha dizendo que "algumas vezes, eles pegam um espelho imenso, despem-nos e fazem-nos circular completamente nuas, e então nos forçam a adotar as posturas e posições mais obscenas que a fantasia humana pode conceber. Fitam ardentemente nossas faces, peitos, mamilos, costas, quadris, bocetas e coxas; possivelmente nem posso dizer-te quanto de satisfação luxuriosa e prazeirosa eles alcançam nos observando"[47]. Essas extravagâncias aristocráticas são contrastadas às práticas das "pessoas comuns", que não "mexem seus ossos [...]"[48].

Embora os reformadores do Concílio de Trento se queixassem da difusão pública das imagens lascivas e impróprias para as massas iletradas, para as quais contribuíram Raimondi e Carracci com *Modi* e *Lascivie*[49], as emoções complexas associadas ao refinamento dos sentidos continuaram sendo domínio das elites durante todo o século XVI. Vinte e cinco anos após a publicação dos *Sonnetti Lussuoriosi*, de Aretino, Brantôme descreve uma fidalga na corte francesa que "mantém um retrato de Aretino em seu quarto [...] [cujos] 'livros e outros artifícios lhe foram muito úteis'"[50]. Para os eruditos, assim como para os homens e mulheres da elite, a erotização dos sentidos deve-se à contemplação dessas imagens e à leitura desses livros.

47. *Idem*, p. 321.
48. *Idem*, p. 320.
49. Para maiores detalhes sobre as ilustrações eróticas de Agostino Carracci, ver DeGrazia Bohlin, *op. cit.*, pp. 289-305.
50. Brantôme, *Vie des dames galantes*, *apud* Harford Hyde, *A History of Pornography*, Nova Iorque, Farrar, Strauss, Giroux, 1965, p. 79.

Masturbando-se com os Clássicos

O caráter propriamente literário da pornografia moderna, cheia de alusões dissimuladas às *Metamorfoses*, de Ovídio, e a outras obras clássicas, remete-nos a outro aspecto fundamental desse gênero: sua dívida com o passado. Embora escritores como Aretino gostassem de afirmar que desprezavam os clássicos, equiparando inovação à iconoclastia, recorriam à literatura erótica antiga para criar um gênero literário essencialmente novo. Reuniram-se no campo semântico da "pornografia" as tensões entre o desejo de emular o passado e de celebrar as virtudes — ou os vícios — do presente.

Escritores pornográficos renascentistas apresentaram freqüentemente sua obra como uma negação da metáfora, da eloqüência e da erudição que marcaram a cultura humanista. Apregoaram ruidosamente que revelavam a verdade e eliminaram todos os ditos espirituosos ou alegorias metafóricas que caracterizavam a cultura erudita contemporânea. Na obra anônima *Ragionamento del Zoppino* (1539), o personagem Zoppino, antes de começar a descrever as práticas das cortesãs romanas, dirige-se a Ludovico, outro personagem: "Sendo o assunto um tanto impudico, quero que você aprove o fato de que irei chamar tudo pelo seu nome"[51]. Mais conhecida é a afirmação da prostituta Antonia em uma conversa com Nanna, em *Ragionamenti*, de Aretino:

> Oh, eu ia lhe dizer, mas acabei esquecendo: fale claramente e, se você quiser alguém, que não seja um sábio da Universidade de Roma, diga "foda", "pau", "boceta" e "cu"; [...]. Por que você não fala diretamente e pára de ir de um lado para o outro nas pontas dos pés? Por que não diz sim, quando quer dizer sim, e não quando quer dizer não — senão, o que resta para você?[52]

51. Publicada sob o título de *Il Piacevol Ragionamento de Aretino in the Capricciosi & Piaceuoli Ragionamenti di P. Aretino*, Cosmopoli, 1660, p. 423. Essa coleção de obras aretinas e pseudo-aretinas foi publicada pela editora Elsevier, de Amsterdã.
52. Aretino, *Ragionamenti*, em *Aretino's Dialogues*, p. 39.

A pornografia pretendeu expor "a coisa" em si, integrando-se à forte corrente anticlassicista em voga no século XVI. Os pornógrafos renascentistas não foram os primeiros a reagir violentamente contra um cânone. Assim como em *Priapeia* se fez troça dos intelectuais romanos, cujas pretensões os levaram a substituir as palavras gregas por latinas, e assim como os *fabliaux* medievais atacaram os versos dos trovadores por serem muito alegóricos, escritores como Aretino satirizaram as pretensões de uma cultura latinizada em um mundo cada vez mais vernacular. A pornografia, como Aretino a retratou, era uma nova literatura para um novo tempo. Livres das restrições temáticas e das imposições estilísticas dos humanistas, escritores como Aretino pretendiam chocar seu futuro público.

Admitindo que haja alguma pertinência nessa perspectiva, a pornografia renascentista também pode ser retratada como um produto, além de reação aos cânones. Aretino baseou-se parcialmente nas obras de Ovídio e de Boccaccio para escrever *Ragionamenti*, e estava certamente familiarizado com as traduções italianas de Luciano, em circulação na época. Embora Aretino atacasse os humanistas em todas as oportunidades, teve, sem dúvida, alguma satisfação por ser forçado a deixar Roma como Ovídio: por *carmen et error*, um poema e uma imprudência. Mesmo a inovação dos *modi* de Romano foi recentemente posta em dúvida, já que exibe uma surpreendente semelhança com a romana *Spintriae*, uma coleção de bilhetes usados como forma de pagamento em prostíbulos, ilustrados com cópulas. Romano, supostamente colecionador de antigüidades, pode ter adquirido uma série[53]. Escritores e pintores renascentistas usaram muito as imagens clássicas, e não seria surpreendente que autores pornográficos se inspirassem em códigos eróticos da Antiguidade clássica.

53. Bette Talvacchia, "'Figure Lascive per Trastullo de l'Ingegno'", em *Giulio Romano*, Milão, Electa, 1989, p. 277.

Contudo, os romanos não interpretavam esses códigos do mesmo modo que os autores pornográficos e seus leitores. Até certo ponto, Burckhardt estava certo: para um público cristão, criado a partir dos textos proibitivos de Santo Agostinho e dos pais da Igreja, sua atitude em relação à sexualidade e sua representação era fascinante e perturbadora. Ao tentar criar uma cultura moldada na Antigüidade, os humanistas precisaram designar todos esses valores e práticas, por mais antiéticos que pudessem ser para a sociedade cristã. As incursões nas bibliotecas monásticas européias não revelaram apenas as cartas perdidas de Cícero, mas também uma vasta documentação sobre uma cultura abertamente erótica, que retratava os atos escusos e as práticas honradas definidas posteriormente como *contra naturam*. Assim como os arqueólogos do século XIX, cujas escavações realizadas em Pompéia comprovaram os "escândalos" praticados pelos antigos, os humanistas foram forçados a reavaliar seus compromissos com a restauração da Antigüidade *in toto*, quando suas próprias "escavações" revelaram frutos tão perturbadores como o culto a Priapo, divindade de membro sempre ereto cujas estátuas eram onipresentes na Roma antiga (fig. 1.9), ou as imagens explícitas de Leda e o Cisne, cuja cópula inspirou várias gerações de artistas renascentistas.

O humanismo não foi uma iniciativa monolítica. Conferiu um lugar para os estudiosos que preferiam as edições de *Ovide moralisé*, entendendo que os mistérios pagãos podiam ser melhor examinados sob a máscara da religião, mas também ofereceu espaço para os editores e tradutores da obra não-expurgada de Ovídio, como Ludovico Dolce, amigo de Aretino, segundo o qual a pureza textual tem primazia sobre o conteúdo, e que preferiu embelezar os textos das narrativas picantes[54]. O destino da obra *Carmina Priapeia* é uma boa refe-

54. Durante o Renascimento, Dolce produziu a mais renomada tradução italiana das *Metamorfoses* de Ovídio, publicada integralmente pela primeira vez em 1553. Ludovico Dolce, *Le Trasformationi*, ed. Stephen Orgel, Nova Iorque, Garland, 1979.

Figura 1.9: Vaso ático (470 a.C.). Pã caçando um pastor e uma estátua de Priapo.

rência[55]. *Priapeia*, uma coleção de poemas alegremente eróticos e obscenos dedicados a Priapo, circulou amplamente em manuscrito no século XV. A versão remanescente mais antiga foi copiada por Giovanni Boccaccio[56]. Todas as 75 versões manuscritas existentes datam do início do Renascimento, e sua presença naquele período, comparada aos séculos anteriores, testemunha a interpretação dos "assuntos apropriados" adotada pelos estudiosos. Foram publicadas 22 edições de *Priapeia* em 1517, sinalizando sua imediata popularidade no período de transição entre a cultura manuscrita e a cultura impressa[57].

Inicialmente atribuída a Virgílio, a *Priapeia* surgiu como parte de suas obras completas, publicadas em Roma em 1469. Em seguida, foi publicada por diversos editores europeus, mais assiduamente pelas grandes casas editoras humanistas italianas, como a Aldine de Veneza[58]. A parte contendo a *Priapeia* foi freqüentemente extraída. Os leitores ficavam desconcertados ao vê-la associada a Virgílio, ou preferiam não expor a *Priapeia* abertamente, guardando o "apêndice virgiliano" para um uso mais íntimo. Ao declararem Virgílio como um poeta de virtudes consideráveis, os críticos relutaram em atirar sua reputação à lama — "o que pode ser mais devasso do que esses poemas?", exclamou Pomponio Leto[59] —, e procuraram indícios capazes de provar que Ovídio ou Marcial, poetas de reputação duvidosa, eram os verdadeiros autores. No fim do século XVI, a obra atraiu nada mais nada menos do que a atenção de Joseph Scaliger, um "poço sem fundo de erudição", que deixou de lado outros exercícios textuais para investigar a multiautoria

55. Para maiores detalhes sobre o contexto original, ver Amy Richlin, *The Garden of Priapus: Sexuality and Aggression in Roman Humor*, New Heaven, CT, Yale University Press, 1983.
56. Org. e trad. W. H. Park, *Priapea: Poems for a Phallic God*, Londres, Croom Helm, 1988, pp. 51-3.
57. Frantz, *op. cit.*, p. 105.
58. Park, *op. cit.*, pp. 53-4. Sobre a editora Aldine, ver Martin Lowry, *The World of Aldus Manutius: Business and Scholarship in Renaissance Venice*, Ithaca, NY, Cornell University Press, 1979.
59. Park, *op. cit.*, p. 33.

dos poemas e debater o significado de um verso particularmente problemático, sobre um jovem homossexual cujos cabelos encaracolaram-se: *num tandem prior es puella, quaeso,/ quam sunt, mentula quos habet, capilli?*[60]. Scaliger queria descobrir o que significava aquilo: o rapaz arrancou os pêlos púbicos para parecer uma moça ou era simplesmente um atestado que a anatomia denunciaria? Ele também encontrou um poema de *Priapeia* — sobre um homem impotente, incapaz de ter uma ereção nos braços de um rapaz — tão encantador, que traduziu em jambos gregos[61].

Embora homens como Scaliger — comprometidos com um amplo programa de restauração da literatura antiga, considerassem suas edições de textos eróticos e obscenos apenas mais um trabalho de purificação textual, enquanto condenavam uma edição de Gaspar Schioppius, de 1606, na qual os comentários pareciam muito obscenos —, tornaram, no entanto, essa literatura conhecida por um público maior, que apreciava mais o conteúdo do que os requintes gramaticais. Relendo o conselho que Giovanni di Pagolo Morelli dá a seu filho sobre a leitura de Virgílio, ao recomendá-la só para estudo — "ele nunca dirá não para você... e te dará prazer e consolo"[62] —, é fácil imaginar um duplo sentido, presente não só no próprio conselho, mas também no modo como escritores posteriores definiriam esse ato solitário. O jardim de Priapo, mais concreto que o do

60. A tradução de Park para esses versos é: *"you'll be no more a girl, I say, / Than are the hairs that all around your penis lie?"* (*op. cit.*, p. 137). Talvez fosse melhor: *"Are you really a girl before there are hairs on your penis?"*. Gostaria de agradecer a John Klause por esta tradução. Sobre a análise de Scaliger sobre a *Priapeia*, ver Joseph Scaliger, *In Appendicem P. Virgilii Maronis*, Leiden, 1573. Para maiores detalhes sobre Scaliger, ver Anthony Grafton, *Joseph Scaliger: A Study in the History of Classical Scholarship*, Oxford, UK, Oxford University Press, 1983. A descrição de Scaliger como "poço sem fundo de erudição" é retirada de Daniel Heinsius, *Funeral Oration on the Death of Joseph Scaliger* (1609), em *Autobiography of Joseph Scaliger* [...] *and the Funeral Oration by Daniel Heinsius and Dominicus Bandius*, trad. George W. Robinson, Cambridge, MA, Harvard University Press, 1927, p. 77.

61. Park, *op. cit.*, pp. 19-21.

62. Giovanni di Pagolo Morelli, *Ricordi*, ed. Vittore Branca, Florença, Le Monnier, 1956, p. 272; e Jed, *op. cit.*, p. 119.

Éden, era um paraíso tentador penetrado repetidas vezes pelos humanistas. No século XVI, as imagens priápicas abundaram na arte e na literatura. Giulio Romano pintou-as sobre as paredes do Palazzo del Te, em Mântua. E o gravador Marcantonio Raimondi produziu em grande escala imagens de um sátiro tentando copular com um andrógino priápico em sua série *Bacanal*, cercando o casal, disposto conforme a primeira posição de Aretino, de andróginos priápicos. Pacifico Massimo invocou "o sagrado Priapo" em sua obra *Hecatelegium* (1489), uma elegia ao seu próprio pênis, e muitos dos encômios sexuais humanistas eram compostos no jardim de Priapo.

Alguns importantes humanistas, como Pietro Bembo, e escritores mais populares, como Niccolò Franco, protegido de Aretino em Veneza, criaram seus próprios sonetos *Priapea*. Franco até mesmo fez de Aretino o "jardineiro" desse paraíso sexual. "O que você pensa a respeito dos poetas?", maliciou em *Le Pistole Vulgari* (1542), "você acredita que eles podiam dormir nus [*senza braghe*] com sua Priapea?"[63]. A transição da imagem de Priapo de divindade espirituosa familiar em objeto de análise textual e, finalmente, sua transformação em eufemismo para designar escritos obscenos e pornográficos, indica a ambivalência do compromisso dos humanistas com a tradição clássica. Embora Scaliger pudesse manter um distanciamento erudito apropriado, atribuindo decoro à leitura e à escrita dos textos priápicos, escritores como Franco ignoraram esses esforços, reforçando a idéia de que era o assunto, tanto quanto o modo de representação, que importava. Em vez de abrandar o relacionamento entre os textos humanistas e a sexualidade renascentista, escritores como Aretino e Franco

63. Pacifico Massimo, *Hecatelegium* (1489), em Lorenzoni, *op. cit.*, p. 167; Niccolò Franco, *Sonnetti lussuriosi...*, pp. 26-7; idem, *Le Pistole vulgari*, Veneza, 1542, p. 26. O neopriapismo renascentista é examinado um tanto superficialmente em Lorenzoni, *op. cit.*, pp. 18-20, 59-60; e Frantz, *op. cit.*, p. 105 e ss. *Senza braghe* traduz-se literalmente por "sem calça".

esforçaram-se em revelar suas origens comuns. A produção literária era um ato profundamente sexual, um produto da cultura humanística masculina, de acordo com satiristas como Ariosto. Segundo a anedota de Franco sobre poetas adormecidos, Ariosto observou em relação a Pietro Bembo: "quando ouvem falar de alguém dotado de talento poético, riem vulgarmente, dizendo: 'é um grande perigo dormir de costas para ele'"[64].

O mais famoso texto priápico renascentista foi *Hermaphroditus* (1425), de Antonio Beccadelli. Ao contrário de Scaliger, que se distanciou da produção dessa literatura por causa de seu papel de comentarista, Beccadelli preferiu seguir a tradição da *imitatio* consagrada pela tradição, criando seus próprios poemas priápicos. Inicialmente louvado por humanistas importantes como Guarino da Verona e Poggio Bracciolini, e por mecenas como Cosimo de Medici e Gian Francesco Gonzaga, o *Hermaphroditus* tornou-se, um ano depois, uma *cause célèbre*. Depois de ter sido atacado pelo pregador Bernardino de Siena e condenado pelo papa Eugênio IV e por outros influentes estudiosos, como Francesco Filelfo, Pier Candido Decembrio, Lorenzo Valla e Leonardo Bruni, algumas cópias foram queimadas publicamente em Bolonha, Ferrara e Mântua. Até mesmo seus primeiros defensores recuaram[65]. Em 1435, "Il Panormita" decidiu desculpar-se com Cosimo por ter tido a presunção de dedicar-lhe tal obscenidade: "Se a memória ajuda, Cosimo, eu dediquei um livrinho, intitulado *Hermaphroditus*, para você. Nesse pequeno livro, descrevi muitas obscenidades e imoralidades contra a natureza

64. Ludovico Ariosto, *Satires* 6.31-33, em Barkan, *op. cit.*, p. 67.
65. Em uma carta a Beccadelli no fim da década de 1420, Bracciolini escreveu: "Ainda que seja permitido aos pintores fazer qualquer coisa (assim como aos poetas), ao pintar uma mulher nua — embora a natureza seja seu guia — eles cobrem as partes obscenas do corpo feminino; se o retrato contém algo lascivo, eles o mantém bem longe dos olhos". Poggio Bracciolini, *Epistolae*, em Freedberg, *The Power of Images*, pp. 360-1. Para uma análise concisa do *Hermaphroditus*, ver Lorenzoni, *op. cit.*, pp. 18-9.

[...]. Agora, que homens reputados julgam-no vil, perdoe-me. Oh, sim! eu mesmo confesso minha culpa como um gesto de parcial retratação"[66]. O que levou Beccadelli do sucesso ao escândalo?

Em sua dedicatória, o autor pediu a Cosimo que "não considerasse o populacho e lesse esse pequeno livro, apesar da sua luxúria, com uma serena disposição da mente [...]"[67]. Ao longo da obra, reafirmou as raízes clássicas da poesia, embora recorrendo à experiência contemporânea. Respondendo a um crítico imaginário, Beccadelli argumenta com exemplos da literatura da Antigüidade. "Certamente, você não leu o jovem Catulo, nem vislumbrou o pênis do fálico Priapo. Por que algo permitido aos [romanos] [...] deveria ser taxado de moralmente corrupto?" Em outro trecho, afirmou: "eu simplesmente segui os passos dos Ovídios e Virgílios desse mundo"[68] e recomendou ao seu protetor, Cosimo, que fizesse o mesmo.

Precisamente situado na tradição priápica, o poema era dividido em duas partes, e incluía um hermafrodita que "tinha um pênis e uma vagina"[69]. Como na *Priapeia* original, as matronas e virgens eram aconselhadas a evitar o texto, porque continha *verba impudica*, ou seja, palavras impróprias. Em cerca de setenta versos, Beccadelli realçou os lugares aos quais Priapo o levou, entre eles, o "cu escancarado" de um rapaz, a "vagina insaciável" de várias prostitutas e as bibliotecas de importantes colecionadores de manuscritos, como seu ex-professor Giovanni Aurispa, que lhe emprestou preciosas cópias de Marcial e de Catulo para alimentar suas fantasias[70]. A poesia, para Beccadelli, era uma das mais perfeitas carícias prelimina-

66. Em Antonio Beccadelli, *L'Ermafrodito*, org. e trad. Jole Tognelli, Roma, Avanzini e Torraca, 1968, pp. 24-5.
67. Todas as citações da tradução para o inglês: Michael de Cossart, *Antonio Beccadelli and the Hermaphrodite*, Liverpool, UK, Janus, 1984, p. 25.
68. *Idem*, pp. 32 e 50.
69. *Idem*, p. 26.
70. *Idem*, pp. 32, 43, 48, 55.

res, e um bom poeta era definido como um "especialista em extrair até a última gota do pênis". O efeito erótico era o maior teste do poder da literatura, idéia corroborada por Niccolò Franco, que fez de seu pênis sua "pena".

Embora o hermafrodita perambulasse nas salas de aula de antigos professores, comentasse sua pederastia e freqüentasse os cursos de diversos humanistas para conhecer os segredos ocultos nos manuscritos greco-romanos, seu lugar de repouso final foi um bordel florentino. Beccadelli concluiu que ali "pode-se dizer coisas sujas para as prostitutas e fazer coisas picantes com elas, e não há nenhuma rejeição que faça enrubescer de vergonha. Pode-se fazer ali o que quiser, quanto puder e como for do agrado. Para você, esse querido livro, que foi muito usado para foder e para ser fodido"[71]. Resumiu, com esse epílogo espirituoso, a prostituição de todos os autores que passavam seus textos de mão em mão em busca de patrocínio e reconhecimento.

Em carta a Giovanni Lanola, Guarino de Verona descreveu seu deleite com a retórica de Beccadelli, apesar do assunto questionável do poema: "Não deixaria de aprová-lo por causa de sua jocosidade, luxúria e descaramento. Você elogiaria menos Apelles, Fabius e outros pintores por pintarem as partes do corpo que deveriam permanecer cobertas por motivo de decoro?". Segundo Guarino de Verona, a obra foi aprovada por "cristãos sérios e moderados que não se contêm quando o assunto demanda o uso de uma linguagem absolutamente livre"[72].

Tanto a criação quanto a reação ao *Hermaphroditus* revelanos o caráter paradoxal da cultura clássica em uma sociedade cristã. No século XV, intelectuais importantes começaram a determinar o que podia ser estudado da Antigüidade, mesmo quando a religião prescrevia outra atitude. Os humanistas, como

71. *Idem*, pp. 58 e 63.
72. Verona, 2 fev. 1426, em Beccadelli, *op. cit.*, pp. 29-30.

Beccadelli, lutaram contra as proibições impostas à cultura erudita que, estreitamente vinculada à Igreja, receava qualquer discussão da sexualidade, isso sem mencionar a questão polêmica da homossexualidade[73]. O louvor inicial e a posterior condenação de Beccadelli, às vezes partindo das mesmas pessoas, refletiram as tensões de uma sociedade que não chegou a um acordo sobre o passado, um passado revelado por seus artefatos e documentos. Também não conciliou suas próprias práticas sexuais com as declarações oficiais sobre um comportamento sexual normatizado. A obra de Beccadelli era pornográfica? Para nossos padrões, provavelmente não. Contudo, foi condenada, queimada e, em grande medida, esquecida. Certamente, o destino do *Hermaphroditus* proporciona algum esclarecimento sobre os aspectos menos divulgados da cultura humanista, em que vínculos homossociais eram freqüentemente indistinguíveis dos relacionamentos homossexuais, e a relação jocosa entre literatura e sexualidade não era apenas observada, mas também celebrada. Beccadelli, ao fazer sua genitália textual falar a "verdade", expôs os fundamentos sexuais da cultura humanista, e isso era imperdoável para humanistas cristãos como Valla, autor da famosa enunciação sobre a Doação de Constantino. As histórias eróticas do humanismo, como Leonard Barkan observou, eram profundamente homossexuais, vinculadas mais à exaltação da posse de Ganimedes por Júpiter do que por mitos heterossexuais equivalentes[74]. De uma anedota privada, lida em voz alta aos convidados dos banquetes do Palazzo Medici, ao escândalo público, provocado pelo retorno de Beccadelli ao sul da Itália — onde

73. Ver Michael Rocke, "Sodomites in Fifteenth-Century Tuscany: The Views of Bernardino of Siena", em Kent Gerard e Gert Hekma (orgs.), *The Pursuit of Sodomy: Male Homosexuality in Renaissance and Enlightenment Europe*, Nova Iorque, Harrington Park Press, 1989, pp. 7-31; Guido Ruggiero, *The Boundaries of Eros: Sex Crime and Sexuality in Renaissance Venice*, Oxford, UK, Oxford University Press, 1985, pp. 109-45; e James M. Saslow, *Ganymede in the Renaissance: Homossexuality in Art and Society*, New Haven, CT, Yale University Press, 1986.

74. Barkan, *op. cit.* Em comparação, o rapto de Lucrécia, segundo Stephanie Jed, *op. cit.*, era uma história *sem erotismo*.

desfrutou do apoio do rei de Nápoles até sua morte, em 1471 —, o *Hermaphroditus* assinala o início de uma cultura pornográfica que celebrava e, ao mesmo tempo, injuriava os clássicos, além de interpretar a cultura masculina e humanista que reinventou a tradição sexual, política e intelectual da Antigüidade.

Os Cacetes Balbuciantes de Siena

Ao *Hermaphroditus* de Beccadelli logo seguiram-se obras mais elaboradas, que aliavam a erudição humanista à imaginação pornográfica. Os diálogos obscenos que Beccadelli julgou apropriados para os banquetes dos Medici cederam lugar aos discursos mais formais das academias e das cortes da fase final do Renascimento italiano, quando os humanistas produziram obras eróticas como *Ficheide*, uma imitação da *Ilíada* de Homero, e *In Laudem Sodomiae*, do clérigo Giovanni Della Casa[75]. Embora Aretino e outros *poligrafi* fossem responsáveis por grande parte da literatura erótica e obscena, as academias literárias também deram sua contribuição. No século XVI, em Siena, os membros da Accademia degli Intronati criaram obras como *La Cazzaria* (1525-1526), de Antonio Vignali, e *Raffaella* (1539), de Alessando Piccolomini. No século XVII, em Veneza, eram membros da academia Francesco Pona, Ferrante Pallavicino e Antonio Rocco, autores de *La Lucerna* (1625), *La Rettorica della Puttana* (1642) e *L'Alcibiade Fanciullo a Scola* (1652), respectivamente[76]. De qualquer forma, as academias evidenciaram a associação entre o humanismo e a libertinagem para os que não tinham o privilégio de se integrar a esse mundo social. Eram ocupadas por homens que preenchiam seu

75. Lorenzoni, *op. cit.*, pp. 45-59; Frantz, *op. cit.*, pp. 9-42.
76. A Accademia degli Incogniti foi fundada em Veneza em 1630. Seu regente, o patrício Giovan Francesco Loredano, escreveu romances obscenos que foram incluídos no *Index*. Infelizmente, não é possível fazer uma análise mais completa da academia, pois foge dos propósitos deste ensaio.

tempo ocioso a escrever sobre prostitutas e sodomia e — pior — a convidar cortesãs proeminentes, como Veronica Franco, para acompanhar as conversas literárias[77]. Essa atitude confirmava a suposição de que liam e produziam uma literatura potencialmente "não-canônica".

Uma análise de *La Cazzaria*, de Antonio Vignali, ilustra os aspectos essenciais da pornografia acadêmica[78]. Fundador da Accademia degli Intronati e membro de família nobre, Vignali (1501-1559) viveu em Siena até 1530, quando, em um período de grande agitação política, deixou a região. *La Cazzaria* trata dessa época, e o autor retrata Siena como uma "falocracia", controlada pelos tirânicos e aristocráticos Cacetes, nome dado ao grupo que patrocinou a derrubada do governo senhorial, levado ao exílio[79]. Sob o pseudônimo de Arsiccio Intronato — seu cognome acadêmico —, Vignali criou uma série de diálogos entre acadêmicos sobre sexo, filosofia e política em Siena, nos dias finais da sua última república.

A história começa com uma conversa entre Bizzarro (Marcello Landucci) e Moscone (Giovan Francesco Franceschi), membros efetivos da Intronati. Certa noite, Bizzarro estava na biblioteca de Arsiccio esperando por uma prostituta de rua com quem experimentaria o prazer de uma "trepada de verdade". Para passar o tempo, folheava "alguns livros impróprios" e descobriu o manuscrito de *La Cazzaria*, "o maior emaranhado de cacetes que [já] existiu"[80]. Excitado pela leitura, rouba o manuscrito para compartilhá-lo com seu amigo Moscone. A prostituta lhe vinha à mente. Os prazeres literários eram posterior-

77. Para maiores detalhes sobre o papel peculiar de Veronica Franco na cultura da academia do século XVI veneziano, ver Margeret Rosenthal, "Veronica Franco's Terze Rime: The Venetian Courtesan's Defense", *Renaissance Quarterly*, 42, 1989, pp. 227-57. Para informações mais gerais, ver n. 41.

78. O título é mais apropriadamente traduzido como *Um Bando de Caralhos*; embora, dentro do espírito galhofeiro da academia, *Os Caralhudos* pudesse estar mais próximo da intenção de Vignali.

79. Os detalhes da vida de Vignali estão na introdução de Nino Borsellino e na bio(biblio)grafia de Pasquale Stoppelli em uma edição crítica recente; Vignali, *La Cazzaria*, pp. 13, 29-33.

80. *Idem*, pp. 27-28.

mente revelados como deleites masculinos que unem "os homens em variados tipos de amizade", como Gian Paolo Lomazzo formularia mais tarde[81] — ou seja, nas formas de troca que eram a matéria da vida acadêmica.

Vignali faz um vívido retrato da cultura humanista e libertina, retratada pela pornografia. A biblioteca de Arsiccio, repleta de obras ilícitas, é um genuíno "museu secreto" — expressão criada por Walter Kendrick —, cheio de segredos sexuais e filológicos. O ateliê, tradicionalmente reservado à contemplação, torna-se um antro pornográfico, onde os humanistas lêem, colecionam e criam novas obscenidades. "Os amigos levam os outros à sala de estudos", afirmou o protagonista de *L'Alcibiade Fanciullo a Scola*, de Antonio Rocco, sugerindo a difusão da imagem de um espaço que conjugava o saber clandestino e os prazeres secretos[82]. Em *La Cazzaria*, fitar o texto torna-se um ato pornográfico. Os amigos de Arsiccio são os *voyeurs*, cuja observação propaga os manuscritos secretos. Receando que Arsiccio descobrisse sua transgressão, Bizzarro faz Moscone jurar que guardará segredo, pois não queria ser "privado da possibilidade de ver diversas outras coisas belas, ou pequenos trabalhos, mencionados nesse diálogo e que cheguei a ver e ler em parte"[83].

La Cazzaria é um diálogo entre Arsiccio e um jovem acadêmico, Sodo (Marc'Antonio Piccolomini), que é relativamente inocente, exceto por ter feito uma leitura superficial de Aretino[84]. A obra é uma representação textual da pintura de Giulio Romano que retrata Apolo acariciando os orgãos genitais de seu jovem amante[85]. Arsiccio mostra a Sodo que o conheci-

81. Gian Paolo Lomazzo, *Il Libro dei Sogni* (1548), em *Scritti sulle Arti*, org. R. P. Ciardi, Florença, 1973, vol. 1, p. 104. *Apud* Michel Rocke, *op. cit.*
82. Antonio Rocco, *L'Alcibiade Fanciullo a Scola*, ed. Laura Coci, Roma, Salerno, 1988, p. 43.
83. Vignali, *op. cit.*, p. 29.
84. Em certa altura, Sodo diz a Arsiccio que leu "uma obra [...] em que há infinitas posições de trepar" (*idem*, p. 15), que ele chama de *La Cortigiana*. Provavelmente, está se referindo aos *Sonnetti Lussuriosi*.
85. Esta imagem é reproduzida em *Giulio Romano*, p. 283.

mento sexual era o âmago da filosofia natural. Alguém que aspira ao "conhecimento das coisas naturais" deve ser versado na "mais natural das coisas" para postular alguma competência filosófica. "Você não fica envergonhado", Arsiccio pergunta a Sodo, "por ser incapaz de participar da conversa de homens instruídos devido à sua ignorância?". A resposta de Sodo — "minha filosofia não lida com paus e cus, e não estou envergonhado por não conhecê-los, pois meus estudos não se baseiam nem em cus nem em bocetas, mas em coisas mais belas [...]" — não satisfaz Arsiccio. "Tocar no próprio pau é uma das primeiras coisas que se deveria aprender em filosofia [...]", Arsiccio responde, acrescentando: "então, da mistura da boceta, do pau e do cu, resulta o conhecimento sobre a trepada e a sodomia, e, portanto, a *scientia* se amplia"[86].

Arsiccio profere um extenso hino em louvor do órgão masculino, considerando-o a mais perfeita de todas as criações, adicionando uma reminiscência caracteristicamente humanista da Idade de Ouro, ou seja, o período anterior ao episódio babélico, quando um modelo providencial assegurava que cada homem era feito para se ajustar perfeitamente a cada mulher. O autor desenvolve uma justificativa aristotélica para o homossexualismo masculino, dizendo que o "encaixe" das diferentes partes anatômicas justifica a variedade das práticas sexuais não-procriadoras. Sodo, que já havia confessado suas experiências a seu padre, é atiçado pela lógica de Arsiccio ("*Arsiccio, tu mi tocchi i lombi con questo tuo ragionare*"), e a conversa transfere-se para um dormitório, onde, segundo a tradição de Sade, a pornografia e a filosofia misturam-se alegremente[87]. "Os estudiosos" — como Arsiccio constantemente lembra a Sodo — "conhecem muitos segredos"[88]. Esse é um tema presente em toda a obra.

86. Vignali, *op. cit.*, pp. 42, 48-9.
87. *Idem*, pp. 59-68.
88. *Idem*, p. 46.

Vignali justifica a linguagem e o tema de *La Cazzaria* salientando a necessidade de decoro e "de alguma sobriedade entre mulheres e homens", mas postula a necessidade da franqueza nas conversas entre rapazes das mesmas classes sociais ("un ritrovo di giovani a te e per età e per esercizio conformi "). Com rapazes é "lícito conversar todas as coisas que vêm à cabeça" ("ci venivano a bocca")[89]. Essa apologia ocorre em uma conversa imaginária entre Arsiccio e Sodo deitados em uma cama. Quando, por fim, Sodo sucumbe às investidas, Arsiccio revela o plano de sua *opus eroticum*. Essa obra, intitulada *Lumen Pudendorum*, paródia de um gênero religioso popular, é dividida em três partes: *De la Genealogia e Battesimo del Cazzo*, *De la Natività e Opera de la Potta* e *De la Vita e Passione del Culo*. Seria escrita em latim, "para preservar a retidão das mulheres" e também para tranqüilizar os pedantes ignorantes que não viam perigo nas obscenidades doutas:

> [...] desse modo, quando eu escrever *priapum*, *mentulam*, *nervum*, ao ler essas [palavras], eles não pensarão que as mesmas significam "caralho". Igualmente, quando virem escritas as palavras *vulvam* e *cunnum*, não saberão que as mesmas significam boceta, e, desse modo, ficarão sossegados[90].

Embora Arsiccio e Sodo ridicularizassem os pedantes, incapazes de nomear "a coisa propriamente dita" quando a vêem, também queriam proteger essa forma de conhecimento das usurpações externas. A leitura humanista era mais transparente que a escolástica, mas ainda mantinha os limites entre o discurso erudito e o não-erudito. Os protagonistas de Vignali punem os "traidores" que vulgarizam os clássicos ao possibilitar que até mesmo carregadores, prostitutas e ferreiros possam ter "todo o Plínio, Lívio, Ovídio, Apuleio e muitos outros autores

89. *Idem*, p. 41
90. *Idem*, pp. 83-4.

excelentes na ponta de suas línguas"[91]. Para homens como Arsiccio e Sodo, o diálogo erótico e obsceno integra um circuito fechado, reservado apenas a homens de bom senso, honra e proeminência social, capazes de flertar com temas perigosos sem contribuir para o vício público.

Após saciar sua paixão, Arsiccio relata uma fábula sobre a queda do governo do tirano Grande Cacete (*Il Cazzone*), composto por quatro grupos rivais: os patrícios Cacetes e Bocetas, o grupo aristocrata Colhões e o plebeu Cus. Os Pequenos Cacetes e as Repelentes Bocetas, auxiliados pelos Cus, derrubam o Grande Cacete e as Belas Bocetas, suas partidárias, e debatem a melhor forma de governo. Os Cacetes, uma facção mais conservadora, estão preocupados com o declínio do *status* da cidade, causado pela participação das Bocetas e dos Colhões em seu governo. Traindo as facções rivais, os Colhões atribuem um papel secundário aos Cacetes e às Bocetas e, por isso, Arsiccio conclui recorrendo a um tema freqüente nos sonetos de Aretino: "os colhões nunca tomam no cu [...]"[92].

A história não era uma fábula, mas uma narrativa pouco dissimulada dos eventos de Siena que levaram à derrubada do governo da família Petrucci pelos integrantes dos quatro *Monti* — os Noveschi, os Libertini, os Riformatori e os Gentilhuomini — em setembro de 1524[93]. Os conflitos posteriores entre os Noveschi, favoráveis ao governo oligárquico e antigos defensores dos Petrucci, e os Libertini, representantes do povo favoráveis a um governo comunal, culminaram com a ascensão destes, em 1527[94]. A família Vignali integrava a facção dos Noveschi, que transferiu sua lealdade da família Petrucci para a família Libertini. Os debates sobre a forma adequada de governo, tão eficazmente satirizados por Vignali, tornaram-se

91. *Idem*, pp. 86-7.
92. *Idem*, p. 136. A alegoria política pode ser encontrada nas pp. 94-137.
93. Eles são, respectivamente, os Caralhos, os Cus, as Bocetas e os Colhões da história.
94. Pasquale Stoppelli fornece um sumário conciso desses acontecimentos em Vignali, *op. cit.*, pp. 146-7, n. 173. Para um exame mais extenso, ver A. K. Chiancone Isaacs, "Popoli e Monti a Siena del Primo Cinquecento", *Revista Storica Italiana*, 82, 1970, pp. 32-80.

irrelevantes quando Siena finalmente caiu, vítima da política expansionista dos Medici para o Estado toscano. Na história de Vignali, o corpo torna-se um mapa moral em que as divisões sexuais e políticas correntes eram inseridas. Escrita em um mundo em transformação e de fidelidades políticas instáveis, *La Cazzaria* é o modelo da pornografia política surgida em meados do século XVII e no decorrer do século XVIII.

Semelhante a outras obras chulas, *La Cazzaria* circulou inicialmente como manuscrito entre os notáveis de Siena e, em seguida, em cópias impressas clandestinas, como a publicada em Veneza, em 1531[95]. Vignali escreveu a obra como uma forma de entretenimento particular para seus companheiros do Intronati e, provavelmente, pouco fez para promover sua circulação posterior. Em 1541, porém, Niccolò Franco, em sua *Priapeia*, usou-a como elemento central de um ataque contra Aretino:

> Priapo, eu sou Arsiccio Arcintronato
> E, para entronizar o maior [indivíduo],
> Que hoje traz para você honra perfumada,
> Eu lhe trouxe meu pequeno livro de presente
>   Nele, há cacetes de todo tipo,
> Cacetes baratos, cacetes de valor,
> Cacetes de viúvas, cacetes de freiras,
> Cacetes para o *Granmaestro* e para os prelados,
>   Cacetes que só se pegam com luvas [...][96].

A alusão de Franco a *La Cazzaria* em sua *Priapeia*, na qual, para punir Aretino, usa uma linguagem mais obscena que a do próprio Aretino, sugere a rapidez com que a obra transferiu-se da academia para o mercado. Embora não fosse planejada para um público leitor, como deve ter sido o caso de *Ragionamenti*,

95. Lucienne Bacall, *Il Gioco dell'Amore*, Spiel, 1991, p. 23.
96. Franco, *Priapea*, *apud* Vignali, *op. cit.*, p. 153, n. 1.

de Aretino, *La Cazzaria* integrou o cânone pornográfico do século XVI.

Nino Borsellino, ao caracterizar *La Cazzaria* como "uma carta geográfica da libertinagem do século XVI", considera-a produto e, ao mesmo tempo, crítica das práticas humanistas[97]. No texto de Vignali, as hierarquias sexuais e sociais estão em conflito. A política dos aristocratas é associada a práticas sexuais aristocráticas, e a sodomia é apresentada como expressão natural da nobreza e do saber. Por outras razões, Aretino retomou essa idéia, quando Nanna conta para Antonia: "As coisas realmente extraordinárias acontecem entre as grandes damas e os cavalheiros". Nanna também recomenda que Pippa se vista como um garoto para atrair os nobres[98]. Em seu *Sonnetti Lussuriosi*, a sodomia é retratada como prática de "pessoas importantes" (*i grandi*). Os homens insistem no coito anal em vários sonetos, clamando que "aquele que não é um sodomita, não é um homem" e que "minha linhagem pode terminar em mim!"[99].

Aretino parodia as práticas dos nobres, que eram virtuosas para Vignali. E, no entanto, ambas perspectivas foram úteis para abalar a base social e política da cultura humanista que as tornou possíveis. Quando Vignali retratou os humanistas promotores das academias e dos governos do Renascimento italiano como "um bando de cacetes", estava sendo tão subversivo quanto qualquer retrato feito por escritores posteriores, como La Mettrie e Sade, que falaram das redes sexuais que sustentaram a cultura política e intelectual do Antigo Regime. Se as Repúblicas eram o lugar em que cacetes, bocetas e cus podiam formar alianças indiscriminadas, como a alegoria política de Vignali sugere, então seu declínio era inevitável. Em contraste, a cultura aristocrática, que preferiu a união fecunda entre

97. Vignali, *op. cit.*, p. 23. Com exceção da admirável introdução de Borsellino para a edição crítica de *La Cazzaria*, de 1986, há poucas análises dessa obra. Frantz, *op. cit.*, pp. 38-42, e Lorenzoni, *op. cit.*, pp. 60-2, analisaram-na brevemente.
98. Aretino, *Ragionamenti*, em *Aretino's Dialogue*, pp. 107-8, 206.
99. Aretino, *I modi*, pp. 62-3, 72-5.

"cacetes poderosos" e "belas bocetas" ou a cópula hierárquica entre cacetes e cus, estava fadada a prosperar. Apesar de não ter alcançado o mesmo impacto da obra de Aretino — assim como o *Hermaphroditus*, de Beccadelli, *La Cazzaria* foi ocultada com êxito em seu tempo —, a obra de Vignali ilumina o uso do erótico como um meio de expressão filosófica e política da elite renascentista e, uma vez mais, reafirma os vínculos entre o humanismo e a emergência da cultura pornográfica.

As alusões a Boccaccio — evidente na sentença *pedagogus ergo sodomiticus* —, segundo as quais o ensino da gramática conduzirá às práticas sodomitas, são amplamente defendidas nos escritos de Vignali e de seu discípulo do século XVII, Antonio Rocco[100]. A retórica nasce da mistura de línguas, diz o pedagogo Filotimo a seu aluno Alcibíades, personagens de Rocco. Tais ações são uma prerrogativa marcadamente masculina. Com as mulheres, Filotimo adverte Alcibíades, ecoando as admoestações de Leon Battista Alberti sobre a necessidade de separar as questões masculinas das femininas, "o homem precisa esquecer as questões sérias; ele deve perder o rumo"[101]. A identidade — no universo sexual humanista de Vignali — também é uma prerrogativa profundamente masculina. Passar muito tempo na companhia de mulheres faz o homem "perder o rumo". Por isso, na retórica pornográfica do Renascimento italiano, a iniciação sexual deve ser acompanhada da instrução, "empurrando o conhecimento cu adentro", como grosseiramente afirmou Rocco. O caminho da erudição e da proclamação da amizade, que acompanham as afinidades intelectuais, devem começar com a transferência sexual da "virtude" do mestre para o pupilo, a fim de que o aluno seja "perfeitamente instruído"[102]. Ainda mais importante, a emulação do passado deve começar com a imitação sexual. A vida política e cultural da

100. Essas imagens são examinadas em Barkan, *op. cit.*, pp. 56, 129, n. 66.
101. Rocco, *op. cit.*, pp. 44 e 72. Refiro-me aqui à obra do século XV, *Libri della Famiglia*, de Alberti.
102. Rocco, *op. cit.*, p. 37.

sociedade articula-se após o estabelecimento de seus fundamentos sexuais. Aquilo que Vignali fez de modo explícito por Siena, Rocco fez por Veneza. Porém, ambos lembraram a seus leitores que as práticas sexuais não podiam ser separadas da formação da política e do saber da sociedade renascentista.

"Hierarquias Libertinas"

Embora acadêmicos ociosos recorressem aos pênis para revelar as mais obcenas verdades que podiam contar, Aretino e os *poligrafi* venezianos construíram um mundo de bocetas tagarelas que revelaram uma série de segredos igualmente chocantes. Como os sodomitas, as prostitutas eram consideradas um "terceiro sexo", e essa ambigüidade lhes permitiu observar a sociedade de modo desapaixonado, como o fizeram os autores pornográficos ou, mais tarde, os dois Persas de Montesquieu[103]. Embora Beccadelli tenha restringido a circulação de seus poemas obscenos a um seleto círculo de patronos e amigos doutos — prática seguida por muitos outros autores acadêmicos pornográficos, como Vignali —, Aretino tornou essa literatura conhecida de um público leitor mais amplo e alterou seu conteúdo para atender as demandas desse público.

A primeira incursão de Aretino pela pornografia foi motivada por um acidente. Em 1524, Marcantonio Raimondi publicou dezesseis gravuras representando várias posições sexuais . As ilustrações originais tinham sido feitas por Giulio Romano, que, convenientemente, estava trabalhando para os Gonzaga, em Mântua, quando o escândalo veio à tona. Como Vasari nota, "algumas dessas ilustrações foram encontradas

103. Saslow, *op. cit.*, p. 79; Achille Olivieri, "Eroticism and Social Groups in Sixteenth-Century Venice: The Courtesan", em Philippe Ariès e André Béjin (orgs.), *Western Sexuality: Practice and Precept in Past and Present*, trad. Anthony Forster, Oxford, UK, Basil Blackwell, 1985, pp. 95-102; e Ann Rosalind Jones, *The Currency of Eros: Women's Love Lyric in Europe, 1540-1620*, Bloomington, Indiana University Press, 1990, p. 192 e ss. Agradeço a Laurie Nussdorfer por me lembrar da analogia do Iluminismo presente em *Lettres Persanes*, de Montesquieu.

em lugares inusitados", provavelmente na corte papal[104]. Incitado pelo datário papal — o "palhaço da religião"[105] Gian Matteo Gilberti (posteriormente conhecido por seu papel como modelo de bispo reformista em Verona) —, o papa Clemente VII enviou Raimondi à prisão. Definhou por quase um ano, até que os apelos de Aretino, do escultor Baccio Bandinelli e do cardeal Ippolito de Medici deram resultado e Raimondi foi solto, prometendo queimar as impressões e destruir suas matrizes[106]. Porém, Aretino, envolvido com o caso de Raimondi, ficou curioso para ver as ilustrações, que eram o assunto do momento em Roma. Como relatou em uma carta a Battista Zatti:

> Logo que se obteve do papa Clemente a ordem de soltura de Marcantonio de Bolonha, que estava preso por ter gravado as dezesseis Posições sobre cobre, quis ver essas estampas que levaram o queixoso Gilberti e seus seguidores a clamar pela crucificação do notável artista. Assim que contemplei as figuras, fui tocado pelo mesmo espírito que moveu Giulio Romano a retratá-las. E já que poetas e escultores, tanto antigos quanto modernos, para o seu deleite, escreveram freqüentemente a esse respeito ou esculpiram objetos lascivos, como o sátiro de mármore do Palácio Chigi que tenta violar um garoto, escrevi rapidamente os sonetos ao pé [de cada figura]. Com todo o respeito devido aos hipócritas, dediquei esses textos luxuriosos a você, não levando em consideração as censuras mesquinhas e as leis estúpidas, que proíbem os olhos de ver as verdadeiras coisas que muito os deleitam.

104. Giorgio Vasari, *Lives of the Most Eminent Painters, Sculptors and Architects*, trad. Gaston DuC. De Vere, 1912-1914, Nova Iorque, AMS Press, 1976, vol. 6, p. 105.
105. Thomas Caldecot Chubb, *The Letters of Pietro Aretino*, s.l., Archon Press, 1967, p. 143.
106. Essa história foi relatada muitas vezes. O relato mais cuidadoso, apesar da brevidade, é de Bette Talvacchia, "Figure lascive", em *Giulio Romano*, pp. 277-80. Ver também a introdução de *I modi, the Sixteen Pleasures: An Erotic Album of the Italian Renaissance*, ed. e trad. Lynn Lawner, Evanston, IL, Northwestern University Press, 1988, pp. 3-17.

> O que há de errado em ver um homem cavalgando uma mulher? Deviam os quadrúpedes ser mais livres do que nós? Parece-me que aquilo que nos é dado pela natureza para a preservação da espécie deveria ser usado como um ornamento em torno do pescoço ou como uma medalha sobre o chapéu, já que é a fonte pela qual jorram todos os fluxos da humanidade e a ambrosia que o mundo bebe nos dias festivos. Você, um dos maiores cirurgiões vivos, foi feito desse modo. Concebeu-me também, e sou melhor do que o pão. Criou Bembos, Molzas, Fortunios, Varchis, Ugolin Martellis, Lorenzo Lenzis, Dolcis, Fra Sebastianos, Sansovinos, Ticianos e Michelangelos, além de papas, imperadores e reis. O "Santíssimo" gerou belos rapazes e as mais formosas mulheres. Portanto, deveríamos consagrar feriados, vigílias e festas em sua honra, e não tapá-lo com um pedaço de pano ou seda[107].

Em 1527, Aretino imprimiu "o livro de sonetos e de ilustrações luxuriosas", que enviou prontamente aos patronos, como o nobre genovês Cesare Fregoso. Antes mesmo de sua publicação oficial, membros da Accademia degli Intronati, em Siena, adquiriram uma cópia. Em 1528, o livro já era muito conhecido fora de Roma, tanto que Ludovico Ariosto fez, em uma peça escrita para a corte d'Este, de Ferrara, uma anedota fortuita a respeito dos "diversos atos, formas e várias posições [...] que, hoje em dia, ressurgem na sagrada Roma, impressos com beleza, mas sem honra, de modo que todo o mundo pode ter uma cópia"[108]. Com mais malícia, a língua mordaz de Franco sugeriu que Priapo deveria experimentar todas as posições com a irmã de Aretino, seguindo "esse pequeno livro que Pietro Aretino lhe dedicou", porque ela provavelmente conhecia todas[109].

107. Veneza, 19 dez. 1537, Aretino, *Lettere*, org. Francesca Flora, Roma[?], Mondadori, 1960, pp. 399-400. Nenhuma das traduções publicadas são boas; desse modo, recorri às duas mais confiáveis e ao original italiano para criar minha própria versão; Chubb, *op. cit.*, pp. 123-4; Aretino, *I modi*, p. 9.
108. *Apud* Aretino, *I modi*, p. 17; Ariosto, *I Suppositi*, em Talvecchia, 'hino Figure lascive', p. 280; Vignali, *op. cit.*, p. 15.
109. Franco, *Priapea*, em Carlo Simiani, *Niccolò Franco: La Vita e le Opere*, Turim, L. Roux, 1894, p. 109.

A investida desse livro aos sentidos foi julgada por seus contemporâneos como mais completa do que qualquer outra obra anterior. Nos versos iniciais, Aretino manifesta ruidosamente tanto a novidade da intenção como da forma:

> Este não é um livro de sonetos [...]
> Mas aqui existem cacetes indescritíveis
> E a boceta e o cu que os abrigam
> São como caixas de bombons
> Aqui existem pessoas que fodem e são fodidas
> Além de anatomias de bocetas e cacetes
> E de cus preenchidos por almas perdidas
> Aqui as pessoas trepam dos jeitos mais fascinantes,
> De um modo jamais visto
> Dentro de quaisquer hierarquias libertinas
> No fim, só os tolos
> Desgostam desses saborosos petiscos
> E a quem no cu não fode, Deus perdoe.

Variações dessas estrofes apareceram na introdução de obras licenciosas de renome, como *Tariffa delle Puttane* e *Dialogo di Maddalena e Giulia*, sugerindo o impacto do "novo" conteúdo pornográfico sobre a inovação literária logo após o aparecimento dos sonetos de Aretino[110]. Ecoando as palavras indignadas de Clemente da Alexandria aos gregos, o artista e crítico de arte Giorgio Vasari escreveu mais tarde: "Não sei o que era maior, se o ultraje ao olhar provocado pelos desenhos de Giulio, ou se a afronta à audição provocada pelas palavras de Aretino"[111]. Apesar de terem sido criadas por Romano e Raimondi, as

110. Frantz, *op. cit.*, pp. 48 e 101; *Il Piacevol Ragionamento de l'Aretino: Dialogo di Giulia e di Maddalena*, ed. Claudio Galderisi, Roma, Salerno, 1987, p. 43. Segundo Frantz, p. 144, em seu dicionário inglês-italiano *A Worlde of Wordes* (1598), John Florio elogia Aretino, que "molda numerosos mundos novos", expandindo o vocabulário italiano.
111. Vasari, *op. cit.*, p. 105.

dezesseis ilustrações, agora impressas com os sonetos, ficaram conhecidas por especialistas da arte erótica de toda a Europa como as "posições de Aretino".

Após o surgimento da obra de Aretino, diversas imitações brotaram, muitas vezes atribuídas a Aretino, mas escritas por seus discípulos. Por exemplo, a *Tariffa delle Putanne* foi divulgada como uma obra "talvez digna da pena de Aretino". Sobre o altar criado por Aretino, diversos autores pornográficos iniciantes dedicaram seu "sacrifício a São Foda"[112]. Em uma década, o número de novas posições sexuais descritas por outros escritores cresceu bastante. Uma edição de 1531 do *Dialogo di Maddalena e Giulia*, obra à maneira de Aretino, também conhecida como *La Puttana Errante* (título extraído de um poema de Lorenzo Vernier), enumerava 44 posições, embora outras versões se limitassem a 35[113]. Em *La Rettorica della Putana* (1642), Ferrante Pallavicino sugeriu que "as figuras de Aretino são exemplares e, quando alguém se apaixona por idéias extravagantes [*stravagenze*], copia o modelo"[114].

Os temas introduzidos por Aretino em *Sonnetti Lussuriosi* foram ampliados em *Ragionamenti*. Os famosos diálogos sobre as melhores profissões para as mulheres — freira, esposa ou prostituta — introduziram o imaginário sexual dos sonetos, além de algumas críticas severas às práticas sociais e à cultura política do Renascimento italiano, temas inicialmente apresentados pelo autor em *La Cortigiana* (1525) e em seus pasquins, e desenvolvidos em *Ragionamento delle Corti* (1538). Aretino dedicou seu primeiro livro ao seu macaco de estima-

112. *Tariffa delle Puttane*, em Antonio Barzaghi, *Donne o Cortigiane? La Prostituzione a Venezia. Documenti di Costume dal XVI al XVIII secolo*, Verona, Bertani, 1980, p. 175.

113. *Il Piacevol Ragionamento*, pp. 96-103. Os editores dessa edição particular, que data aproximadamente de 1531, sugerem que o próprio Aretino pode ser o autor, dada a semelhança com *Ragionamenti*, sua obra posterior. Porém, a autoria ainda parece duvidosa, embora esteja intimamente relacionada às obras de Aretino. Para um breve panorama da difusão das posições em outras obras, ver Foxon, *op. cit.*, pp. 19-37; Frantz, *op. cit.*, p. 51; e Kearney, *op. cit.*, p. 46.

114. Ferrante Pallavicino, *La Rettorica della Puttana*, em *Il Gioco dell'Amore: Le Cortigiane di Venezia dal Trecento al Settecento. Catalogo della Mostra*, Milão, Berenice, 1990, p. 28.

ção e recusou-se a citar qualquer clássico, embora espalhasse alusões clássicas por toda a obra. "Se você ficou com uma sensação de travo, como o príncipe ficou", informa ao seu macaco, "eu tentaria justificar as palavras licenciosas desta obra [...] mencionando em seu favor a *Prispea* [*sic*], de Virgílio, e todas as outras obras impudicas escritas por Ovídio, Juvenal e Marcial"[115]. Em vez de se valer das velhas imagens, como autores pornográficos humanistas fizeram — por exemplo, Beccadelli —, Aretino pretendia obter seus retratos diretamente das ruas da "Roma lasciva" que conhecia bem.

Fortemente anticlerical, como a maior parte da pornografia moderna inicial, a obra de Aretino retratou vivamente um mundo em que os cortesãos eram prostitutas, as prostitutas eram cortesãos e o clero era sodomita. Fazendo uma anedota a partir da relação lingüística entre *cortigiano* e *cortigiana* — cortesão e cortesã —, Aretino sugeriu afinidades muito fortes entre esses grupos. "Será que as cortesãs são tão grandes pecadoras quanto os cortesãos?", pergunta Pippa, a personagem de Aretino. "Ainda que elas dêem seus nomes, é no jogo de cartas que mostram sua verdadeira face: *verbo et opere*, como o *Confiteor* diz", respondeu Nanna[116]. Embora narrasse a vida das prostitutas e as práticas devassas de seus clientes, o *Ragionamenti* também pretendia ser um livro de conduta, à maneira do *Book of the Courtier*, de Castiglione, ou do *Galateo*, de Della Casa. Pippa é instruída de todo o estilo social e sexual da nobreza. "Pela minha fé, para ser uma prostituta é necessário mais do que simplesmente suspender a anágua e clamar: 'Vá em frente! Estou pronta. Meta!'", Nanna a previne[117]. Imitando o costume das mais bem-sucedidas cortesãs que atendiam uma clientela de humanistas, Pippa

115. Aretino, *Ragionamenti*, em *Aretino's Dialogue*, p. 2.
116. *Idem*, p. 288. A propósito dessa anedota, existe uma tradução incorreta do título de Castiglione feita por um escritor inglês contemporâneo, em uma descrição de Urbino: "O palácio do duque é uma casa muito agradável, mas não tão excelente como Conte Baldassare elogiou em sua obra *Courtesan*". (William Thomas, *The History of Italy (1549)*, org. George B. Parks, Ithaca, NY, Cornell University Press, 1963, p. 127).
117. Aretino, *Ragionamenti*, em *Aretino's Dialogues*, p. 218. Em outra passagem, Nanna diz a Pippa que "as boas maneiras são o melhor meio de ascender no mundo" (*idem*, p. 247).

põe sobre sua mesa obras de Petrarca, Boccaccio e Ariosto — em resumo, os clássicos vernaculares — a fim de oferecer a "conversa" que os humanistas desejavam.

Na economia moral dos diálogos de Aretino, uma prostituta é a única criatura honesta. Zombando das *cortigiane oneste* — como Matrema-non-vole e Veronica Franco, que integravam a cultura libertina das cortes por causa de seu conhecimento dos clássicos, de seus escritos sobre a poesia de Petrarca e, enfim, de sua boa vontade em se entregar ao intercurso anal — Nanna representa um tipo diferente de civilidade, *una civiltà puttanesca*. "Nós, prostitutas, mesmo astutas, depravadas, avarentas, ladras e descrentes, nunca deixamos o caminho reto da prostituição", afirma[118]. Essa resoluta determinação contrasta com os ardilosos hábitos dos nobres, que "interromperiam uma conversa a respeito do Estado [...] para conhecer uma cafetina", e dos "ávidos de prazer", que "bebem, praticam sodomia e cafetinam prostitutas"[119]. Aretino reafirmou, por meio dessas classificações, os limites entre a cultura humanista e a não-humanista, e entre as Cortes e as Repúblicas, que escritores como Vignali fixaram com propósitos inteiramente diferentes.

Aretino excluiu os venezianos de suas críticas, que viviam em uma república conhecida por seu antagonismo com a Igreja institucional e sua antipatia contra Roma, por estarem comprometidos com costumes mais "honestos". Nanna aconselha Pippa: "com os venezianos, você pode pôr de lado todos os seus truques de cortesã e satisfazê-los com sua própria pessoa [...]". Por isso, segundo o autor, tantas prostitutas e autores pornográficos foram para Veneza no século XVI[120]. Antítese da palaciana Roma, Veneza sustentou a reputação de cidade das infinitas possibilidades e liberdades. Por suas correspondentes representações míticas, os direitos políticos de Veneza, basea-

118. *Idem*, p. 295.
119. *Idem*, pp. 414 e 417.
120. *Idem*, p. 223. Na Veneza renascentista, aproximadamente um entre dez habitantes ganhava a vida em atividades relacionadas à indústria da prostituição.

dos nas virtudes do republicanismo, rivalizaram com as "liberdades" morais de Roma, que eram resultado de seu *status* paradoxal: uma cidade de santidade cristã e antigüidade pagã.

Para Aretino, o sexo não era alimentado pela filosofia, mas podia substituí-la. Esse anticlassicismo revela uma oposição à obra pornográfica produzida pela academia humanista, na qual esses dois elementos encontram-se justapostos. Os orgãos genitais de Nanna — esquivos e misteriosos — são a fonte suprema de poder nesse teatro sexual[121]. Como ela bem sabe, "um par de nádegas sedutoras pode fazer mais do que todos os filósofos, astrólogos, alquimistas e necromantes jamais fizeram". Nanna não tem necessidade de ler, pois possui todos os segredos do mundo "entre as pernas"[122]. A única obra que estima é um "livro de receitas", em que anotou todos os segredos para manter e realçar sua beleza[123]. Semelhantes aos populares "livros dos segredos" em circulação na época — por exemplo, *Segreti* (1561), da veneziana Isabella Cortese —, "o livro de receitas" é o símbolo de todo conhecimento perigoso e subversivo que não nasce da leitura dos clássicos, mas da experiência como prostituta.

Numa época em que a "pornografia" era definida pela novidade de sua mensagem e por seu conteúdo sexual gráfico, os sonetos e os diálogos de Aretino representaram o pior de todos os mundos possíveis para as autoridades censoras. Ao usar a pornografia como um veículo para atacar tudo — o programa educacional humanista, a devoção clerical e as vicissitudes da vida da corte —, Aretino expôs para um leitor indistinto os vícios das elites. Além disso, ofendeu o decoro das elites ao colocar suas opiniões na boca de uma prostituta. Quando o censor

121. Usei nesse trecho um estudo inédito de Laura Walvoord intitulado "'A Whore's Vice are Really Virtues': Prostitution and Feminine Identity in Sixteenth-Century Venice". Para as passagens relevantes, ver Aretino, *Ragionamenti*, em *Aretino's Dialogues*, pp. 169-70.
122. *Idem*, p. 142. Essa questão é examinada por Achillo Olivieri, *op. cit.*, pp. 96-7.
123. *Idem*, p. 257.

Johannes Molanus advertiu sobre o perigo que a exposição de imagens obscenas "nas tabernas e nos mercados" representava, definiu os parâmetros do mundo de Nanna. Os "melancólicos casos com Pippas, Nannas e sórdidas cortesãs" que Aretino divulgou, eram precisamente aquilo que "certos mastigadores de padres-nossos e caçadores de ave-marias" — as censuras eclesiásticas selecionadas por John Wolfe, o editor protestante de Aretino — mais desdenhavam[124]. As tentativas posteriores de refrear o fluxo de textos pornográficos que nasceram inicialmente no gabinete de Aretino, em Veneza, e depois se expandiram mundo afora, ameaçando invadir cada canto da Europa, indicam quão perigoso era considerado um autor que desrespeitava os limites sociais, morais e lingüísticos. Aos olhos das autoridades do Concílio de Trento, que proibiu suas obras, Aretino era mais perigoso que todos os artistas de tendência erótica e autores pornográficos humanistas, não por causa do retrato franco do comportamento sexual, mas por sua recusa em restringir seu público aos homens de virtude, que podiam ler os clássicos eróticos em razão de sua "retórica e qualidade de estilo". Embora o *status* cânonico de Aretino no mundo da pornografia pós-renascentista decorresse da infâmia e da raridade dos dezesseis *modi* e dos sonetos, sua reputação na época era resultado de seu desejo de divulgar e, portanto, de revelar os hábitos de cortesãos e humanistas com os quais estava bastante familiarizado.

Identidade Política e Experiência Sexual

A pornografia renascentista surgiu entre dois contextos significativos: o mundo privado do erotismo humanista e a arena pública formada pela cultura impressa. No primeiro, humanistas e libertinos como Antonio Vignali participaram

124. Doni, *Terremoto* (1556), em Frantz, *op. cit.*, p. 114; John Wolfe, "Il Barbagrigia Stampatore a Gli Amatori del Sapere", em Aretino, *La Prima* [*-Seconda*] *Parte*, sig.A.2r.

de conversas indecentes entre homens de virtude e criaram os primeiros museus pornográficos, cujas paredes eram revestidas com escritos e imagens do passado. No segundo, escritores profissionais como Aretino capitalizaram as demandas do mercado, produzindo um gênero literário cujas constantes oscilações ao longo de dois séculos testemunham a afinidade com os desejos de seu público. Esses dois mundos não estavam completamente separados. Os Vignalis do Renascimento italiano eram provavelmente os melhores clientes de Aretino. E, contudo, não podemos uni-los inteiramente. Não se trata de coincidência o patrício Vignali escolher um sodomita masculino retórico como seu porta-voz, enquanto Aretino fazia-se representar por Nanna, "a mais depravada e lúbrica prostituta de toda a Roma"[125]. Enquanto os libertinos do Intronati eram impulsionados por palavras, Nanna era movida por imagens; eles são a personificação dos consumidores humanistas da pornografia, e ela, o símbolo das massas iletradas, cujo acesso às imagens profanas e imorais tanto afligiu os regeneradores da Igreja. Nenhum desses personagens é indiferente aos assuntos alheios — Arsiccio relata-nos que regularmente se diverte com uma mulher da sarjeta ou com seus amigos homossexuais, enquanto Nanna aconselha Pippa a agir e a se vestir como garoto ou como garota, conforme o desejo de seus clientes. Segundo a economia moral da pornografia do final do Renascimento, os interlocutores de *La Cazzaria* são *fottenti* (fodedores), e aqueles do *Ragionamenti* são *fottute* (fodidos), nos termos de Aretino. Apenas no terreno imaginado dos *Sonnetti Lussuriosi* esses dois mundos podiam andar juntos.

Embora as "hierarquias libertinas" da Corte e da Igreja repartissem o mundo *ad infinitum*, os pornógrafos do Renascimento ofereciam a seus leitores uma divisão social mais simples e estável: os que detinham o poder e os que se subme-

125. Aretino, *Ragionamenti*, em *Aretino's Dialogues*, p. 169.

tiam a ele. Ao mesmo tempo, jogavam com o amor dos humanistas pelo paradoxo, propondo questões surpreendentes e reveladoras: o que seria do mundo se fosse regido pelos cacetes? E se as prostitutas fossem as "mulheres superiores"? As imagens contrastantes de um "mundo regido pelos cacetes" (*mondo incazzito*) e de uma "monarquia libertina" (*monarchia puttanesca*) definiam a arena em que a pornografia prosperava como forma de comentário sociopolítico[126]. "Foda no cu, fuja da boceta" tornou-se um dos poemas pornográficos do século XVII. Enquanto o saber feminino era monárquico, no sentido de que as mulheres usariam seu poder sexual para "imediatamente conquistar leis despóticas e absolutas e, se possível, tirânicas" sobre os homens, o saber de outro homem era uma forma de republicanismo dilatado[127]. Nessa perspectiva, não surpreende que diversas academias humanistas, conhecidas por seu caráter subversivo, expressassem suas lealdades políticas em escritos mais libertinos.

A faiança de Francesco Xanto Avelli, usada pelo duque de Urbino em meados do século XVI, talvez represente melhor a relação entre sexo, poder e política. Embora Xanto Avelli adotasse as posições de Aretino como motivo em suas criações de barro esmaltado, nenhuma é mais admirável do que a imagem de 1534 sobre louça, representando a derrota do rei francês Francisco I pelo imperador do Sacro Império Romano, Carlos V, na batalha de Pavia, em 1525 (fig. 1.10). No canto inferior esquerdo, jaz Francisco I, que na queda perdeu o cetro. Em cima, uma figura a cavalo representa a ascendência de Carlos V sobre o rei francês. À direita, uma mulher sobre uma bola, apoiada em um bastão torcido de madeira, representa o

126. As imagens de um *mondo incazzito* vêm de Aretino (Frantz, *op. cit.*, p. 83) e a de uma *monarchia puttanesca* vem de *Tariffa delle Puttane* (*idem*, p. 103). Para uma discussão mais ampla sobre o poder potencialmente subversivo das mulheres, ver Natalie Zemon Davis, "Women on Top", em *Society and Culture in Early Modern France*, Stanford, CA, Stanford University Press, 1975.
127. Rocco, *op. cit.*, pp. 89 e 71. (As citações estão na mesma ordem em que aparecem no texto.)

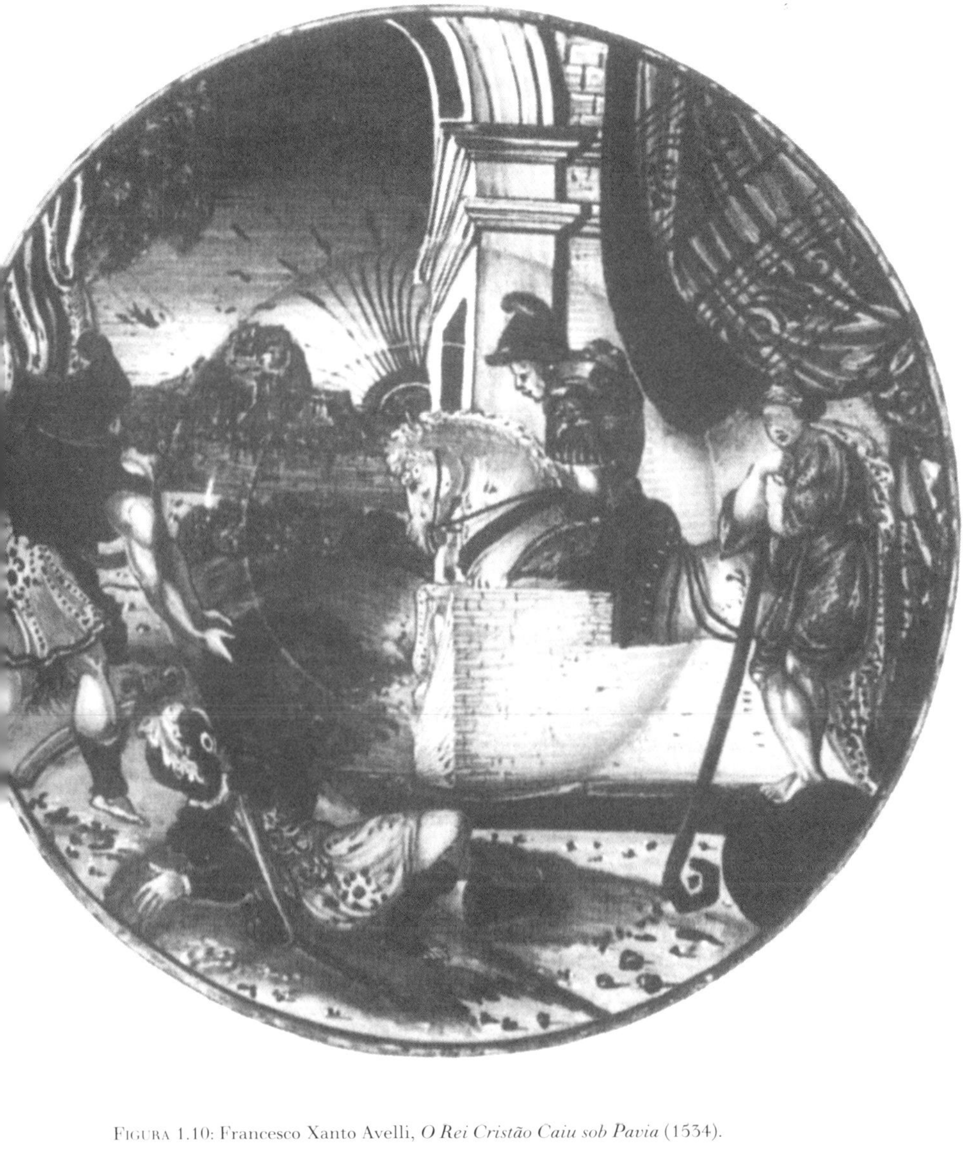

Figura 1.10: Francesco Xanto Avelli, *O Rei Cristão Caiu sob Pavia* (1534).

destino que favoreceu o imperador e levou Francisco I a uma derrota devastadora[128].

A semelhança entre a posição de Francisco I e a da mulher representada na primeira posição de Aretino é inquestionável. Deitados de lado, com o braço esquerdo curvado para trás dando sustentação e a perna direita quase dobrada, ambos não resistem às investidas dos parceiros mais fortes. Segundo a interpretação de Xanto Avelli sobre o resultado da batalha de Pavia, Carlos V "pegou" Francisco I como um homem pegaria uma mulher. Por meio de uma imagem que recordava os versos de abertura do primeiro soneto — "Vamos foder, meu amor, vamos foder depressa [...] o mundo seria só um cacete na falta desse [ato]"[129] —, Xanto Avelli fez seu público lembrar — especialmentemente o duque de Urbino, que tinha um interesse pessoal no resultado dessa batalha — que a vitória política era uma forma de conquista sexual. Feminizado por sua derrota, Francisco I é emasculado no confronto com Carlos V. Como as prostitutas e sodomitas que habitavam o universo pornográfico do Renascimento, o rei francês sucumbe à força superior do poder masculino. No fundo do prato, uma inscrição indica discretamente: *1534. Cadette il Re Christia[no] sotto Pavia* [O Rei Cristão caiu sob Pavia]. Xanto Avelli imaginou que o público da corte, nos anos de 1530, estaria suficientemente familiarizado com as posições de Aretino para reconhecer a referência à pintura.

Justapostas às alegorias visuais de Xanto Avelli, que se equiparavam às alegorias da vida política do início do século XVI feitas por Vignali, existiam imagens de centros urbanos mais importantes cujo bem-estar moral era visto como índice da atmosfera política. No mapa moral do Renascimento italiano traçado pelos textos dos pornógrafos, Roma, como conseqüência de

128. Para uma breve descrição dessa louça e para uma bibliografia adicional, ver Timothy Wilson, *Ceramic Art of the Italian Renaissance*, Londres, British Museum Publications, 1987, pp. 143-4.
129. Aretino, *I modi*, p. 60.

seu declínio abrupto do topo do mundo (*caput mundi*) para a rabeira do mundo (*coda mundi*), tornou-se libertina e sodomítica — a "cidade das mulheres" (*terra da donne*), a qual Aretino afirmou ser regida pela "crueldade das prostitutas" e pela "insolência dos Ganimedes"[130]. Roma era um alvo fácil para a sátira, por personificar todo o infortúnio social e político da Itália nas décadas seguintes ao advento de Lutero e ao saque, em 1527.

As imagens que rivalizam Siena e Veneza, presentes nos textos de Vignali e Aretino, são mais difíceis de definir. Siena, hesitando entre a república e a oligarquia no início do século XVI, aparece como um mundo de opções divididas em *La Cazzaria*. Contrastando com a inequívoca exaltação aretiniana da cultura republicana de Veneza — uma ironia, dada sua base firmemente aristocrática[131] —, a avaliação de Vignali sobre a república de Siena é mais comedida. Embora reconhecendo que o mundo não pudesse ser regido apenas por Cacetes, ele questionava a capacidade das classes inferiores — as Bocetas e os Cus — de trabalhar atreladas à classe social dominante, assim como a possibilidade de os aristocratas mudarem seus costumes. "Dado que nós, os Cacetes, estamos acima das Bocetas e dos Cus desde os primeiros tempos", observou Vignali, agora seria difícil, apesar da mudança da atmosfera política, "rebaixar-nos de tal maneira que sejamos todos iguais"[132]. Assim, pornógrafos como Maquiavel e Guicciardini examinaram os problemas da cultura republicana em uma sociedade aristocrática relacionando a identidade política à experiência sexual[133].

130. Aretino, *Letters*, pp. 8 e 36. Imagens semelhantes são examinadas brevemente por Arturo Graf, em *Attraverso il Cinquecento*, Turim, Giovanni Chiantore, 1926, pp. 102 e 229.

131. Para maiores detalhes sobre a cultura política da Veneza renascentista, ver Robert Finlay, *Politics in Renaissance Venice*, New Bunswick, NJ, Rutgers University Press, 1980; e Edward Muir, *Civic Ritual in Renaissance Venice*, Princeton, NJ, Princeton University Press, 1981.

132. Vignali, *op. cit.*, p. 117.

133. Stephanie Jed observou as relações entre "identidade política" e "experiência textual" nos primeiros escritos humanistas em *Chaste Thinking...*, p. 19. Para ela, as experiências sexual e textual nunca estão tão dissociadas, algo que escritores como Aretino, mais que Colluccio Salutati, enfatizavam com presteza.

A presença de homossexuais e prostitutas em escritos pornográficos, como símbolos de hierarquias sociais e políticas, não era casual. Ambos personificavam o vício, e sua evidente marginalidade garantia-lhes um certo distanciamento das hierarquias sociais. Aos olhos dos magistrados urbanos, que condenavam sua influência com severidade, eram adversários perigosos. Os homossexuais eram marcados a ferro quente em público em cidades como Veneza, e a ação das prostitutas era cada vez mais restringida pelas autoridades, temerosas de que a "grande quantidade de palavras lascivas" ditas por elas nos lugares errados colocasse em dúvida a castidade das outras mulheres[134]. Como Nanna sucintamente expõe: "as prostitutas não são mulheres; elas são prostitutas"[135]. Nenhum grupo social se responsabilizava pelas relações procriadoras entre homens e mulheres, mas sua presença na pornografia e na vida cotidiana colocou em dúvida a estabilidade do regime heterossexual. Como integrantes do denominado terceiro sexo, as prostitutas e os homossexuais tinham uma visão privilegiada dos hábitos dos demais e, desse modo, podiam fazer um retrato da sociedade, literalmente "sancionando-a". O olhar das prostitutas e dos homossexuais, porém, não era pornográfico, embora existisse para alimentar a pornografia. Era o olhar crítico do pornógrafo que captava as almas dos homens e dizia-lhes o que eles menos queriam ouvir.

Antes de se tornar prostituta, Nanna era suscetível aos impulsos eróticos da sociedade renascentista. Todo olhar furtado, toda imagem, toda ação a movia. Porém, sua definitiva opção profissional altera dramaticamente essa suscetibilidade. Como diz a Antonia: "a luxúria é o menor dos desejos das prostitutas, que estão constantemente pensando em meios e maneiras de despedaçar os corações e os sentimentos dos homens"[136]. Como

134. Barzaghi, *op. cit.*, p. 135. São as palavras de um decreto veneziano de 1571. Para maiores informações sobre imagens do vício, ver Ruggiero, *op. Cit.*, e, fora do contexto italiano, Mary Elizabeth Perry, *Gender and Disorder in Early Modern Seville*, Princeton, NJ, Princeton University Press, 1985.
135. Aretino, *Ragionamenti*, em *Aretino's Dialogues*, p. 148.
136. *Idem*, p. 144.

Aretino, as prostitutas são manipuladores do olhar pornográfico. Elas têm o poder de excitar, mas não sucumbem à tentação.

Qual a relação disso tudo com a invenção da pornografia? Os escritos eróticos e obscenos do século XVI preparam o palco para a difusão da pornografia nos séculos XVII e XVIII, pois mapeiam o terreno no qual a pornografia seria formulada e definem os parâmetros de seus temas e de suas técnicas. *Voyeurística*, subversiva e altamente filosófica, a pornografia rapidamente tornou-se o meio preferido de expressão do mal-estar da sociedade e, ao mesmo tempo, uma fonte de lucro considerável. A tecnologia de impressão foi a principal responsável por essa divulgação e comercialização da cultura erótica. Se Beccadelli tivesse escrito e publicado o *Hermaphroditus* um século mais tarde, seria certamente um *best-seller* e, por tratar de um assunto mais controverso, ocuparia no *Índex* um lugar mais proeminente do que o das obras de Aretino. A divulgação foi determinante para o estabelecimento da pornografia. O material impresso, como os reformadores eclesiásticos da Contra-Reforma constataram desapontados, instruiu uma parte mais significativa da população, mas também produziu imagens não-canônicas da sociedade. Ludovico Dolce elogiou Giulio Romano por ocultar dos olhos do público suas pinturas dos dezesseis *modi* — ele "não as expôs nas praças públicas ou nas igrejas" — e condenou Marcantonio Raimondi, "que, para seu próprio benefício, imprimiu-as [...]"[137]. Pelas mãos de impressores, gravadores e escritores profissionais do Renascimento italiano, a pornografia surgiu à luz do dia pela primeira vez.

137. Dolce, *op. cit.*, p. 179.

Agradecimentos

Agradeço a Cristelle Baskins, Michelle Fontaine, Laurie Nussdorfer, Catherine Kudlick, Randolph Starn, Wendy Stedman Sheard, aos participantes do Seminário sobre o Renascimento promovido pela Universidade de Wesleyan e ao grupo de leitura sobre o Renascimento italiano da Universidade de Stanford-Berkeley, pelas sugestões. Também sou grato a Pamela Smith, Richard Olson e Mary Terrel, do Pomona College, que perceberam um detalhe na pintura de Liberi que eu havia negligenciado. Um agradecimento especial a Katharine Park, por me convencer, alguns anos atrás, que Aretino merecia, no mínimo, uma tese de graduação, e a Lynn Hunt, por despertar novamente meu interesse pela pornografia.

Capítulo II

A Politização da Pornografia: L'École des filles

Joan DeJean

Os historiadores literários retornam obsessivamente à idéia de um início absoluto, falando, por exemplo, de um "primeiro" romance moderno ou das "origens" do drama moderno. O estabelecimento de um marco inicial talvez produza uma segurança maior. *La Princesse de Clèves* (1678) é sempre apontado como o primeiro romance moderno da tradição francesa, enquanto *Robinson Crusoe* (1719) representa o exemplo equivalente para a tradição inglesa. Outras vezes, a questão da origem é mais problemática: para ocupar o lugar de "primeiro" drama moderno há vários candidatos, particularmente diversas peças de Racine. No entanto, apesar das inúmeras divergências, o desejo de identificar *o* primeiro de cada gênero sempre esteve presente.

Definir a obra inaugural de um gênero é uma questão exaustiva e tende a tornar-se um fim em si mesmo. Os estudiosos não refletem sobre as conseqüências desse procedimento para a tradição literária nacional. Por exemplo, situar a origem do romance francês em *La Princesse de Clèves*, implica colocar o gênero em uma trajetória muito diferente da que poderia ter sido seguida se a escolha recaísse sobre outra obra contemporânea, como *Lettres portugaises* (1669) ou, ainda mais radicalmente, um dos romances memorialistas de Sandras de Courtilz. Os pesquisadores nunca sugerem que a história literária é uma questão de escolha e que essa escolha não é inocente. Não discutem o que a escolha de obras inaugurais pode revelar sobre uma tradição — ou sobre os historiadores de uma tradição.

Na França, a pornografia, com relação aos seus primórdios, parece ter uma situação privilegiada. Os estudiosos dirão sem hesitação que *L'École des filles* é *a* obra fundadora da pornografia francesa. O título do mais recente estudo dedicado ao gênero, *Ces Livres qu'on ne lit que d'une main*, de Jean-Marie Goulemot, confirma indiretamente essa idéia. O título evoca uma citação de Rousseau, no primeiro livro das *Confissões*, a respeito "desses livros perigosos, que uma bela mulher do mundo acha incômodo, pois, como ela diz, só se pode lê-lo com uma única mão" [*ces dangereux livres qu'une belle dame de par le monde trouve incommodes, en ce qu'on ne peut, dit-elle, les lire que d'une seule main*]. Ao mesmo tempo, evocar a leitura "com uma única mão" alude a uma imagem presente na história da pornografia. Muitos leitores, quando escutam o título *L'École des filles*, recordam-se de Samuel Pepys, que em suas reminiscências refere-se a uma prática de leitura similar à que chocou a *belle dame* de Rousseau[1]. O relato de Pepys é importante justamente porque o livro que ocasionou aquela prática foi *L'École des filles*, a obra pornográfica primordial que Pepys evita, mesmo quando tenta justificar sua adesão apaixonada, por considerá-la "o livro mais obsceno e lascivo que já viu"[2]. "Esse livro é muitíssimo luxurioso, mas não impróprio para informar um homem sensato sobre a torpeza do mundo"[3].

Porém, a importância de *L'École des filles* não se restringe à precedência histórica; o livro desempenha um papel fundador para a pornografia. Os estudiosos situam-no, como também

1. Christian Jouhaud convenceu-me da importância da reação de Pepys à *L'École des filles*. Para maiores detalhes sobre "leitura com uma única mão", ver Jean Marie Goulemot, *Ces Livres qu'on ne lit que d'une main: Lecture et lecteurs de livres pornographiques au XVIIIe siècle*, Aix-en-Provence, Alinéa, 1991. Ver também *Confissões*, de Rousseau.
2. Samuel Pepys, *The Diary of Samuel Pepys*, ed. H. B. Wheatley, Londres, George Bell, 1896, vol. 7, p. 279. Ver o registro de 13 jan. 1668.
3. *Idem*, p. 311. Ver: 9 fev. 1668.

Pepys, no início de um período de inovação da literatura francesa, fato que a história literária preferiria ignorar — ou considerar que os homens sensatos liam-na apenas para se manter informados da torpeza do texto. Assim, Frédéric Lachèvre, cuja reputação deve-se à reabilitação de diversos textos e autores suprimidos da história literária francesa, qualificou *L'École des filles* como "o primeiro exemplo de livros deliberadamente obscenos escritos em francês"[4] [*le premier spécimen des livres delibérément obscènes écrits en français*]. De qualquer modo, adotando a posição da maioria dos historiadores literários, Lachèvre especula sobre a existência de um modelo italiano para essa obra francesa. Porém, trata de eliminar rapidamente qualquer dúvida a respeito de seu *status* de obra inaugural, argumentando que esse modelo nunca foi identificado. E prossegue acrescentando que não se incomodou em ler os supostos autores modelos, como Aretino, cuja obra foi lembrada logo após a publicação de *L'École des filles*[5].

A ambivalência de Lachèvre é emblemática da relação entre a história literária e *L'École des filles*. A pornografia deve ter uma origem. E uma vez que a história da literatura retrata a pornografia como gênero fundamentalmente francês — embora, conforme a indicação de Lachèvre, esse caráter de primogenitura seja controverso —, sua origem só pode ser considerada francesa. Por isso, *L'École des filles* parece ser a opção preferencial. Por que então os estudiosos, todos alinhados a essa tendência, ainda estariam propensos a tolerar os rumores que continuam a questionar a primazia dessa obra?

De fato, a origem de *L'École des filles* é duvidosa. O *status* incômodo da obra fica evidente na descrição de Lachèvre, que a apresenta como obra inaugural mas também enfraquece a possibilidade de sua originalidade. Essa contradição é funda-

4. Frédéric Lachèvre, *Le Libertinage au XVIIe siècle: Mélanges*, Paris, Honoré Champion, 1920, p. 82.
5. Em carta de 17 ago. 1655, registrando a condenação da obra, Guy Patin descreve-a como "*L'École des filles*, que l'on dit estre tiré de l'Arétin".

mental para a discussão do *status* autoral da obra. Quando se menciona *L'École des filles* aos pesquisadores da pornografia, é provável que logo enumerem diversos autores hipotéticos, particularmente um par improvável, o romancista Paul Scarron e sua mulher, Françoise d'Aubigné, futura madame de Maintenon[6]. Apesar de ter-se admitido por muito tempo que os autores fossem dois homens que haviam pago por sua impressão e que, mais tarde, foram julgados e condenados por isso — os desconhecidos Michel Millot e Jean L'Ange —, essa suposição não é muito convincente. Ao contrário dos processos judiciais de outros escritores contemporâneos acusados de obscenidade ou heresia — notavelmente, Théophile de Viau e Claude Le Petit —, o dossiê do julgamento de Millot e L'Ange não oferece nenhum esclarecimento sobre a criação da obra, tampouco sobre a intenção dos supostos autores ao criar essa obra perigosamente inovadora. Em suma, nas cópias dos extensos interrogatórios policias que chegaram até nós, Millot e L'Ange nunca se colocam como autores da obra[7]. Informam apenas sobre a produção, a distribuição, a tipografia onde a obra foi impressa e o número de cópias. Millot e L'Ange parecem rapazes enganados por alguém, ou personagens muito importantes para serem condenados pela justiça.

Essa hipótese é reforçada pela punição reservada aos supostos autores. Théophile de Viau foi condenado a uma longa pena de prisão por causa da leve blasfêmia em *Fragments d'une*

6. Scarron foi autor de diversas obras paródicas, especialmente epopéias burlescas como *Virgile travesti* (1650) e um romance de autoconsciência, *Le Roman comique* (1657). Por ocasião da publicação de *L'École des filles*, sua esposa não tinha atividades literárias conhecidas.

7. Nos interrogatórios que se seguiram à sua prisão sob a acusação de obscenidade literária, Théophile de Viau agiu de modo diferente de Millot e L'Ange. De bom grado admitiu a autoria das obras. Em seguida, defendeu-se explicando por que as obras não deviam ser consideradas perigosas. No processo, Théophile formulou uma espécie de teoria, complexa, sobre o processo autoral. O julgamento de seu processo foi editado por Lachèvre: *Le Libertinage devant le parlement de Paris: le procès du poète Théophile de Viau*, 2 vols., Paris, Honoré Champion, 1909. Sobre a teoria de autoria descrita no processo judicial, ver meu artigo "Une Autobiographe en procès: L'Affaire Théophile de Viau", *Poétique*, 48, 1981, pp. 431-8.

histoire comique, enquanto Claude Le Petit foi marcado a ferro quente — não em efígie, mas de fato — em razão da blasfêmia flagrantemente juvenil de *Le Bordel des muses.* Compare-se essas punições com as sentenças dadas aproximadamente na mesma época para o escândalo muito maior representado por *L'École des filles.* A obra acabara de ser impressa, e poucas cópias estavam encadernadas, quando, em 12 de junho de 1655, oficiais de justiça apreenderam todos os volumes que encontraram e começaram a interrogar os suspeitos. As sentenças foram proferidas, depois de vários interrogatórios, em 7 de agosto. Um enforcamento simbólico de Millot realizou-se em 9 de agosto, e todas as cópias conhecidas do livro foram queimadas, junto a sua efígie. Após menos de dois meses de prisão, Millot foi libertado. Suas propriedades deveriam ter sido confiscadas, mas não há registro de que essa ordem tenha sido cumprida. L'Ange, por sua vez, precisou fazer uma *amende honorable* (cerimônia pública de confissão), recebeu uma pequena penalidade e foi banido de Paris por três anos, embora essa última sentença não tenha sido certamente executada. (No entanto, por causa de uma confusão durante o tradicional período de férias de agosto, L'Ange teve de passar quatro meses na prisão.) Durante séculos, os historiadores da literatura estranharam penas tão suaves. Será que os verdadeiros responsáveis pela publicação de *L'École des filles* eram suficientemente poderosos para conseguir uma certa imunidade para os dois supostos autores? Quem realmente estava por trás dessa charada político-legal elaboradamente encenada?

A resposta sugere a existência de uma outra interpretação, segundo a qual *L'École des filles* simultaneamente incita e rejeita seu *status* de obra inaugural. As chamas que consumiram a efígie de Millot também destruíram todas as cópias conhecidas do livro — com exceção de oito ou nove cópias encadernadas que L'Ange admitiu ter dado a "le Sieur Scarron", "com as quais pode ter presenteado seus amigos" [*qu'il peut avoir donné à ses amis*]"[8]. Conhece-se o destino de apenas um dos livros distribuídos por Scarron, este que reapareceu seis anos mais tarde, durante a investigação que se seguiu à prisão de Nicolas Fouquet, o glorioso ministro das Finanças de Luís XIV. Fouquet providenciou uma esmerada proteção para a cópia remanescente. Lachèvre relata que ela foi descoberta "na mesa de um aposento secreto de uma casa com uma entrada oculta, que o ministro das Finanças mobiliou para sua amante [*dans la table du cabinet secret d'une maison, avec entrée mysterieuse, que le surintendant des finances avait fait meubler pour sa maîtresse*]"[9]. O destino das sete ou oito cópias remanescentes é desconhecido, e só sabemos que serviram de base para as edições posteriores; mas nenhuma, aparentemente, sobreviveu. Em outras palavras, não restam vestígios da edição original; as mais antigas edições existentes, nas quais se basearam todas as edições modernas, datam de 1667 e 1668.

A obra, cuidadosamente escondida e depois procurada, encontrada e destruída com tanto ardor, não parece merecer esse excesso de precaução. Conhecer a história completa da tradição é, ocasionalmente, perder a capacidade de aferir o impacto de suas manifestações iniciais — nesse caso, avaliar o potencial de corrupção que essa pequena obra representou na primavera de 1665. Porém, é difícil imaginar por que *L'École des filles*, tão cuidadosamente escondida e diligentemente destruída, mereceu tamanha reação. Os leitores contemporâneos chegam a essa obra quando já têm uma certa familiaridade com textos pornográficos clássicos. Para esse público leitor, *L'École des filles* é provavelmente a origem ideal para o gênero, pois revela que a pornografia sempre se baseou na repetição e enumeração.

A obra é composta de dois diálogos entre jovens primas: a ingênua Fanchon, de dezesseis anos, e a experiente Susanne (fig. 2.1). No primeiro diálogo, Fanchon faz as perguntas e

8. Lachèvre, *op. cit.*, p. 101.
9. *Idem*, p. 82.

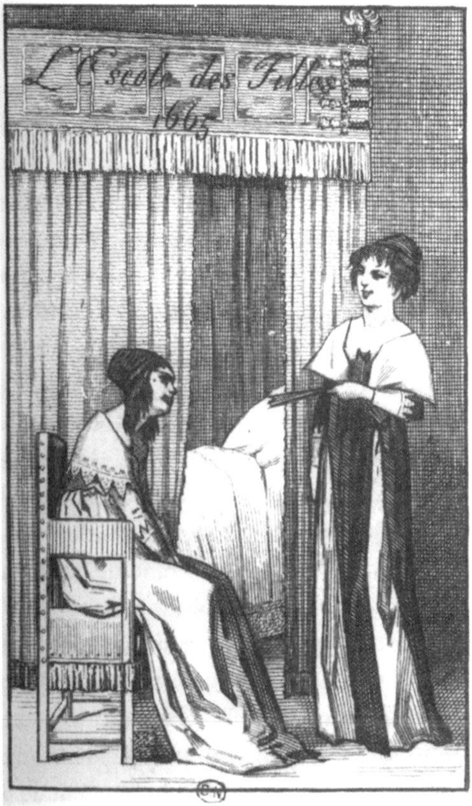

Figura 2.1: Frontispício de *L'Écolle des filles* (Bruxelas, 1865). Essa reimpressão supostamente baseia-se na edição original holandesa de 1668. Embora afirme reproduzir perfeitamente a edição holandesa, não é possível verificar a autenticidade da ilustração. Nenhum vestígio resta do frontispício da edição francesa, citado muitas vezes no processo judicial.

Susanne enumera as maneiras como os homens poderiam lhe dar prazer, caso ela permitisse. No segundo, invertem-se os papéis: Susanne pergunta sobre os progressos feitos por sua pupila, que detalha a vasta experiência adquirida, praticamente de um dia para o outro, com um certo Robinet. O principal impacto do texto resulta da técnica descrita pelo visconde de Valmont à marquesa de Merteuil para demonstrar o sinal mais visível da corrupção de Cécile Volanges, na carta CX, de *Les Liaisons dangereuses*, ou seja, todas as partes do corpo incluídas em seus esforços são nomeadas, renomeadas e, se possível, nomeadas novamente, com sua designação anatômica e também com o termo mais vulgar que se possa imaginar.

O conteúdo de *L'École des filles* não permite sua inclusão na tradição clássica da pornografia francesa, em que a forma do diálogo é o veículo preferido para uma mistura de subversão filosófica e sexual. Os diálogos dificilmente cumprem a promessa do subtítulo da obra — *La Philosophie des dames* —, já que a explicitação sexual é completamente destituída de implicações filosóficas. A obra não revela aos leitores contemporâneos qualquer traço de corrupção, subversão ou perversão, pois não há alusão blasfema, heterodoxia política ou indícios de atividade homossexual. Também não existe violência na filosofia de *boudoir* de Susanne e Fanchon; essa filosofia permanece surpreendentemente afável e parece mais um regresso à obscenidade medieval e renascentista do que uma precursora das trevas que se aproximavam.

Contudo, apesar da evidente falta de intenção corruptora ou de ambivalência em *L'École des filles,* Lachèvre não hesitou em considerá-la a "primeira obra [...] escrita na França para promover diretamente a libertinagem dos costumes, o terreno da cultura da descrença [*premier ouvrage* [...] *écrit en français pour développer directement le libertinage des moeurs, terrain de culture de l'incrédulité*]", afirmando ainda que "a obra deve ter surgido em 1755, portanto na hora de ocupar seu lugar [...]

junto às obras essencialmente mais perversas que já tinham nascido ou iriam nascer [*il aurait dû paraître vers 1755 et serait alors venu à son heure, occupant sa place* [...] *dans la littérature la plus foncièrement perverse qui ait vu et verra le jour*]"[10]. Além disso, o desejo de Lachèvre de vincular a obscenidade de *L'École des filles* à subversão político-religiosa também foi percebido pelos leitores do século seguinte à sua publicação original, como se deduz pelo título com que foi introduzida ilegalmente na França no século XVIII. *L'École des Filles* ocultava-se discretamente sob uma capa em que se lia *La Liturgie des protestants en France*.

Em outras palavras, desde o início todos os envolvidos promoveram obstinadamente tanto a difusão quanto a censura de *L'École des filles*, "juntamente com as obras essencialmente mais perversas que já tinham nascido ou iriam nascer", como afirmou Lachèvre. Quase desde o início, todos quiseram acreditar que essa obra inaugurou a tradição francesa dos livros denominados filosóficos, cuja existência Robert Darnton registrou em uma série de fascinantes estudos. Darnton revelou que, entre os *best-sellers* do século XVIII na França, todos os livros perigosos pertenciam à mesma categoria e eram conhecidos como *livres philosophiques*. As obras assim classificadas eram divulgadas em catálogos específicos, encomendadas por meio de códigos secretos e introduzidas clandestinamente na França depois que suas páginas fossem "casadas", isto é, colocadas entre as páginas de títulos inofensivos. Essa categoria incluía obras que atualmente seriam inseridas em três classificações distintas: política, pornografia e filosofia[11]. O vínculo comercial criado e mantido durante o Iluminismo entre essas três categorias levou Darnton a retornar repetidamente a uma questão fundamental: que identidade pode ser estabelecida

10. *Idem*, p. 84.
11. Para maiores detalhes sobre o comércio de livros banidos na França, no século XVIII, ver toda a obra recente de Robert Darnton, em particular *Edition et sédition: L'Univers de la littérature clandestine au XVIIIe siècle*, Paris, Gallimard, 1991.

entre todos os tipos de literatura clandestina e a explosão política que culminou no Iluminismo? Em outras palavras, é possível usar a categoria de livros filosóficos como influência na Revolução Francesa?

A partir do exemplo de *L'École des filles*, poderíamos reelaborar a questão proposta por Darnton e perguntar se não seria possível ver a categoria dos livros filosóficos, criada pelos livreiros do século XVIII, não só como uma das causas eventuais da revolução, mas também como efeito de uma força primitiva presente na França desde o tempo da agitação política de meados do século XVII, que prenunciou o movimento. Dessa perspectiva, o argumento que considera essa obra inaugural para a pornografia pode ser explicado por sua associação com as forças de mudança, mesmo revoltosas, que transformariam a sociedade e a nação francesas. Além disso, o posicionamento de *L'École des filles* evidencia uma mudança revolucionária que envolve a criação de uma *épistémè*, conforme denominação de Foucault[12]. Isso prova que, na França, a criação da pornografia teve um papel essencial na formação de uma nova *episteme*, e também que a criação da pornografia e do mito da pornografia foi necessária para a Revolução.

As autoridades judiciais estavam aptas a adotar uma ação rápida contra L'Ange e Millot porque o mecanismo de supressão de livros estava bem organizado em 1655. Antes, esse processo fora empregado para silenciar obras políticas e, durante os anos anteriores à publicação de *L'École des filles*, atuava para impedir a edição de textos licenciosos produzidos durante a Fronda (1648-1653), a guerra civil que uniu parlamentares e nobres contra a monarquia. Porém, os esforços maciços produ-

12. Foucault desenvolveu a noção de *épistémè* — ou de uma categoria presente na história do conhecimento não-delimitada por marcos temporais tradicionais, mas por mudanças intelectuais — em seus primeiros trabalhos, principalmente em *Les Mots et les choses*, Paris, Gallimard, 1966 e em *L'Archéologie du savoir*, Paris, Gallimard, 1969. No lugar de épocas e disciplinas, a arqueologia do conhecimento de Foucault mapeia as camadas das formações discursivas. A épistémè de Foucault é a totalidade das relações entre as ciências, analisadas no plano de suas práticas discursivas verificadas em um determinado período.

ziram resultados desordenados, e diversas obras proibidas continuaram a circular, tanto que, em 1655, o governo ainda tentava suprimi-las. Isso se evidencia no interrogatório dos supostos autores de *L'École des filles;* cada um foi longamente questionado sobre os tipos de livros proibidos que possuía; os únicos títulos específicos sobre os quais foram indagados eram sátiras políticas e, em particular, as *mazarinades*, panfletos e canções que ridicularizavam a figura do primeiro-ministro, o cardeal Mazarin[13].

Não sabemos se os inquiridores governamentais estavam sensibilizados pelo conteúdo político de *L'École des filles*. Mas é interessante notar que, como a obra foi apreendida — não importa se acidentalmente ou não — em uma operação para capturar obras politicamente subversivas, essa classificação permaneceu associada a ela.

Millot e L'Ange sofreram um processo semelhante ao reservado aos autores de obras politicamente subversivas, o que fez com que os diálogos obscenos fossem considerados uma espécie de manifesto *frondeur* (nesse caso, o adjetivo é empregado em seu sentido mais genérico, usado desde meados do século XVII até a revolução, conotando atividade antimonarquista[14]). Provavelmente, Fouquet preocupou-se tanto em ocultar o livro porque percebeu que sua obscenidade se tornara uma ameaça política; e também as cartas encontradas em seu famoso *cassette*, remetidas por mulheres proeminentes, comprometiam suas autoras política e socialmente. Em sua obra *Le Tartuffe* (1664-1669), primeiro registro literário público da Fronda, Molière conserva deliberadamente o conteúdo comprometedor do *cassette* secreto do personagem Orgon, recriando a atmosfera *frondeur* em que a fronteira entre subversão sexual e política nunca era claramente delineada.

13. Ver Lachèvre, *op. cit.*, p. 99. Ver também *L'École des filles*, ed. Pascal Pia, Paris, Cercle du Livre Précieux, 1959, pp. xxxvii-xxxviii.
14. Sobre esse uso de *frondeur*, ver Nina Rattner Gelbart, *Feminism and Opposition Journalism in Old Regime France*, Berkeley, University of California Press, 1987.

Na introdução da presente obra, Lynn Hunt sugere que o desenvolvimento da pornografia implicou cumplicidade entre a vontade dos autores "de pôr à prova os limites do 'decente'" e a intenção da polícia e de outros setores sociais de "fixar" esses limites. Embora essa teoria seja amplamente demonstrada pela história da pornografia, é menos evidente que essas vontades cúmplices tenham sido as forças motrizes da formulação inicial da pornografia na França. A tradição interpretativa que considera *L'École des filles* uma obra politicamente subversiva surgiu somente no século XVIII, quando vários fatores já prenunciavam o Iluminismo e o desenvolvimento de uma tradição pornográfica. Inicialmente, quando ainda não havia uma tradição, mas apenas alguns poucos exemplos isolados, e no momento pouco anterior ao período histórico em que Foucault inicia sua história da sexualidade moderna, não há evidência suficiente que permita uma interpretação cabal das intenções de autores e de censores. *L'École des filles* foi cultuada como um ponto de partida, mas é importante lembrar que essa obra é produto de um momento de transformação, daí a referência à teoria da *épistémè* de Foucault. É uma dessas raras obras em que se pode perceber uma transição entre modos diferentes de pensar o mundo. A única afirmação segura que se pode fazer sobre a intenção de seus autores (desconhecidos) é que não podia ser explícita. Acima de tudo, *L'École des filles* é uma obra de experimentação, criada para pôr "limites" à prova — o do "decente", talvez, mas também outros limites.

Essa percepção de obra em processo é evidente na forma inicialmente escolhida para expressar o impulso pornográfico francês. Entre 1640 e 1650, os escritores experimentavam formas muito variadas de ficção em prosa. Parecia que os autores pressentiam que o romance moderno estava prestes a nascer, mas eram incapazes de dizer qual seria sua forma definitiva. Uma dessas formas, a ficção histórica, dominou finalmente a cena literária e sua manifestação mais canônica: a obra *La*

Princesse, de Lafayatte, tornou-se conhecida como o romance moderno por excelência. Certas variantes, como o romance pornográfico, não obtiveram sucesso imediato, mas a pornografia não estava sozinha nesse destino. A forma que finalmente dominou a prosa literária no século XVIII, o romance epistolar, também foi experimentada diversas vezes, especialmente nas célebres *Lettres portugaises*. Em toda época, porém, há uma tradição malsucedida em seu desenvolvimento, ainda que as *Lettres portugaises* tenham gerado, no mínimo, tanta polêmica quanto *L'École des filles*. Contudo, o romance epistolar não evoluiu, ficando estagnado, como o romance pornográfico, depois desse período de experimentação. Ambos ressurgiriam concomitantemente, 75 anos mais tarde.

Os historiadores literários postularam uma relação entre o ressurgimento da pornografia e o florescimento do romance característico do século XVIII. Afirmaria que o vínculo é mais exato: a história do romance pornográfico está estreitamente associada, não só ao desenvolvimento do romance, mas, em particular, ao desenvolvimento do romance epistolar. Pois, como a pornografia, o romance epistolar — suas manifestações canônicas mais antigas, como *Lettres portugaises*, ou obras-primas de Richardson ou *Les Liaisons dangereuses* — baseou seu sucesso na atração provocada pela exposição do erotismo feminino em primeira pessoa, o que obviamente exerceu influência poderosa sobre os primeiros leitores de romances[15]. Portanto, a pornografia pode ter originado estratégias ficcionais (reconhecidamente mais radicais) presentes em outras manifestações literárias do mesmo período. Durante a Fronda, praticamente nenhuma fic-

15. Pode-se afirmar que *La Princesse de Clèves* também revela tal fascinação. Mostra uma famosa representação do erotismo feminino na cena do pavilhão, em que apresenta a princesa, com roupas e cabelos em desalinho e tiras de tecidos ao redor de um bastão pertencente ao homem que ama. Nesse contexto, a preferência de Sade por *La Princesse de Clèves*, registrada em seu ensaio "Idée sur les romans", não deve ser esquecida. Volto ao exemplo da obra-prima de Lafayette, em parte para sugerir que o autor ou autores de *L'Écolle des filles* talvez não tivessem propósitos tão diferentes dos de outros autores contemporâneos, que também faziam experiências com

ção em prosa foi publicada. Como conseqüência da guerra civil, novas formas surgiram na cena literária. *L'École des filles* pode ter sido, como outros experimentos contemporâneos, uma tradução dos conteúdos subversivos, intencionalmente indefinidos, para uma forma literária subversiva. A pornografia pode ter sido uma tentativa de transportar para o contexto literário a energia recentemente dedicada à agitação política.

Os responsáveis pela reconsideração de *L'École des filles* como obra cujo perigo era simplesmente político conseguiram atribuir à pornografia francesa a origem da especificidade dessa tradição. A tradição pornográfica francesa clássica situa a literatura pornográfica na interseção entre explicitação sexual ou obscena e divergência política. Mas isso não significa que o Estado tenha passado a tratar e policiar a sexualidade como um caso político, procedimento que Foucault analisa em sua história da sexualidade[16]. Pelo contrário, ao mesmo tempo em que essa censura foi instituída, a sexualidade foi usada para subverter tal controle oficial. A pornografia clássica francesa nunca dedicou-se ao prazer masculino, solitário ou compartilhado, inspirado na escrita sobre o corpo feminino, ou através dele. No início da França moderna, escrever obscenidades sobre o corpo feminino também era escrever sobre o corpo político. Foi a politização da pornografia que, desde o início, garantiu a importância do gênero — na verdade, sua centralidade — para a tradição francesa.

É fácil compreender, agora, por que, apesar de sua maçante falta de qualidades originais, *L'École des filles* seria cultuada como a origem da tradição pornográfica francesa. Será que a obra era uma *mazarinade* escrita por Scarron, um mestre do

a ficção em prosa. Pode-se usar esse argumento para sugerir que os autores de *L'École des filles* consideravam-na simplesmente um novo tipo de ficção em prosa, uma obra mais literária que politicamente subversiva. Eles tentaram produzir uma obra que integrasse o cânone da literatura. Só podemos imaginar o que o romance tornou-se a longo prazo, já que essa variante não se estagnou imediatamente.

16. Michel Foucault, *The History of Sexuality, An Introduction*, trad. Robert Hurley, Nova Iorque, Pantheon, 1978, vol. 1.

gênero, e, portanto, o último suspiro da Fronda, a revolta contra a monarquia promovida por pessoas que estavam muitas vezes embaraçosamente próximas do trono? Por ter o último exemplar da edição original acabado nas mãos do indisciplinado ministro das Finanças de Luís XIV, a obra estaria vinculada ao papel subversivo de Fouquet? Ou será que essa *École*, destinada à instrução sexual feminina, estava relacionada à madame de Maintenon, a mais conhecida patrocinadora da educação das mulheres do século XVII, que estabeleceu uma escola para garotas financiada pelo Estado e que realmente escreveu diálogos dedicados à educação feminina[17]? Será que a mulher supostamente responsável pela revogação do Édito de Nantes — ato contestado, considerado essencial para a preservação da integridade nacional francesa — também participou de uma conspiração contra o Estado? Mais importante, o *status* de obra inaugural que *L'École des filles* conserva, contra todas as probabilidades, reflete uma vontade desesperada de definir a pornografia como força de subversão política originada no interior da tradição francesa, a partir do verdadeiro núcleo dessa tradição. Sem o controle da produção literária por ocasião da Fronda, será que a pornografia francesa teria nascido? Reciprocamente, será que o registro literário e gráfico da sexualidade seria policiado fora do ambiente de agitação política gerado por quase uma década de guerra civil? A criação da pornografia pode, portanto, ser interpretada como um sinal literário da revolução que viria, a expansão de uma força que ajudaria a redefinir a sociedade e a nação francesas.

O dossiê sobre *L'École des filles* revela o estranho caso de uma obra que, durante toda a sua história, adquiriu importância porque seus juízes — tanto os que a condenaram como os que a louvaram — desejaram desesperadamente impor um

17. Alguns títulos das coleções do século XIX com os escritos de Maintenon para educação feminina parecem paródias involuntárias do diálogo de 1655 — principalmente, *Entretiens sur l'education des filles*. Ver *National Union Catalog* para uma lista completa desses títulos.

status à obra. Os historiadores literários poderiam ter ignorado um livro de originalidade tão obviamente duvidosa, cultuando, em seu lugar, *L'Académie des dames* (versão latina, 1660), de Nicolas Chorier, como a obra pornográfica inaugural. Porém, a opção teve uma vantagem decisiva: permitiu que a tradição pornográfica francesa fosse inaugurada logo depois da Fronda. Desde o início, parece que houve um conluio para fazer de *L'École des filles* uma obra inaugural e política, tornando, desse modo, a pornografia um gênero francês e politizado. A pornografia pode ser, em vez de gênero reprimido, o mais desejado pela tradição francesa: o sinal de que, mesmo quando as grandes décadas do classicismo francês estavam nascendo, as sementes da eventual autodestruição da grande tradição já eram lançadas. Diversos colaboradores inseriram *L'École des filles* na história literária francesa. Com isso, abriram as portas da tradição literária francesa ao Marquês de Sade.

Capítulo III

Às vezes, um Cetro É Apenas um Cetro: Pornografia e Política na Restauração Inglesa

Rachel Weil

Em 1697, o editor dos *Poems on Affairs of State* [*Poemas sobre os negócios de Estado*] imprimiu, "sem qualquer expurgo", cópias dos poemas que circularam em manuscritos durante os reinados de Carlos II e Jaime II (fig. 3.1). O livro incluía material que pode ser descrito como "puramente político", como quatro panegíricos sobre Oliver Cromwell. Porém, continha também muitos poemas comentando a vida sexual de Carlos II com ilustrações. Um dos poemas descreve o esforço de Nell Gwynn, amante do rei, para lhe proporcionar uma ereção:

This you'd believe, had I but time to tell ye
The pains it cost to poor laborious Nelly
While she employs hands, fingers, lips and thighs
E'er she can raise the member she enjoys[1].

[Nisso você acreditaria, se eu tivesse tempo para falar
O esforço que custa para a pobre e laboriosa Nelly
Embora ela empregue mãos, dedos, lábios e coxas
Nunca consegue levantar o membro querido.]

1. *Poems on Affairs of State, from the Time of Oliver Cromwell to the Abdication of King James the Second*, s.l., 1697, p. 171. [Usaremos a sigla *POAS*]. (A ortografia dos poemas foi modernizada).

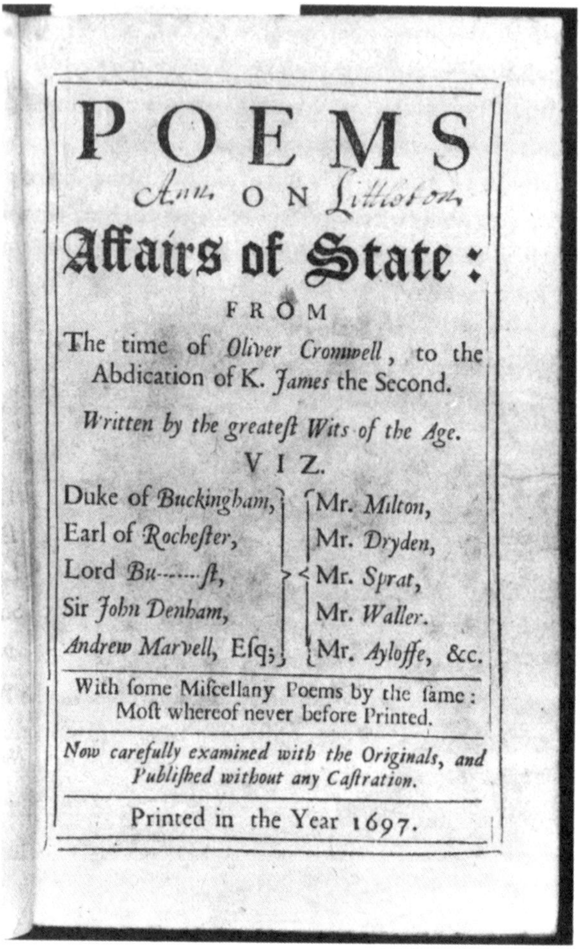

POEMS

ON

Affairs of State:

FROM

The time of *Oliver Cromwell*, to the Abdication of K. *James* the Second.

Written by the greateſt Wits of the Age.

VIZ.

Duke of *Buckingham*,		Mr. *Milton*,
Earl of *Rocheſter*,		Mr. *Dryden*,
Lord *Bu------ſt*,		Mr. *Sprat*,
Sir *John Denham*,		Mr. *Waller*.
Andrew Marvell, Eſq;		Mr. *Ayloffe*, &c.

With ſome Miſcellany Poems by the ſame: Moſt whereof never before Printed.

Now carefully examined with the Originals, and Publiſhed without any Caſtration.

Printed in the Year 1697.

Figura 3.1: Frontispício de *Poems on Affairs of State* [*Poemas sobre os negócios do Estado*] (1697).

Outros não eram tão explícitos, mas evocavam a perversão e a violência. Em *Hodges's Vision from the Monument* [*Visão de Hodge do Monumento*], a corte era descrita com imagens de incesto, culto priápico e canibalismo:

Here parents their own offspring prostitute
By such vile arts t'obtain a viler suit
Here blooming youth adore Priapus' shrine
And priests pronounce him sacred and divine
The Goatish god behold in his alcove
(the secret scene of damned incestuous love)
Melting in lust and drunk like Lot he lies
Betwixt two bright daughter divinities
Oh! that like Saturn he had eat his brood
and had been thus stained with their impious blood
He had in that less ill, more manhood shew'd[2].

[Neste lugar, os pais possuem sua descendência prostituída
Através dos mais baixos ardis obtêm o galanteio mais vil
Neste lugar, jovens viçosos veneram o santuário de Priapo
E os padres lhes pronunciam o sagrado e o divino
O Deus libidinoso contempla sua alcova
(a cena secreta do condenado amor incestuoso)
Dissipado na luxúria e ébrio como Lot ele jaz
Entre duas filhas, divindades luminosas
Oh! como Saturno ele devorou sua prole
e, desse modo, ficou maculado com seu sangue ímpio
Nesse mal menor, maior virilidade expunha.]

Segundo o próprio editor, seu propósito ao publicar esses poemas era promover a virtude moral e política. Os poetas eram comparados a Catulo, que "atacou os vícios de César, esse gran-

2. *POAS*, pp. 102-6.

de homem, expondo-os para diminuir a popularidade e o poder entre o povo, poder que poderia ser usado para destruir a liberdade de Roma". A antologia "removeria esses princípios perniciosos que nos levam diretamente à escravidão", apresentando um "balanço justo da verdadeira fonte de todos os nossos prejuízos atuais"; constituía uma "história justa e secreta dos tempos passados". Curiosamente, associou-se a escravidão repudiada a uma prostituta decrépita: "Tire o vistoso véu da escravidão, e ela irá aparecer tão assustadora e deformada que todos irão odiá-la"[3].

Poems on Affairs of State não se ajusta exatamente à história da pornografia. Embora contenha "uma expressão ou sugestão obscena, ou temas lascivos"[4], não satisfaz a definição mais exigente, proposta por Angela Carter, segundo a qual a pornografia é "propaganda para trepar"[5]. Os poemas não parecem endossar a atividade que descrevem; e podem, talvez, ser melhor caracterizados como calúnias.

Provavelmente, a exclusão de *Poems on Affairs of State* do gênero pornográfico foi um subterfúgio usado pelo editor do livro. Porém, na realidade, essa obra é mais complexa. O ato de despir o "vistoso véu" da prostituta — a escravidão —, permite-nos admirar sua nudez; o impulso de expor a verdade política secreta é também um impulso de *voyeurismo*. Além disso, as obras que pretendem revelar a atividade sexual libertina da corte estão realmente inventando o que descrevem — são meros exercícios de imaginação. A calúnia pode estar mais relacionada à pornografia do que parece à primeira vista.

O limite entre a calúnia e a pornografia torna-se mais confuso ao se considerar o material que os editores de *Poems on Affairs of State* não publicaram. Uma comparação entre os poemas políticos das coleções manuscritas do final do século

3. *POAS*, Prefácio.
4. Conforme definição de pornografia no *Oxford English Dictionary*.
5. Angela Carter, *The Sadeian Woman: An Exercise in Cultural History*, Londres, Virago Press, 1979, p. 15.

XVII[6] e as coleções impressas depois de 1668 sugere que os editores, embora não receassem publicar material obsceno, relutavam em publicar obras em que a intenção política ou moral era muito ambígua[7]. Editavam apenas textos em que a crítica à Restauração era explícita. Isso excluía uma grande quantidade de obras nas quais a intenção escondia-se sob a ironia, ou nas quais o poeta adotava um tom herói-cômico ou uma falsa persona[8].

Existiram omissões importantes. Algumas das mais fortes sátiras do período atacavam a libertinagem da corte, fingindo louvá-la ou colocando na boca de cortesãos ou de *tories** celebrações exageradas da vida sexual libertina. Em um poema, o narrador, Tory, celebra obstinado a nova idade de ouro:

> The parsons all keep whores
> In these most blessed times
> The sextons they sing bawdy songs
> And set them to their chimes
> The mayor of London town
> Is frigged by his two sheriffs

*N.T.: Partidários de Jaime II. O termo designava originalmente os bandidos católicos da Irlanda e, mais tarde, foi aplicado aos conservadores.

6. Algumas das fontes manuscritas usadas para a elaboração deste ensaio: BL Harley 7314; BL Harley 7317; BL Harley 7319; BL Harley 6914; BL Additional 27, 407; BL Additional 34, 362; Bodleian Firth c. 15; Bodleian Firth c. 16; Bodleian Don. b. 8.

7. O material encontrado em *POAS* é típico do que foi publicado, e inclui material impresso em coletâneas mais antigas. Para uma lista extensa das coletâneas de poesia política publicada depois de 1688, ver George DeF. Lord (org.), *Poems on Affairs of State: Augustan Satirical Verse, 1660-1714*, 7 vols., New Haven, CT, Yale University Press, 1963-75, vol. 1, pp. 445-8. [Essa obra será indicada como *Yale POAS*].

8. Sobre a importância e o significado dessas técnicas literárias no fim do século XVII, ver Margaret Ann Doody, *The Daring Muse*, Cambridge, Cambridge University Press, 1985.

A "sátira do cetro", sobre o conde de Rochester, cujo verso inicial é "In the Isle of Britain long since famous grown", pode ser considerada a exceção que confirma a regra. O poema está em *POAS*. Porém, uma variante registrada em Yale POAS, vol. 1, pp. 479-80 — um dístico em algumas das edições manuscritas (Bodleian Don. b. 8 e BL Harley 7317) — dificulta a interpretação do poema, pois parece louvar Carlos II: "Ah generous sir! Long may you survive/ For we shall never have such liberty to svive" ["Ah, generoso senhor! Longa vida o senhor terá/ Assim, nunca vamos ter tanta liberdade para rosquear"]. Esse endosso irônico à libertinagem sexual é omitido em *POAS*, p. 171.

The bishops bugger up and down
And all beshite their sleeves[9].

[Todos os párocos sustentam prostitutas
Nestes tempos mais abençoados
Os sacristãos cantam canções indecentes
E as adaptam aos seus carrilhões

O prefeito de Londres
É masturbado por seus dois xerifes
Os bispos praticam sodomia para cima e para baixo
E todos cobrem de adornos suas mangas.]

O poema *Sardanapalus*, de John Oldham, escrito provavelmente entre 1676 e 1681, é um exemplo expressivo dessa técnica. O personagem ostensivamente retratado pelo poema é o lendário rei assírio, cuja notória devassidão, de acordo com os autores clássicos, provocou uma rebelião de seus generais. Cercado na capital do Império e percebendo que tudo estava perdido, Sardanapalus imolou-se em uma imensa pira funerária, com suas concubinas e uma grande quantidade de ouro e jóias. Embora todos os autores antigos, como John O'Neill assinala, condenassem a devassidão de Sardanapalus e admirassem apenas o heroísmo de seu suícidio[10], Oldham celebra — ou finge celebrar — as façanhas sexuais do rei, descritas no poema como um legítimo negócio de Estado, muito mais nobres que a mera busca de honra e fama, certamente mais agradáveis e tão valiosas quanto a dedicação ao Império:

Methinks I see thee now in full Seraglio stand
With Love's great sceptre in thy hand

9. Bodleian Don. b. 8, pp. 513-4. Ver o poema cujo verso inicial é "Taking of snuff is a mode at court" (Bodleian Don. b. 8, p. 217), e também o que inicia com "When rebels first pushed at the Crown" (BL Harley 6914, f. 21r.).
10. John O'Neill, "Oldham's 'Sardanapalus': A Restoration Mock-Encomium and Its Topical Implications", *Clio*, 5, 1976, pp. 193-210.

And over all its spacious realm thy power extend
Ten thousand maids lie prostrate at thy feet
Ready thy Pintle's high commands to meet
All C – ts of honor, some of Queenly Breed
That come to be anointed with thy royal seed
Here eunuchs thy wise privy councellors debate
In close cabals, Affairs of greatest weight
Of Pego's conquests and its deep intrigues of state.
Plenipotentiaries of great C – t, they here
Ambassages of high importance bear
Far as wide as Nature spreads her thighs
Thy Tarse's vast dominion lies
All woman kind acknowledge its great sway
And to its large treasury their tribute pay
Pay custom of their unprohibited commodities
No glorious beauties which profess their Trade
Here find their noble services unpaid
Vast heaps of gold and piles of gemes lies by
To recompense industrious lechery
One earns a province with an artful kiss
Another justly merits subsidies
At whose blest touch imperial Pego does vouchsafe to rise
But happy she, and most of all rewarded is
Who ever can invent new motions to advance your bliss[11].

[Parece-me que o vejo agora em pleno harém
Com o grande cetro do Amor na mão
E seu poder se estende sobre todo esse vasto reino
Dez mil donzelas jazem prostradas aos seus pés
Prontas a obedecer ao alto comando do seu Pino
Toda a Corte de honra, algumas das crias da Rainha
Que vêm para ser ungidas pelo sêmen real
Nesse lugar, eunucos, seu sábio particular e conselheiros debatem

11. O verso inicial deste poema é "Happy great Prince, and so much happier thou" (BL Harley 7319, ff. 128r -132v). Também em Bodleain Firth c. 15.

Em íntimo conluio, Negócios de muito valor
As conquistas de Pego e suas astutas intrigas de Estado.
Plenipotenciários de grandes Cortes, eles aqui
Embaixadas de grande importância conduzem
Tão afastada quanto escancarada a natureza separa coxas
Seu tarso encontra vasto domínio
Todo tipo de mulher reconhece seu grande vaivém
E ao seu pródigo tesouro pagam tributo
Pagam taxas sobre mercadorias não-proibidas
Todas as belezas gloriosas que praticam o Comércio
Encontram aqui pagamento para os nobres serviços praticados
Uma grande quantidade de ouro e montanhas de gemas
Estão disponíveis
Para recompensar a luxúria laboriosa
Uma ganha uma província com um beijo engenhoso
Outra por seu mérito é digna de subsídios
Para quem o abençoado toque imperial de Pego concede
erguer-se
Feliz dela e a maioria é recompensada
Como aquela capaz de inventar novos gestos para
melhorar seu êxtase.]

A morte do rei não é, como foi para os autores antigos, o único aspecto distinto e passível de redenção de sua vida. É uma extensão lógica dela, ou seja, o rei é levado ao suicídio quando "insurretos mal-intencionados", apelando "ao cínico pretexto das leis e dos direitos", tentam diminuir a "prerrogativa soberana do caralho" e "impedem-no de rosqueá-lo". A pira funerária é enfeitada para celebrar uma vida de triunfo sexual:

Atop a hundred golden beds were spread
All conscious marks of thy great prowess bore
All died a thousand times in maiden gore
Which thy victorious lance in many a fierce campaign had shed
Around the walls in distants arches placed

Stood statues of thy glorious punks diseased
In picture by, ye brave achievements of thy Tarse
Which poets had recorded in immortal verse
Lusts gaudy pageants, whose each lively scene
Showed the choice artists mastery and design
And far surpassed the wit of modern Aretine
And over all displayed and waving to ye sun
Thy royal armas, Priapus rampant was in triumph shown[12].

[No alto, cem leitos de ouro estavam espalhados
Todos os sinais evidentes de seu grande valor dão testemunho
Todas morreram mil vezes em sangue virginal
Que sua lança vitoriosa feriu em muitas batalhas ferozes
Em torno dos muros, nos arcos distantes, colocadas
De pé, as estátuas dos seus gloriosos ordinários enfermos
Em representação, as corajosas façanhas de seu Tarso
Que os poetas recordaram em versos imortais
Quadros vivos espalhafatosos e lascivos, nos quais cada
cena viva
Revelou a inventividade e a maestria dos artistas
Que, em alto grau, superaram o engenho do moderno Aretino
E, acima de tudo, nos revelaram e nos brandiram seu esplendor
Suas armas régias; o exuberante Priapo foi em triunfo exibido.]

O clímax inclui uma orgia coletiva. Subindo a pira, o rei encontra uma "virgem desejosa", que "deitada sem correntes/ está pronta para a generosa carícia em sua dócil ferida". Outras virgens desejosas, oferecidas por seus nobres, ocupam as outras camas. O rei deixa para trás os nobres, "rosqueia" ao longo do alto da pira e, então, no auge do orgasmo, ordena que o fogo seja aceso em sacrifício a Priapo. O final espetacular merece ser citado:

Here glowing C — t with flaming beard

12. *Idem, ibidem.*

Like blazing meteor appeared
There pintle squirting fiery streams
Like lightned flamboy spreading flames
Thus lechery's great martyr, revelling in fire
At every pore dripping out scalding lust
With all thy strenght collected in one thrust
At [sic] gasping Thou didst give up thy mighty ghost
And midst a glorious heap of burning Cunts expire[13].

[Incandescendo a Corte com setas flamejantes
Semelhantes a meteoros resplandecentes
O pino ali esguicha jatos ardentes
Como um iluminado archote que lança chamas
Assim, o grande mártir da luxúria, deleitando-se no fulgor
Por todos os poros goteja lascívia escaldante
Com todo o seu vigor reunido em um impulso
Ofegante [sic] renuncia ao seu poderoso espírito
E entre uma magnífica quantidade de Bocetas ardentes
expira.]

Uma análise desse poema mostra como é difícil separar calúnia e pornografia, ou os ataques contra o regime escritos a partir de um ponto de vista sexualmente puritano e os poemas que parecem expressar um caráter sexualmente libertino e que oferecem ao leitor os prazeres da pornografia. *Sardanapalus* pode ser interpretado como um ataque político ao regime. Indiretamente, Oldham expressa muitas das acusações contra Carlos II: o rei recusou-se a lutar contra o poder burguês de Luís XIV (por causa da influência de sua amante francesa, a duquesa de Portsmouth), o país estava falindo porque Carlos esbanjava dinheiro com sua amante; o rei preocupava-se mais com seus prazeres que com os negócios do Estado. Se o poema foi escrito depois de 1679, pode-se ler o suicídio incendiário do rei como uma alusão à relutância de Carlos em considerar as

13. *Idem, ibidem.*

advertências de Titus Oates, de que os católicos planejavam assassiná-lo e incendiar Londres — ou, pelo menos, reacender as tochas de Smithfield, remanescentes dos dias de Maria Tudor. Realmente, o fato de Carlos aparecer sacrificando um ídolo pagão sugere que era católico, como muitos pensavam na ocasião. Para um leitor daquele tempo esse poema era claramente uma crítica política ao governo de Carlos.

Porém, *Sardanapalus* também pode ser considerada uma obra pornográfica. Oferece uma representação quase realista dos atos sexuais e possui diversos elementos que reconheceríamos na pornografia moderna: pênis imensos e magníficos, mulheres desejando ser penetradas e, de modo relevante, a relação sexual que envolve o poder sobre as mulheres e a violência contra as mesmas. Os pênis são imaginados como lanças tingidas em "sangue virginal", as mulheres jazem prostradas, submetidas aos "altos comandos" e dispostas ao sacrifício. Há uma vívida evocação das secreções corporais, da exsudação, do muco e dos fluidos quentes, impedindo o leitor de permanecer indiferente à descrição. Não surpreenderia se o poema fosse levado às telas em qualquer cinema da rua 42 de Nova Iorque.

Sardanapalus chama a atenção para o relacionamento problemático entre a literatura libertina e a oposição política ao regime de Carlos II. Freqüentemente, sugeriu-se que as divisões políticas na Restauração inglesa eram confrontadas e reforçadas por uma divisão cultural e sexual, em que a oposição de um "país" puritano enfrentava uma "corte" libertina e galanteadora. Essa visão está implícita no prefácio dos *Poems on Affairs of State*, de 1697, e também em estudos mais recentes sobre a sátira política da Restauração[14].

14. Para debates recentes sobre a oposição à política de Carlos II provocada pela aversão à sexualidade da Corte, ver Paul Hammond, "The King's Two Bodies: Representations of Charles II", em Jeremy Black e Jeremy Gregory (orgs.), *Culture, Politics and Society in Britain, 1660-1800*, Manchester, UK, Manchester University Press, 1991, pp. 13-48; Steven Zwicker, "Virgins and Whores: The Politics of Sexual Misconduct in the 1660s", em Conal Condren e A. D. Cousins (orgs.), *The Political Ideology of Andrew Marvell*, Nova Iorque, Scolar Press, 1990, pp. 85-110; e Richard Elias, "Political Satire in 'Sodom'", *Studies in English Literature*, 18, 1978, pp. 423-48.

A dimensão cultural e sexual da política na Restauração é complexa, e a oposição não era composta exclusivamente por puritanos sexuais. Por exemplo, o segundo duque de Buckingham era muitas vezes atacado por sua suposta promiscuidade e bissexualidade, porém ele integrava o grupo da Cabala e defendia a tolerância aos dissidentes, como os radicais de Londres[15]. As distinções entre a corte e o país, o regime e seus opositores, o puritanismo e a libertinagem sexual eram mais obscuras e complicadas do que os estereótipos tradicionais sugerem.

Contudo, a idéia de que a oposição puritana enfrentou uma corte libertina é verdadeira de certo modo. Mesmo quando o conteúdo moral ou erótico dos poemas políticos é ambíguo, sempre associa o rei à libertinagem sexual, e não se verifica nenhuma tentativa de usar a licenciosidade para afirmar uma posição política antiabsolutista. Nesse aspecto, a Restauração inglesa parece diferente do século XVIII francês, no qual, como se argumentou, um endosso explícito da libertinagem sexual com fundamentos filosóficos era associado ao ceticismo religioso e ao desrespeito à monarquia[16].

Na Inglaterra do final do século XVII, em comparação, era possível atacar a libertinagem sexual e o ceticismo religioso associando-os à tirania e ao absolutismo político, e não propriamente à monarquia. Um exemplo extremo é a narrativa

15. Para uma discussão recente sobre as divisões políticas e culturais na Restauração, ver Tim Harris, "Introduction: Revissing the Restoration", em Tim Harris, Paul Seaward e Mark Goldie (orgs.), *The Politics of Religion in Restoration England*, Oxford, UK, Blackwell, 1990. Sobre Buckingham, ver *idem*, p. 7, e Gary S. De Krey, "London Radicals and Revolutionary Politics", em *idem*, pp. 142-3.

16. Ver o ensaio de Joan DeJean neste volume. Ver também Robert Darnton, *Edition et sédition: L'Univers de la littérature clandestine au XVIIIe siècle*, Paris, Gallimard, 1991. Observar que as hipóteses de ambos são diferentes. Para DeJean, a pornografia torna-se "oposicionista" porque a monarquia tenta censurá-la. Para Darnton, é politicamente subversiva porque ataca os valores morais associados à monarquia.

Encontramos a mesma associação entre libertinagem sexual e radicalismo político na Inglaterra do século XVIII. Ver o ensaio "O mundo materialista da Pornografia" de Margaret Jacob neste volume. Sobre o início do século XIX, ver Iain McCalman, "Unrespectable Radicalism: Infidels and Pornography in Early Nineteenth-Century London", *Past and Present*, 104, 1984, pp. 74-110.

publicada em 1694, que pretendia ser a autobiografia ou o testamento político de Carlos I[17]. Nessa obra, a opção de Carlos pelo catolicismo, confessada publicamente desde o início, é tratada como uma manifestação de ceticismo religioso e também de sua ambição absolutista: a religião, ele nos diz, é apenas um "ardil de Estado", e decidiu tornar-se católico porque acreditava que a "ignorância é a mãe da devoção" e que o catolicismo é a religião "mais agradável para um soberano que queira [...] levar adiante essa prerrogativa"[18]. A crítica ao cristianismo aprofunda-se quando percebe que está cobiçando sua própria irmã e reconhece que seus receios em relação ao incesto são valores culturais:

> Como são felizes aqueles que vivem em lugares do mundo onde não se conhecem as restrições às quais nós, que somos chamados de cristãos, devemos nos submeter. Nesses lugares, os amores são promíscuos sem ofensa, eles não têm restrições em relação aos apetites inatos e satisfazem todos os seus desejos plenamente. Então, por que eu deveria ser escrupuloso, ou farto de horror, a respeito de tal apelo à carne? São só o hábito e a doutrina em que estamos embebidos que provocam tais abalos em nós[19].

"De agora em diante", conclui, "não irei prestar culto a Deus, somente a Priapo"[20]. E em seguida reza para que Priapo o ajude a perverter seus súditos e a torná-los menos rebeldes.

Nesse contexto, é possível ler o poema de Oldham como uma descrição do campo retórico no qual atuavam os escritores de sátiras políticas dirigidas contra a Restauração. O poema não é apenas uma obra pornográfica. Por exemplo, as posições de Aretino são mencionadas como ornamentos da pira funerária; o narrador é um pornógrafo que aparece como um persona-

17. *Eikon Basilike Deutera*, s.l., 1694.
18. *Idem*, p. 3.
19. *Idem*, p. 133.
20. *Idem*, p. 134.

gem com méritos próprios, uma espécie de poeta laureado exasperado. As passagens descritivas, embora possam ser consideradas pornográficas, também atuam, em termos dramáticos, como um monólogo que revela o senso de heroísmo absurdamente deslocado do narrador[21]. O humor deve-se às representações de sexo — a pornografia — em contextos totalmente impróprios e inesperados. Supomos que a pornografia seja lida em lugares secretos e privados — podemos recordar o embaraço de Pepys com a leitura de *L'École des filles*. Mas em *Sardanapalus* a pornografia é orgulhosamente apresentada sobre um monumento público, como um ornamento. Supomos que os pornógrafos desafiem a autoridade estabelecida, porém nessa obra o narrador glorifica as façanhas do rei.

Isso introduz um enigma interessante. Por um lado, o poema de Oldham parece descrever a realidade de forma exagerada, como se não fosse possível usar a libertinagem sexual para atacar a tirania porque as duas estão associadas. Nesse sentido, a pornografia não é, como poderia ter sido no século XVIII, uma arma apropriada contra Carlos II. Nessa obra a pornografia nunca é ilícita nem oposicionista. A exposição do corpo do rei durante a cópula é, em certas circunstâncias, um meio de retirar-lhe a aura sagrada, mas essa exposição não é sediciosa em um contexto no qual o sexo público torna-se uma forma de cerimonial real. O poema narra o que pensávamos já saber: que a oposição política à corte na Restauração teve de ser expressa em termos de puritanismo sexual, rejeitando a moralidade sexual libertina. Porém, o poema de Oldhan dificulta essa percepção, pois, apesar de apresentar um ambiente no qual a pornografia não pode ser nem oposicionista nem ilí-

21. É tentador especular que, se o poema foi escrito após a publicação de "Absalom and Achitophel", em 1681, o narrador é uma paródia do poeta laureado John Dryden, que iniciou seu poema satírico realista, com um verso que parecia celebrar a sexualidade libertina: "In pious times ere priestcraft did begin/ Before polygamy was made a sin [...]" [A política clerical começou nos tempos pios de outrora/ Antes de a poligamia se tornar um pecado [...]].

cita, *Sardanapalus* em si *pode* ser considerada oposicionista, ilícita e até mesmo pornográfica. Portanto, o poema transcende a situação que descreve. Ainda que ratifique o estereótipo puritano no qual se baseia, atacando a prerrogativa real e a sexualidade real (ou a real "prerrogativa de rosquear"), a própria existência de *Sardanapalus* violava esse estereótipo.

Para explicar o paradoxo de *Sardanapalus* é necessário entender o estereótipo sexual nos ataques e contra-ataques sexuais a oponentes políticos, anteriores à guerra civil inglesa. Na propaganda política da década de 1640, os parlamentares eram retratados como indivíduos corretos, metódicos e devotos por seus amigos, e como indivíduos desagradáveis, repressivos e hipócritas por seu inimigos. Reciprocamente, os monarquistas representavam-se como românticos e fanfarrões, enquanto seus opositores os descreviam como bêbados, desordeiros e devassos. Em 1660, esses estereótipos criaram expectativas em relação aos comportamentos político e sexual e moldaram as estratégias de legitimação organizadas pela monarquia restaurada. Carlos II foi apresentado como o rei que resgatou a Inglaterra de uma década de repressão. O novo regime associou-se, em sua própria propaganda, à fertilidade, à generosidade e ao prazer sensual[22]. Às vezes, o relacionamento entre o rei e o povo era equiparado às relações entre um namorado e sua amante, e a Restauração comparou-o a uma união matrimonial, na qual a noiva era a Grã-Bretanha, e o noivo, o rei[23]. É importante ressaltar que Carlos II não promoveu explicitamente a libertinagem. Os monarquistas compartilharam com os parlamentaristas a noção de que a lascívia e a devassidão eram coisas ruins; mas essa estratégia era vulnerável à paródia, que ignorava a delicada linha que separa o prazer e a libertinagem.

22. Zwicker, "Virgins and Whores".

23. Ver, por exemplo, o poema cujo verso inicial é "Awake Britannia, rouse thyself and say" (Boldleian Firth b. 20, anexo à f. 140); e Rachel Jevon, *Exultationis Carmen*, Londres, 1660.

A linguagem usada contra a Coroa era a mesma que o regime utilizava em sua auto-exaltação. Quando o rei apresentou-se perante a nação como um marido amoroso, os satiristas trataram-no como um estuprador, ou como um marido adúltero que ignorava suas promessas matrimoniais. Criou-se o estereótipo de um rei que "não pensava em nada, a não ser em seu prazer". Essas críticas geraram contra-ataques, que novamente se basearam no velho estereótipo que representava o puritano como hipócrita. Em *The City Painter*, uma sátira monarquista, um conselheiro municipal *whig** se masturba, enquanto contempla uma prostituta sendo chicoteada[24].

Nessa perspectiva, é evidente como a técnica retórica usada por Oldham e por outros escritores que pretendiam louvar a libertinagem sexual era uma resposta estratégica às tentativas dos propagandistas da monarquia de retratar seus oponentes como puritanos hipócritas. Ao adotar a voz de um libertino, ao louvar as proezas do rei ou a idade de ouro da liberdade sexual, ou ao usar estruturas artificiais que conferem ambigüidade moral ao poema, os escritores evitavam os rótulos. De fato, satiristas como Oldham atacaram a libertinagem sexual ao associá-la æ por razões que discutiremos em seguida æ à tirania, mas também simularam uma máscara libertina, usando para isso as técnicas da pornografia. Pode-se argumentar, então, que a dinâmica polêmica da Restauração criou um corpo literário que não era verdadeiramente pornográfico, no sentido de endossar a vida sexual libertina, mas que, entretanto, ofereceu alguns prazeres que podem ser associados à leitura pornográfica. A ambigüidade era intencional e inevitável. A dificuldade de se distinguir a pornografia da calúnia nos poemas políticos da Restauração está

*N. T.: Nome dado originalmente aos bandidos protestantes da Escócia, mas que depois passou a designar os liberais.

24. Poema cujo verso inicial é "If any do the authors name inquire" (BL Additional 34, 362, ff. 4r-15v).

enraizada nas condições políticas do período. Nada disso, porém, responde as questões mais fundamentais: por que a vida sexual? As objeções ao regime de Carlos II eram de ordem sexual ou política? E por que ambas foram associadas e expressas nos mesmos termos?

Para começar a esclarecer essas questões, devemos situar os poemas da Restauração em uma tradição que expressava preocupações e conceitos políticos fundamentais sobre o relacionamento entre os dois corpos do rei: sua pessoa mortal e seu ofício eterno, seus interesses privados e o bem-estar público, seu quarto de dormir e sua sala de audiências[25]. É importante mencionar que não havia consenso em relação à natureza desse relacionamento. Na guerra civil, por exemplo, o Parlamento declarou guerra ao rei em nome do rei, defendendo implicitamente uma distinção entre a pessoa e o cargo. A propaganda monarquista, em comparação, muitas vezes confundia deliberadamente o corpo do rei com o corpo político. Referindo-se à execução de Carlos I, os monarquistas representaram a nação devastada pela guerra, ensangüentada e — para eles — anárquica, com a imagem do corpo de seu rei literalmente decapitado e esvaindo-se em sangue. As representações da Restauração como um matrimônio entre o rei e a nação podiam ser vistas como uma terceira opção, um compromisso que admitia uma distinção teórica, sem deixar de salientar a união entre eles e a posição do rei como superior.

Também não havia consenso sobre o lugar dos prazeres particulares do rei em relação aos negócios públicos do governo. Como David Starkey lembrou, o modo como os monarcas misturavam ou separavam negócios e prazer sempre teve conseqüências políticas importantes, pois nesse processo se decidia

25. Um estudo clássico é a obra de Ernst Kantarowicz, *The King's Two Bodies: A Study in Medieval Political Theology*, Princeton, NJ, Princeton University Press, 1957. Para um estudo recente desse tema no contexto da cultura da corte, ver David Starkey *et alii*, Introdução, em *The English Court*, pp. 1-24.

quem controlaria o acesso ao rei e como os cargos públicos seriam distribuídos[26]. Igualmente, o problemático papel de "favorito" — a pessoa que supria o prazer do monarca em vez do bem-estar público — era recorrente no discurso do início da política inglesa moderna, de Elisabete I em diante. A acusação de que o rei era desencaminhado pelos favoritos constituía uma maneira conveniente de atacar a política real, sem que parecesse um ataque pessoal ao monarca. Mas os favoritos também tinham defensores, particularmente em um regime que, como o de Carlos II, enfatizava o valor da amizade e do amor, em oposição ao do dever inerente ao compromisso político. A lealdade pessoal dos *cavaliers** ao rei no exílio foi idealizada na literatura da Restauração. Uma tentativa de investigar a amizade do monarca com homens e mulheres pode ser interpretada, na melhor das hipóteses, como intromissão puritana e, na pior, como crime de lesa-majestade, particularmente desde a execução dos favoritos de Carlos I, Strafford e Laud, que foi realmente um prelúdio para seu regicídio. Dada a incerteza sobre a postura a ser adotada em relação às amizades e aos prazeres pessoais do rei, não surpreende que existissem histórias rivais acerca de seu significado político. Será que Clarendon caiu, perguntavam seus contemporâneos, porque era corrupto, ou porque o velho ministro fracassou ao participar das troças, caçoadas e intrigas do dormitório real? Pode-se distinguir entre a amante que "controla" o rei e aquela que só lhe dá prazer? Carlos II deveria imitar Luís XIV, que, como John Evelyn observou a Samuel Pepys, "tinha suas amantes, mas ria da parvoíce de nosso rei, que transformava seus bastardos em príncipes e as amantes em suas senhoras"[27]? Nell Gwynn deveria ser tolerada, ou mesmo equivocadamente louvada, como uma pros-

*N. T.: Partidários de Carlos I.

26. Starkey, *The English Court*, introduction, pp. 1-24
27. Samuel Pepys, *The Shorter Pepys*, org. Robert Latham, Berkeley, University of California Press, 1985, p. 760. Ver o registro de 26 abr. 1667.

tituta protestante ou apolítica, interessada, segundo um poema, em "arranhar o que coça"? Ou o problema era a própria prostituição real [28]?

Portanto, existiam muitas atitudes conflitantes e ambíguas em relação ao significado do comportamento sexual do rei e do relacionamento entre seu corpo público e seu corpo privado. A tendência de associar posições políticas com estilos sexuais e de usar imagens e histórias sobre o corpo real para propósitos políticos torna difícil separar os poemas políticos pornográficos de outros tipos de textos e comentários políticos. Há uma surpreendente quantidade de narrativas sexuais inseridas em obras eminentemente políticas. Os eventos sexuais eram usados como explicações para os eventos políticos. Era muito propalado o boato, por exemplo, de que Carlos II foi induzido a assinar o secreto tratado de Dover no decurso de um encontro incestuoso com sua irmã, a duquesa de Orleans[29]. Outra história notória referia-se à duquesa de Portsmouth, que, dizia-se, embriagou o rei e o enfeitiçou com a visão de três damas da corte, que se despiram diante dele no restabelecimento do julgamento de Paris. Em troca, Carlos II concedeu à duquesa a realização de qualquer desejo e ela ordenou que o rei dissolvesse o Parlamento[30].

Portanto, a pornografia política convivia com outras formas de texto e comentário político, e por isso é difícil isolá-la como

28. Ver os poemas cujos versos iniciais são "Hard by Pall Mall lives a wench called Nell" (*Yale POAS*, vol. 1, p. 420); "Long days of absence dear I could endure" (Bodeian Don. b. 8, p. 504); e "When to the king I bid good morrow" (Bodleian Firth c. 15, p. 25).

29. Ver, por exemplo, "The Substance of the Conference between the late King Charles II... [and] the then duchess of Orleans" (Bodleian Carte 198, ff. 28r-30r); e o poema cujo início é "O heavens we have signs below", em que o duque de York age como alcoviteiro: "and then to your [Charles'] incestuous eyes/ Will show again her highness' thighs/ Strip her of greatness for the cause/ And show her scut to change the laws" [...] (BL Additional 34, 362, ff. 48r-49v). Ver também o episódio de *Eikon Basilike Deutera*, examinado na n. 19.

30. *The Secret History of the Dutchess of Portsmouth*, Richard Baldwin, 1690, pp. 128-32; e *The Secret History of the Reigns of K. Charles II e K. James II* (s.l., 1690), p. 87. Ver também o poema cujo primeiro verso é "As in the days of yore was odds" (*Yale POAS*, vol. 1, pp. 263-5).

um gênero distinto. Os livros manuscritos nos quais os homens e as mulheres da Restauração copiavam itens de interesse corrente continham em geral uma mistura de material sexual e material "puramente" político, e não há esforço algum para se estabelecer uma distinção. Um desses manuscritos, pertencente a William Haward, um membro do parlamento que também tinha um pequeno cargo público na corte, continha em suas mais de seiscentas páginas (apresentamos aqui uma lista parcial): uma pastoral cômica de Charles Sedley, intitulada *In the Fields of Lincoln's Inn* [*Nos Campos da Estalagem Lincoln*], em que "Phyllis, que vocês sabem, ama rosquear/ como o deus terreno ama rezadores pios/ jaz muito pensativamente planejando/ como foder com um par de cacetes"; cópias de discursos parlamentares protestando contra o casamento do duque de York com Maria de Módena; uma resposta fictícia da amante de Carlos II, a condessa de Castlemaine, a uma petição da "arruinada, pobre e desamparada companhia de prostitutas" de Londres; uma lista de pensionistas e funcionários do Parlamento, alguns descritos como "cafetões reais", e alguns, dizia-se, explorando suas próprias filhas; o libelo sedicioso intitulado *The True Englishman Speaking Plain English* [*O Verdadeiro Cidadão Inglês Falando Inglês sem Rodeios*], segundo o qual Carlos II, embora não fosse católico, era mais tirânico que seu irmão Jaime; um catálogo de "produtos" à venda no Café Real, incluindo "vinte e quatro moedas finamente folhadas a ouro, suborno do tesouro francês [...]. Duas peças completas da religião do duque de Buckingham [...]. Quatro varas* da virgindade de Nell Gwinn" e "o último aplauso real de Sua Alteza Real [...], que custou ao reino muitos milhares de libras esterlinas, mas que agora podem ser compradas por qualquer homem por uma taxa cômoda"[31].

*N. T.: Antiga medida de comprimento.

31. Bodleian Don. b. 8.

Essa mistura desordenada sugere que as histórias sobre a vida sexual do rei e da corte eram uma parte legítima do discurso político, e não uma categoria distinta. Os escritores usaram as narrativas acerca do corpo real — seus poderes e sua vulnerabilidade, seu estado de saúde, suas doenças e sua relação com o corpo político — para apresentar suas preocupações políticas mais profundas.

Analisaremos apenas uma dessas inquietações: a ambição absolutista de Carlos II, que cresceu durante a década de 1670, culminando na Crise da Exclusão e na posterior tentativa de governar sem o Parlamento. O potencial tirânico de Carlos foi muitas vezes representado como excessos sexuais. A fantasia de que Carlos dormiu ou quis dormir com todas as mulheres da nação — exposta em *Sardanapalus* — era um símbolo desse poder que atuava em diversos níveis. Cornear os súditos do sexo masculino é o ato tirânico essencial, ou seja, uma privação da propriedade e da virilidade. (Por isso, quando os ministros de Carlos eram atacados, dizia-se que estavam alcovitando suas próprias mulheres e filhas.) Isso também era uma paródia implícita à justificativa patriarcal do absolutismo, feita por Robert Filmer: a anedota de que Carlos estaria tentando tornar-se, literalmente, o pai da sua pátria[32]. A promiscuidade do monarca também era um símbolo de sua ambição absolutista, já que tornava possível compará-lo a um sultão turco. Tanto que muitas histórias a respeito da vida sexual de Carlos desenrolavam-se em cenários orientais[33].

Finalmente, alguns escritores associaram a devassidão ao absolutismo, sugerindo que Carlos estava deliberadamente tentando depravar seu povo através do seu próprio exemplo, privando-o da capacidade de resistência. Algernon Sidney em seu *Discourses on Government* [*Ensaios sobre o Governo*], argumen-

32. A esse respeito, ver Larry Carver, "The Restoration Poets and their Father King", *Huntington Library Quaterly*, 40, 1977, pp. 333-51.
33. Ver "Sardanapalus" e *The Amorous of the Sultana of Barbary*, Londres, Richard Baldwin, 1689.

tou que os tiranos asseguram seu poder "corrompendo a juventude e, seduzindo aqueles que podiam ser conduzidos à lascívia e à devassidão, levam o povo a uma tal situação, que ele não pode nem cuidar de seus direitos nem exercê-los"[34]. Do mesmo modo, segundo *The Secret History of the Reigns of K. Charles II and K. James II* [*A História Secreta dos Reinados de Carlos II e Jaime II*] (1690), Carlos "pôs-se, por sua própria capacidade de persuasão e influência, a afastar tanto homens como mulheres das leis da natureza e da moralidade, e a corrompê-los e infetá-los com todo tipo de devassidão e perversidade", a fim de "debilitar e amolecer a índole militar do povo por meio da libertinagem e da efeminação, que geralmente andam de mãos dadas"[35].

A libertinagem e o absolutismo eram associados, de modo surpreendentemente literal, na freqüente comparação entre o cetro de Carlos II e seu pênis. Em *Sodom* [*Sodoma*], um divertimento zombeteiro atribuído ao conde de Rochester, o rei declara que "meu pino deve ser meu único cetro" e que "com minha pica, irei governar toda a nação"[36]. Em *On the Duchess of Portsmouth* [*Sobre a Duquesa de Portsmouth*], por meio do "espumar e blasfemar do seu cacete, ele será absoluto"[37]. Em outra sátira, "Ah, nação vacilante, que bem pode estar doente/ o *Rex* ainda pretende regê-la com sua vara"[38]. Ou, como o conde de Rochester escreveu na notória "sátira a respeito do cetro", "o seu pino e o seu cetro são extensos/ e ela pode balançar um, enquanto brinca com o outro"[39].

34. Algernon Sidney, *Discourses on Government*, 3 vols., 1698, Nova Iorque, Richard Lee, 1805, vol. 2, p. 128.
35. Em *The Secret History of the Reigns of K. Charles II and K. James II*, pp. 25-6. Ver também *Eikon Basilike Deutera*.
36. No Ato I de *Sodom*, Princeton University Library, AM 14401, pp. 37-108.
37. O poema que inicia com "The Spaniard gravely teach in politick schools" (BL Harley 7317, ff. 67r-68v).
38. Poema cujo primeiro verso é "Close wrapt in Portsmouth's smock his senses are" (BL Additional 34, 362, f. 47r).
39. Poema iniciado com o verso "In the isle of Britain, long since famous grown" (*POAS*, p. 171).

As excessivas reivindicações de Carlos por prerrogativas reais eram identificadas com um apetite sexual insaciável. Algumas vezes, como nos versos do conde de Rochester, o tom é bem-humorado:

His is the sauciest one that ere did swive
The proudest and peremptoriest prick alive
What e'er religion and his laws say on it
He'll break through those to come to any cunt[40].

[O seu é o mais atrevido que já rosqueou
O mais soberbo e o mais resoluto cacete vivo
Sempre comentado pela religião e suas leis
O seu vai abrir caminho através delas para alcançar
qualquer boceta.]

Outros escritos enfatizaram mais explicitamente a violência do conceito desenvolvido pelo conde de Rochester. Em *Brittania and Raleigh*, a relação de Carlos com seus três reinos é retratada não como o casamento descrito nos poemas sobre sua coroação, mas como um estupro coletivo. Carlos encontra uma figura feminina monstruosa, representando o absolutismo francês, que usa uma flor-de-lis, antigo distintivo da realeza francesa, e que carrega uma espada na qual se lê a palavra *Leviathan*. Ela incita-o:

Taste the delicious sweets of sovereign power
Tis royal game whole kingdoms to deflower
Three spotless virgins to your bed I'll bring
A sacrifice to you their God and King
As these grow stale we'll harrass human kind
Rack nature, till new pleasures you shall find[41].

40. *Idem, ibidem.*
41. Poema cujo verso inicial é "Ah Raleigh, when thy breath thou didst resign" (*Yale POAS*, vol. 1, p. 232).

[Prove os deliciosos doces do poder soberano
Esse é um jogo real que todos os reinos defloram
Três imaculadas virgens para sua cama irei trazer
Uma oferenda a ti, seu Deus e Rei
Quando essa germinação envelhecer nós atormentaremos o gênero humano
Abalaremos a natureza, até que novos prazeres você encontre.]

Quando uma figura feminina amarrada e nua, representando a Grã-Bretanha, aparece diante de Carlos no final da obra *Last Instructions to a Painter* [*Últimas Instruções a um Pintor*], de Marvell, ele não resiste a estuprá-la[42].

Ao lembrarmos que os monarquistas, durante a guerra civil, enfatizaram a identidade da pessoa do rei com seu ofício, a metafóra irônica da força do pênis como cetro torna-se evidente. Os poetas parodiam a retórica monarquista, equiparando literalmente o corpo (o pênis) e a prerrogativa real (o cetro). O resultado é uma confusão entre a busca do prazer sexual e o exercício dos deveres da realeza. Evidentemente, a confusão estava presente entre seus contemporâneos. O *Diary* de Samuel Pepys registra diversas conversas com seus amigos, nas quais lamentam que "o rei não se ocupe de nada, a não ser do seu prazer". Isso não significa apenas que o rei ignorava a política, mas que seus planos de ação eram determinados por sua necessidade de sustentar e ampliar seus prazeres[43]. Ou seja, obter recursos suficientes para sustentar suas prostitutas. A idéia de que a crise financeira da nação foi causada pelos gastos extravagantes do rei com sua amante era um tema constante na literatura satírica. O autor de *On the Duchess of Portsmouth* — um ataque à amante francesa e católica do rei — fulminou:

42. Poema que inicia com "After two sittings now our Lady state" (*idem*, p. 136). Ver também Zwicker, "Virgins and Whores".
43. Ver, por exemplo, Pepys, *op. cit.*, p. 275 (registro de 15 maio 1663), p. 727 (17 fev. 1667), p. 760 (26 abr. 1667), e pp. 797-8 (24 jun. 1667).

The nation must be taxed both land and gains
Not to supply the public but his reins
And all the coin by harrassed subjects lent
Must through your conduit pipe of lust be spent[44].

[A nação deve ser tributada, tanto a terra quanto a renda
Não para suprir o bem público mas suas rédeas
E toda a moeda dada pelos súditos acossados
Deve ser usada na tubulação de sua luxúria.]

Esse desperdício de rendas públicas era, por sua vez, associado à ameaça do absolutismo. Pepys e seus amigos conjecturaram que, ameaçado por um inquérito parlamentar sobre o destino das rendas públicas, Carlos dissolveria o Parlamento e lançaria mão de uma tributação extraparlamentar ou, pior, recorreria a Luís XIV em busca de um empréstimo, tornando a Inglaterra, de fato, um satélite da monarquia universal francesa. Esse era o cenário que torna plausível a história de que a duquesa de Portsmouth teria convencido Carlos a fechar o Parlamento ou — como Pepys e seus companheiros escutaram — de que a condessa de Castlemaine incitava o rei a governar por meio de um exército permanente[45].

Portanto, a libertinagem do rei era usada para sugerir um potencial tirânico. E pode-se argumentar que a libertinagem também ajudava a descrever a natureza da tirania. Uma análise mais profunda pode, portanto, esclarecer o que os críticos de Carlos pensavam sobre a tirania.

As sátiras que tematizavam o excesso sexual conseguiram estabelecer uma identidade entre absolutismo e catolicismo. Para se entender a importância dessa relação, devemos considerar que a identidade entre "papismo e tirania", embora fosse um lugar-comum da retórica política do século XVII, era

44. Ver n. 37.
45. Pepys, *op. cit.*, pp. 701-2 (registro de 12 e 13 dez. 1666), pp. 812-3 (27 jul. 1667), pp. 814-5 (29 jul. 1667), e pp. 1013-4 (28 abr. 1669).

artificial e planejada, portanto, frágil. Por exemplo, era possível identificar o papismo com o regicídio tanto quanto com o absolutismo; as conotações políticas do papismo podiam ser revertidas conforme a conveniência[46]. Mesmo a idéia de que papismo e absolutismo estavam unidos na ameaçadora figura de Luís XIV não era convincente, já que uma análise revelaria que os interesses do rei francês dificilmente eram idênticos aos do papa. Mas, apesar de ser possível associar papismo e tirania — baseando-se no fato de Carlos II tentar usar a prerrogativa real para estabelecer a tolerância em relação aos católicos, contra a vontade do Parlamento — tal argumento ignoraria que os dissidentes protestantes também ofereceram tolerância no mesmo édito real. Pode-se especular que essa associação era promovida pelos políticos anglicanos, que esperavam manter os dissidentes protestantes ao seu lado, jogando sua sorte no conflito entre a Coroa e a Igreja anglicana, pois nenhum protestante, anglicano ou dissidente com amor-próprio poderia suportar tal fato.

Portanto, essa identidade não era natural. Antes, teve de ser construída com a colaboração da pornografia política. O papismo e a tirania puderam ser vinculados porque ambos estavam associados à libertinagem sexual. A relação entre tirania e libertinagem já foi investigada; mas quais eram os vínculos entre a libertinagem e o catolicismo?

A libertinagem sexual e o catolicismo estavam associados em diversos níveis. Como os polemistas anticatólicos declararam, o papa movimentava bordéis em Roma. O catolicismo era também considerado uma religião que oferecia uma desculpa para que seus fiéis fizessem tudo que quisessem. Em uma carta fictícia, supostamente escrita pela condessa de Castlemaine, a amante católica do rei, para as prostitutas de Londres, expõe-

46. Para um debate sobre os sentidos móveis e contraditórios associados ao papismo e sobre o significado da sua instabilidade, ver Peter Lake, "Anti-Popery: The Structure of a Prejudice", em Richard Cust e Ann Hughes (orgs.), *Conflict in Early Stuart England*, Nova Iorque, Longman, 1989, pp. 72-105.

se que os interesses dos católicos e das prostitutas eram os mesmos, e a condessa promete auxiliar suas irmãs pobres e aflitas por meio da ampliação do número de teatros, os quais difundiriam a libertinagem e também o catolicismo. Como a condessa explica, ela mesma converteu-se porque "os ilustres padres e confessores [...] declaram que os prazeres venéreos acompanhados de alívio, devassidão e profanação não são delitos tão abomináveis e pecados tão flagrantes, mas antes [...] torturam a carne; a opinião geral da santa mãe Igreja é que os prazeres venéreos, no sentido mais estrito, são pecados perdoáveis, que os confessores podem relevar"[47]. Às vezes, a prostituição era representada como uma religião idólatra; os bordéis eram descritos como "templos de Vênus", as prostitutas como "freiras" ou "devotas de Vênus", o sexo como um sacrifício ou um ato de veneração. Tudo isso instigou a tradição de se referir à Igreja católica como a "prostituta de Roma" e de representá-la como uma mulher muito poderosa, sexualmente devassa, obscena e rica. Um rei libertino era, potencialmente, um rei católico, e a relação de Carlos com suas prostitutas católicas — a condessa de Castlemaine, a duquesa de Portsmouth e a duquesa de Mazarin — indicou seu envolvimento com a prostituta de Roma, à qual as mulheres estavam unidas[48].

Portanto, a libertinagem criou uma conexão entre papismo e tirania, mas também obscureceu o significado de tirania. Como já foi observado, as ambições absolutistas de Carlos II eram representadas por seu excitável pênis, mas, paradoxalmente, a tirania era muitas vezes representada pela genitália feminina dominadora ou devoradora:

47. "The most gracious answer of Dame Barbar Countess of C. to ye peticon of undone, poore and distressed company of Whores" ["A mais cortês resposta da senhora Barbara, Condessa de C., a petição da arruinada, a pobre e angustiada associação de prostitutas"] (Bodleian Don. b. 8, pp. 190-3).
48. Sobre esse modo de representar a Igreja Católica, ver Lyndal Roper, "Discipline and Respectability: Prostitution and the Reformation in Augsburg", *History Workshop Journal*, 19, 1985, pp. 3-28.

The French hag's nasty pocky bum
So powerful is of late
Although it is both blind and dumb
It rules both church and state[49].

[A sórdida bexigosa e vadia bruxa francesa
Tão poderosa é ultimamente
Que embora seja cega e muda
Controla tanto a Igreja quanto o Estado.]

A alegação usual de que o rei estava dilapidando o tesouro nacional com suas amantes era expressa com a imagem de uma boceta devoradora absorvendo o sêmen da nação:

Why art thou poor, O king? Embezzling Cunt
That wide-mouthed, greedy monster, that has done it[50].

[Por que sois pobre, oh rei? Bocetas malversadoras
Qual delas, boquiaberta, gulosa monstra, fez isso?]

Essas duas imagens de boceta estão relacionadas, já que se considerava que os gastos extravagantes do rei com suas amantes o conduziriam à tirania.

É tentador admitir que as imagens de um pau excitável e de uma boceta devoradora indiquem posições políticas distintas: uma dá a impressão de jogar a responsabilidade sobre Carlos, a outra sobre sua amante; uma o retrata como muito poderoso, a outra como insuficientemente poderoso. De fato, essas imagens são inseparáveis, e muitas vezes aparecem nas mesmas obras. Na sátira de John Lacy sobre Carlos II, por exemplo, ambas as imagens são sugeridas, e a sintaxe e a imagem tornam indistintos devorador e devorado:

49. "His Holiness has three grand friends" (*Yale POAS*, vol. 2, p. 291).
50. Poema cujo verso inicial é "Of all the plagues with which this world abounds" (BL Harley 7319, ff. 68r-70v).

Was ever Prince's soul so meanly poor
To be enslaved to every little whore?
The seaman's needle points always to the pope
But thine still points to every craving hole
Which wolflike in your breast raw flesh devours
And must be fed all seasons and all hours.
C – t is the mansion house where thou dost swell
There thou art fixed as tortoise is to shell[51].

[Será a alma do Príncipe sempre tão pobre e vil
Para ser escravizada por qualquer prostituta?
A agulha da bússola do marujo sempre aponta para o pólo
Mas a sua aponta para todo buraco suplicante
Qual um lobo em seu peito, carne crua devora
E precisa alimentar-se todas as estações e todas as horas.
A Corte é a mansão onde você faz avolumar
Ali você crava como a tartaruga está cravada à carapaça.]

A ambigüidade dos papéis de dominador e dominado — cacetes conquistam bocetas ou bocetas subjugam cacetes — é típica das discussões sexuais na época da Restauração. Embora fosse lugar-comum dizer que os homens "conquistam" as mulheres para o sexo, era também comum dizer que as mulheres são insaciáveis, "derrotando" os homens que nunca as satisfaziam. Uma sátira herói-cômica descreve o sexo como um espetáculo romano, com o pênis representando o papel de um Cristo desamparado atacado por feras: "A boceta sacode suas fechaduras iradas; a presa preocupa-se/ Suga o sangue e joga a pele fora"[52]. Também *Sodom* é uma longa anedota sobre homens incapazes de erguer o membro ou de mantê-lo ereto por muito tempo. E a "vitória" das mulheres é realmente o oposto

51. Poema iniciado com o verso "Preserved by wonder in the oak, O Charles" (*Yale POAS*, vol. 1, pp. 425-8).
52. Poema cujo primeiro verso é "Deep in an unctious vale, twixt swelling hills" (BL Harley 7319, ff. 11v-15v).

de uma vitória — em *Sodom*, elas morrem de inanição sexual. A literatura da Restauração, quando trata de sexualidade e poder, considera este ilusório, instável e incapaz de se resolver pelo caminho da satisfação. Para os homens — no mínimo, "conquistadores" — o momento da ejaculação é também o momento da perda de poder e substância.

Isso enriquece nossa compreensão do vínculo entre a tirania de Carlos e sua libertinagem. Para os teóricos políticos do século XVII, a tirania não era simplesmente uma extensão da autoridade política legítima, um caso de excessivo poder real. Pelo contrário, relacionava-se a uma situação em que a posição e a direção do poder eram incertas. O soberano, ao buscar apenas o prazer pessoal, não possuía nenhum poder, pois estava subjugado por aqueles que supriam seus desejos — pessoas que, por sua vez, podiam ser governadas por outros que também supriam seus desejos. Em um panfleto político de 1681, por exemplo, afirmava-se que um Parlamento honesto era fundamental para "impedir que o súdito seja entregue como presa, não só à vontade do Príncipe, mas (o que é dez vezes pior) às paixões e luxúrias dos favoritos, ministros e mulheres". Sem um Parlamento, a Inglaterra seria governada "como o império turco, sob as ordens de um *Grand Signior* vacilante, manobrado pela concubina preferida do harém, que, talvez, fosse manipulada por seu chefe eunuco ou por sua mulher-escrava"[53].

Algumas idéias semelhantes podem ser encontradas em obras políticas mais formais, como *The Present State of the Ottoman Empire* [*O Estado Atual do Império Otomano*], de Paul Rycaut, da qual esse panfleto foi extraído, e *Discourses on Government*, de Algernon Sidney. As duas obras discutem a relação entre libertinagem e tirania, e ambas enfatizam que, em regimes tirânicos, o poder não se encontra com o soberano. Para Rycaut, a "condição de escravidão" — a submissão de todos à vontade

53. *An Address to the Honorable City of London [...] Concerning their Choice of a Bew Parliament*, s.l.,1681.

do sultão — que reina no sultanato abala o poder, porque o povo está mais preocupado em lisonjeá-lo que em lhe contar a verdade[54].

Para Sidney, nos sistemas políticos corruptos, as riquezas, o poder e os vícios são meios e fins em si mesmos. Nesse sentido, ninguém pode alcançar seus objetivos, porque todo êxito traz em si novas necessidades. Tanto para o monarca quanto para os cortesãos, o poder é instável e efêmero. A descrição do modo como os cortesãos tornam-se partidários da corrupção revela a natureza cíclica do processo:

> Quando o aumento das riquezas era considerado necessário, o desejo, que é a origem de todo mal, era acionado. Aqueles que não podiam obter honra pelas ações mais nobres eram forçados a obter riqueza adquirindo-a de prostitutas e vilões, que as apresentavam para a venda; e, quando eles seguiam esse caminho, logo aprendiam os vícios daqueles de quem recebiam seu lucro, e deleitavam-se nos caminhos que os tinham levado a isso[55].

O prazer, um meio de adquirir poder, então torna-se o único consolo dos cortesãos:

> Isso colocava o governo do mundo sob o tráfico mais infame, e os tesouros adquiridos eram, na maior parte, dissipados em vícios piores que rapina, violência e fraude, por meio dos quais esses tesouros foram juntados. Os autores desses crimes não perdiam nada, a não ser sua honra e a necessidade de cometer outros mais por causa da indigência em que mergulhavam pela extravagância dos seus gastos. Essas coisas eram inseparáveis da vida de um cortesão; sendo naturezas servis, eram guiadas pelo sentimento em vez da razão; tal como entregavam-se ao serviço das cortes, não encontravam outro

54. Paul Rycaut, *The Present State of the Ottoman Empire*, Nova Iorque, Arno Press, 1971, p. 9.
55. Sidney, *op. cit.*,vol. 2, pp. 292-3.

> consolo em sua miséria a não ser aquele que recebiam dos prazeres sensuais ou das futilidades; e não tinham outra preocupação senão a de ganhar dinheiro para o seu suprimento, por meio da mendicância, roubo, suborno e de outras práticas infames[56].

Em tal ambiente, mesmo um príncipe absolutista tem apenas a ilusão de poder. Os cortesãos obtêm seus cargos "observando o humor do príncipe, lisonjeando seus vícios, servindo-lhe nos seus prazeres, fomentando suas paixões e, ao colocar seus piores planos em prática, fingem que o amam e que são inteiramente devotados"[57].

O cenário assustador que Carlos vendia para Luís XIV seguia o mesmo padrão: a venda total tornaria Carlos "absoluto", pois poderia dissolver o Parlamento, mas também o privaria da soberania, deixando-o apenas com seus prazeres. O sexo era uma analogia perfeita para a tirania — uma situação em que a localização do poder era ambígua e, essencialmente, sem sentido.

Também pode-se ler muitas referências a Carlos II como um ídolo priápico — por exemplo, na já citada *Hodges Vision from the Monument* —, em uma afirmação concomitante da vulnerabilidade e do poder real. É verdade que a identidade entre o rei e Priapo salientou as pretensões de Carlos à divindade, principalmente aquelas encorajadas pelos padres de uma religião idólatra — ou seja, os jesuítas, entusiastas dos Direitos Divinos da monarquia. Mas também era comum considerar os ídolos como simples objetos de madeira, e o adorador ou o padre, a verdadeira "divindade", por serem os criadores do objeto venerado. Os satiristas também se deliciavam em mostrar que Priapo era um consolo gigante, e é interessante encontrar Carlos descrito como "rei Priapo" e como "rei consolo". À primeira vista, essa imagem parece acentuar seu poder: um consolo, ao

56. *Idem*, p. 293.
57. *Idem*, p. 293-4

contrário dos pênis patéticos mencionados antes, nunca está saciado, impotente ou exausto. Contudo, um consolo é também uma ferramenta feminina. A associação de Carlos a um ídolo priápico e a um consolo é, portanto, uma zombaria feroz ao caráter ambíguo do poder tirânico.

A ênfase na vulnerabilidade e impotência básica dos tiranos era útil para os satiristas, pois permitia que se identificassem como bons monarquistas. O fato que tornou Carlos um rei tirânico — a aliança secreta com a França —, também pôde ser interpretado como uma ameaça ao seu poder soberano, e isso foi usado de tal modo que os ataques à sua política parecessem defesas de sua pessoa. Carlos era apresentado como se estivesse em perigo físico por causa de suas prostitutas. A obra *Articles of High Treason* [*Artigos sobre Alta Traição*] (1681), contra a duquesa de Portsmouth, acusava-a de infetar o rei com "doenças abomináveis, nauseabundas e contagiosas" e de alimentá-lo com veneno[58]. Um poema descrevia-a como uma Dalila, que tosquiaria as "tranças" do rei, e que "macula tanto sua carcaça quanto seu poder"[59]. Outro poeta prognosticou que, "com seu alento pernicioso, ela fulminará sua presença/ até que você fique mais abominável que sua graça"[60].

Essas composições literárias muitas vezes terminavam aconselhando que se matassem as mulheres[61]. Ao descartar suas prostitutas, no sentido literal e metafórico dos programas de ação política que as prostitutas personificavam, Carlos podia "tornar-se rei novamente". Escritores de pornografia política, ao tratar das ameaças emanadas *de* Carlos como se fossem ameaças *a* Carlos, e ao identificar as ações políticas em questão com

58. "Articles of High-Treason, and other High-Crimes and Misdeameanours, against the Duchess of Portsmouth", em *The Harleian Miscellany*, 10 vols., Londres, John White and John Murray, 1808-13, vol. 3, pp. 507-510.
59. Ver n. 37.
60. Ver n. 50.
61. Ver o poema cujo verso inicial é "We have raised up a legion of lusty young wenches" (BL Harley 7317, f. 57v.).

as amantes reais e não com o rei, podiam criticar essas ações, considerando-se leais à monarquia — uma preocupação justa em uma cultura política obcecada com o horror do regicídio e na qual esse sentimento era usado para silenciar as críticas políticas.

O papel contraditório e ambíguo desempenhado pelo corpo do rei nessas obras é surpreendente. Seu corpo pode, ocasionalmente, substituir a nação em perigo ou corporificar seus súditos. Outras vezes, o rei, como agressor sexual, representa a ameaça aos seus súditos. O pênis do rei é algumas vezes equiparado com seu poder soberano e, outras vezes, parece representar seu ponto vulnerável e sua *ilusão* de poder. Essas ambigüidades podem ser vistas como resultado do relacionamento confuso entre o corpo do rei e o corpo político no discurso político da Restauração.

A dificuldade de definir a intenção erótica ou política dos poemas da Restauração deve-se à indefinição nos limites entre o corpo do rei e seu reino, seu poder ou os corpos dos seus súditos. O modo de se estabelecer a ligação entre uma narrativa erótica e o corpo do rei depende de como é entendido esse corpo real em relação ao seu próprio corpo, e, nesse sentido, as composições literárias examinadas neste ensaio oferecem algumas opções. Alguns autores usam técnicas como o ventriloquismo, que convidam o leitor a se identificar com o rei. Mas um leitor podia se identificar com as "vítimas" sexuais de Carlos. Ou o prazer de leitura do poema podia residir na oportunidade de assistir à impotência de Carlos e de zombar dela. Seja qual fosse o posicionamento do leitor, essa identificação da crítica política com a narrativa sexual — e com o gênero pornográfico — deve-se ao próprio *status* controverso do corpo do rei na cultura política da Restauração.

Também é evidente que a classificação pornografia é determinada politicamente; depende das situações e dos objetivos políticos. As edições de *Poems on Affairs of State* publicadas depois da revolução de 1688 parecem caracterizar seu material como ataques virtuosos à corte corrupta; portanto, não-pornográfico. Isso ajusta-se bem a uma visão própria do regime de Guilherme III. A revolução foi considerada por seus partidários um exemplo da providência divina, que buscava salvar a nação; portanto, um momento de regeneração religiosa e moral. A apresentação das obras quase pornográficas da Restauração como obras "virtuosas" legitimou o novo regime e deu-lhe uma tradição, sugerindo que existia há muito tempo um conflito entre a virtude constitucionalista protestante e o vício absolutista papista. Com essa atitude, porém, os editores de *Poems on Affairs of State* descontextualizaram a obra, fazendo com que seu significado parecesse direto e simples. Este ensaio é um primeiro passo para restituir sua complexidade.

PARTE DOIS

A Qualidade Filosófica e Formal

Capítulo IV

O Mundo Materialista da Pornografia

Margaret C. Jacob

Uma grande transformação filosófica ocorreu no pensamento europeu entre os séculos XVII e XVIII: a natureza foi mecanizada. Os corpos foram atomizados, despidos de sua aparência e qualidade, sendo reconhecíveis apenas pelo tamanho, forma, movimento e peso. Tornaram-se, simples e inexoravelmente, matéria em movimento. Seu *télos** para mover-se em uma direção ou outra desapareceu, substituído pela interação mecânica dos corpos; sua inércia não foi afetada, mas impulso e atração eram ativados por meio da colisão. Todos os relatos sobre revolução científica referem-se aos filósofos naturalistas que participaram dessa transformação e, eventualmente, tecem comentários a respeito do contexto social específico no qual atuaram Boyle ou Newton, Galileu ou Descartes[1]. Em geral, supõe-se que os corpos físicos sejam inanimados ou, no caso da fisiologia cartesiana, de animais vivos. As transformações na sociedade européia e as relações entre os corpos humanos nunca foram analisadas com sucesso, considerando-se o contexto

*N.T.: Em grego, *fim*.

1. Esses estudos são raros. Ver Steven Shapin e Simon Schaffer, *Leviathan and the Air-Pump*, Princeton, NJ, Princeton University Press, 1985; Pietro Redondi, *Galileo Heretic*, Princeton, NJ, Princeton University Press, 1987; Margaret C. Jacob, *The Cultural Meaning of the Scientific Revolution*, Nova Iorque, McGraw-Hill, 1988. A idéia deste ensaio surgiu com a leitura de C. B. Macpherson, *The Political Theory of Possessive Individualism: Hobbes to Locke*, Oxford, UK, Oxford University Press, 1962.

que tornou possível a visão mecânica, ou seja, o núcleo conceitual da Revolução Científica.

Entre os diversos gêneros literários capazes de iluminar o mundo que permitiu a mecanização da natureza, há um que sempre foi considerado irrelevante: o gênero pornográfico. Porém, a pornografia pode ter muito a dizer sobre o mundo que originou a amplificação metafísica dos corpos, tanto animados quanto inanimados. Deve-se também argumentar que a pornografia existiu dentro de novas relações sociais urbanas — e, de certo modo, descreveu-as — constituídas por muitos homens e algumas mulheres cujas vidas foram isoladas, atomizadas e individuadas, como os corpos erotizados da literatura. Como se tornará evidente, o materialismo filosófico era apropriado ao mundo da pornografia e aos textos pornográficos. Apenas o temido lado inferior da nova ciência explica o desejo incessante, o excesso fortuito, a exuberância absoluta dos corpos libertos das amarras tradicionais e das inibições pias, elementos agora considerados irrelevantes pelo mercado e pela imprensa, mas desenvolvidos por autores que tornavam tudo mais ativo e viril graças ao seu anonimato.

A capacidade conceitual de mecanizar e atomizar a natureza física surgiu aproximadamente na segunda metade do século XVII em uma geração singular da Europa do norte ocidental, que criou um novo discurso materialista e pornográfico. O romance pornográfico, invenção singular do período, tornou-se o novo meio para divulgar corpos sexuais erotizados, descritos em formas narrativas e discursivas. Os romances ofereciam ao leitor um espaço íntimo, ocupado apenas por corpos em movimento. E, quase como um projeto, as narrativas pornográficas empregaram o materialismo filosófico, que os escritores conheciam por meio da nova leitura mecânica e científica da natureza. Por volta de 1700, o materialismo tornou-se a metafísica preferida, mas não a única, da literatura que procurava estimular, com seus textos, a excitação e os desejos.

Embora contemporânea da ciência de Descartes e Boyle, a pornografia não foi a causa dos novos discursos científicos. Foi a ciência que produziu as metáforas necessárias. Contudo, as novas narrativas eróticas rapidamente abraçaram o materialismo mecanicista. Esse novo recurso metafórico e metafísico proporciona uma alternativa — um recurso imaginativo — para expor a experiência do mundo urbano entre meados e fim do século XVII, universo social que permitiu a articulação de uma nova metafísica da natureza e de uma nova forma narrativa. O atomismo e o materialismo possuem numerosas e diferentes origens sociais e filosóficas, e entre suas raízes sociais estaria o indômito mundo que produziu e consumiu a pornografia moderna.

Nessa leitura social, o materialismo metafísico, a verdadeira heresia tão amada pela nova literatura pornográfica, pode ser visto como uma concha conceitual que envolve a nova sociabilidade, uma sociedade civil nascente mas cheia de vitalidade. Essa vida social preencheu o espaço público que surgiu depois de meados do século XVII nas grandes cidades da Europa ocidental, que eram mais numerosas, mais populosas e, provavelmente, mais ricas. Contrastando com a sociabilidade tradicional, ancorada na família, na corporação de ofício, na corte e na Igreja, o novo universo social possuía um sinal característico: os homens e algumas mulheres constituíam indivíduos, não eram mais membros de corporações tradicionais, nas quais prevaleciam a origem, o parentesco e a ocupação. Mais livres e mais anônimos, eles se socializavam como compradores e vendedores, como freqüentadores de cafés, tabernas, salões, clubes, cabarés e, eventualmente, lojas maçônicas. Estabeleciam-se como mercadores, lojistas, viajantes, leitores de jornais, consumidores que tinham algum tempo livre e algum dinheiro extra; negociavam, debatiam e, ocasionalmente, conspiravam ou espionavam, ou faziam sexo com pessoas praticamente desconhecidas. Na última década do século XVII, em Londres, podiam ser eleitores e, portanto, acompanhar as notícias parlamentares; em Paris, ser jornalistas ou funcionários governamentais de baixo escalão; em Haia, embaixadores e atrizes, ou agentes clandestinos. Em todos os lugares, podiam ser visitantes solitários que trabalhavam como negociantes, traficantes de escravos, corretores de *commodities* ou atacadistas. Ou podiam ser prostitutas, livreiros, sodomitas (assim denominados na época) e, talvez, especuladores dispostos a investir em tudo, de algodão a pornografia[2].

Conhecemos a vida de observadores e observados, as idas e vindas dessas metrópoles e cidades, o atomismo social, o acaso e o estimado anonimato que a vida urbana proporcionava — tudo isso que o novo materialismo captou e expandiu — a partir de fontes tão diversas como *The Spectator*, tão áridas quanto a coleção dos registros de portagem dos canais fluviais holandeses, e tão instigantes como os relatórios da polícia parisiense. A partir dessas últimas fontes, sabemos um pouco sobre o novo universo social habitado pela pornografia francesa e sobre seus colaboradores. Diante da liberdade para comprar, vender e lucrar — quando não iludir —, esse espaço social apresenta uma analogia com a narração pornográfica, pois constitui o dormitório anônimo no qual corpos em movimento, unidos por necessidade e interesse individuais, colidem como os átomos dos filósofos naturais. Seja em dormitórios ou no mercado, os participantes recebem prazer ou dor fortuitamente, às vezes até furtivamente. Portanto, o discurso pornográfico proporciona um elo perdido entre o social e o metafísico, um vínculo que pode ajudar a conhecer mais sobre os homens e mulheres mais atrevidos da geração que inventou e advogou a nova ciência. Sua literatura e suas vidas, conforme os registros policiais, correspondem às individualidades possessivas apresentadas por materialistas científicos

2. Para uma discussão genérica sobre essa estrutura conceitual, ver Margaret C. Jacob, Introdução, em *Living the Enlightenment: Freemasonry and Politics in Eighteenth Century Europe*, Oxford, UK, Oxford University Press, 1991.

como Hobbes. Os autores pornográficos apropriaram-se ansiosamente do materialismo metafísico para descrever, erotizar e, na mesma medida, pregar a ética do libertino impelido pelo desejo, pelo movimento rígido inerente à matéria. O público da literatura pornográfica de autores anônimos era o mesmo que lia os novos jornais e romances, que comprava e vendia, que viajava por toda parte e habitava um universo em formação, o mundo moderno.

A ousadia ética e filosófica expressa pela pornografia tornava as novas cidades e a nova ciência potencialmente perigosas. Em ambas, as autoridades da Igreja e do Estado percebiam uma possível ameaça à moralidade e à ordem. Mas, com exceção de Hobbes e Spinoza, nenhum dos principais homens da Revolução Científica desejou prejudicar o Estado ou a Igreja. De fato, desde Galileu até Newton e Leibniz, todo esforço foi feito para cristianizar a filosofia mecânica, para repelir e suprimir o materialismo, para reter o espírito ou os agentes imateriais como fonte e controle sobre o movimento do universo, por mais mecânicas que fossem suas leis. Contudo, exatamente como o naturalismo pagão insinuou-se sob a superfície do neoplatonismo no Renascimento — por exemplo, o naturalista e moleiro humilde de Carlo Ginzburg, que foi executado pela Inquisição por sua filosofia[3] — assim também o materialismo era intrínseco à transformação filosófica que acompanhava a vertente científica da modernidade.

O materialismo é o resultado lógico quando a natureza é mecanizada de forma abstrata e os corpos em movimento tornam-se completamente suficientes, encapsulados pelo olhar experimental dos filósofos naturais. Quando essa lógica não pôde ser facilmente percebida, ou foi veementemente criticada, uma vasta literatura, predominantemente clandestina e pornográfica, surgiu esboçando a inevitável conclusão metafísica. Em

3. Carlo Ginzburg, *The Cheese and the Worms: The Cosmos of a Sixteenth-Century Miller*, trad. John Tedeschi e Anne C. Tedeschi, (Baltimore, MD, The John Hopkins University Press, 1980).

um contexto no qual os pios temeram o avanço da nova ciência, e os filósofos naturais ortodoxos lutaram obstinadamente para ser reconhecidos, a nova filosofia natural foi ansiosamente desencaminhada, abarcada e descristianizada por pornógrafos e filósofos clandestinos. Eles elaboraram novos roteiros, imaginados a partir das experiências desdenhadas pelos comentaristas sociais e religiosos tradicionais. Inscreveram a ciência em seu trabalho como um legitimador intelectual e exaltaram tanto sua lógica inexorável quanto seu apelo à experiência e ao experimento.

Censurada universalmente — exceto para Hobbes, que se esgueirou pelas oportunidades da Revolução Inglesa e publicou *Leviatã*, em 1651, e Spinoza, que vivia na República holandesa, onde não havia censura —, a literatura materialista era a província do círculo clandestino de editores, livreiros e seus clientes. Essa província também espreitou a pornografia, o outro corpo literário influenciado pela filosofia natural, que no fim do século XVII tornou-se cada vez mais materialista. Apesar dos estilos e propósitos diferentes, tanto os materialistas quanto os pornógrafos eram censurados, detidos e encarcerados, e seus livros eram confiscados, pois ofereciam o mesmo perigo: desafiavam a hierarquia tradicional.

O materialismo eliminou a predominância do espírito e, essencialmente, unificou matéria e espírito; portanto, o clero perdeu seu papel de árbitro de um reino espiritual. A maioria das versões do materialismo moderno dos primeiros tempos — talvez melhor descrito como materialismo panteísta — também deificou a natureza, eliminando a tradicional fonte supranatural de ordem e hierarquia no universo. O mais ultrajante dos tratados materialistas do século XVIII foi *Le Traité de trois imposteurs* (1719, mas em circulação desde 1710, pelo menos). Uma parte desse livro é uma tradução da obra de Spinoza, e, simplesmente, apresentava Jesus, Moisés e Maomé como os três grandes impostores, políticos astutos que enganaram seus seguidores[4]. Não satisfeito em difamar o Todo-Poderoso, o materialismo — como a filosofia mecânica, na qual se baseou — também eliminou as "formas" da filosofia escolástica. Por séculos, o espírito e a substância residiram em tais formas, dotadas das qualidades e atributos que tornavam os reis majestosos e a nobreza nobre. Para os católicos, a escolástica também explicava filosoficamente a doutrina da transubstanciação. O materialismo nivelou e, não surpreendentemente, os primeiros agitadores sectários que reinvindicavam igualdade social e econômica — os *levellers** e os *diggers*** ingleses das décadas de 1640 e 1650 — eram liderados por filósofos rebeldes, como Gerrard Winstanley, que também eram panteístas e, conseqüentemente, materialistas.

Nesse mesmo momento revolucionário, a tradução inglesa de Lucrécio — um dos textos que contribuíram para o atomismo se tornar tão imprescindível na conceitualização da natureza mecanicista — alertava os leitores em seu prefácio para as implicações democráticas do atomismo epicurista: "A mudança e os átomos fazem o Todo/ Em ordem democrática/ Onde os corpos livremente seguem seu curso/ Sem motivo, destino ou força". Muitas décadas depois, quando o velho atomismo era uma antiga novidade comparado às versões científicas do materialismo então disponíveis, um poema espirituoso de 1732 trata a mesma questão social de maneira mais agradável: acrescente "intelecto" à "natureza" e "esse Poderoso Intelecto será/

*N.T.: Membros do grupo republicano e democrático na Inglaterra durante o Interegnum (1649-1660), período entre a execução de Carlos I e a restauração de Carlos II. O nome levellers foi dado por seus inimigos, sugerindo que desejavam nivelar (to level) a condição humana.
**N.T.: Pequeno grupo de camponeses, formado entre 1649-1650. Os diggers defendiam o fim da propriedade privada no campo e o estabelecimento de uma sociedade corporativa.

4. O estudo mais recente é de Sylvia Berti, "The First Edition of the Traité des trois imposteurs, and Its Debt to Spinoza's Ethics", em Michael Hunter e David Wootton (orgs.), *Atheism from the Reformation to the Enlightenment,* Oxford, UK, Clarendon Press, 1992, pp. 183-220.

Uma Deidade Democrática/ [...] tudo o que observamos é Deus,/ Do Sol à Lua, da Pulga ao Piolho/ E, de hoje em diante, igual — Homem e Camundongo"[5]. A natureza e a sociedade eram conceitos entrelaçados no Ocidente moderno nascente.

No fim do século XVII, os leitores não precisavam recorrer a Lucrécio, Hobbes ou Descartes, ou ao *Le Traité des trois imposteurs*, para conhecer as implicações igualitárias do atomismo ou a natureza mecanizada: a pornografia também fornecia metafísicos subversivos e filósofos naturais como guias. Invariavelmente, eram filósofos interessados na ordem material e sexual e, no fim do século XVII, pertenciam a duas escolas. A primeira, naturalista; a segunda, materialista. Eles seguiram uma à outra em ordem cronológica, com o materialismo tornando-se mais presente na última década. Apesar de nunca eliminar inteiramente o naturalismo, o materialismo tornou-se a escolha filosófica por excelência entre os narradores que procuravam uma linguagem hoje descrita como realismo ficcional.

Os naturalistas mais velhos apresentaram uma versão herética do aristotelismo, uma visão da sexualidade naturalizada — e, usando uma estimada metáfora sobre o que cabia às mulheres , resultado do furor que impulsiona os mecanismos mais viris. O autor pornográfico naturalista dispensava a poção metafísica que incluía Aristóteles e os antigos, as teorias médicas escolásticas e talvez até mesmo um toque de alquimia, e baseava-se na natureza como se ela estivesse presente, como uma força. A noção naturalista da sexualidade humana era mais próxima da fazenda e do curral que das tabelas demonstrativas dos novos filósofos naturais. Contudo, a pornografia naturalista que emergiu na França em meados do século XVII, e que

5. *War with Priestcraft Or, the Freethinkers' Iliad: A Burlesque Poem*, Londres, 1732, pp. 36-7. O poema de Edmund Waller, de 1656, vem com um repúdio escrito por John Evelyn, o tradutor de *Essay on the First Book of T. Lucretius Carus, De Rerum Natura*, Londres, 1656, impresso na margem. *Apud* Robert H. Kargon, *Atomism in England from Hariot to Newton*, Oxford, UK, Oxford University Press, 1966, p. 92.

nunca desapareceu inteiramente em ambos os lados do canal da Mancha durante os cem anos seguintes, conhecia e gostava dos mecanismos simples. As máquinas, as bombas e os motores eram metáforas apreciadas.

Os materialistas, contudo, extrapolaram as fontes modernas, como Hobbes e Descartes, e tentaram expor um novo universo, composto exclusivamente por corpos em movimento atomizados e animados, ou seja, mecanismos guiados pelas leis do prazer. O universo do quarto de dormir criado pelos pornógrafos materialistas é análogo ao universo físico dos filósofos mecanicistas. Em ambos, os corpos eram despidos de sua textura, cor, cheiro e qualidades, e encapsulados como entes em movimento, cuja verdadeira existência é definida pelo movimento. No universo do materialista, porém, os mecanismos viris perderam seu domínio exclusivo sobre o movimento e a força quando foram associados às participantes femininas ativadas e energizadas. Ainda que os pornógrafos quisessem controlá-los, nenhum corpo ficou isento das leis da natureza recentemente articuladas.

Ao contrário da voz da nova ciência, algumas das vozes inventadas então recentemente pelos naturalistas e materialistas pornográficos eram femininas. Quando o conteúdo filosófico natural da pornografia gradualmente deixou de ser essencialmente aristotélico para tornar-se hereticamente cartesiano, newtoniano ou hobbista, a narradora feminina e o corpo feminino receberam reconhecimento simultâneo. Como os corpos compelidos pelos desejos, essas vozes femininas impulsionam os textos através da narrativa. Seu poder como narradoras reside na propriedade estimulante do texto, que atinge também o gênero literário em si e, talvez, toda a nova literatura ficcional que a pornografia integra. A narradora feminina excita e manipula; atende um mercado literário em expansão e, possivelmente, cria um novo público. Apesar de a loquaz Fanny Hill ou a filósofa Thérèse serem inventadas para servir as necessidades de seus autores, invariavelmente do sexo masculino e sempre anônimos, pode-se afirmar que ambas libertaram-se de sua servidão e forneceram narrativas eternas porque se manifestavam sobre um universo social nascente, que era fundamentalmente moderno. Elas queriam estimular um público maduro, que pode até ter praticado em seus dormitórios as prescrições, tão sedutoramente apresentadas por essas novas e maliciosas narradoras[6].

Embora ficcionais, as narradoras femininas apresentavam-se nos textos como personagens reais. Para nossos propósitos, uma parte de sua filosofia oral pode ser considerada verdadeira, pois pode-se demonstrar que se originou da leitura de obras antigas e contemporâneas de filósofos naturalistas. Mas argumenta-se também que as declarações das narradoras femininas sobre a natureza humana e seu mundo social podem ser consideradas mais verdadeiras quando contextualizadas. Era um universo ainda obviamente dominado pelos homens, mas que passou a admitir a participação feminina e mesmo a atividade feminina. A relativa autenticidade social da pornografia pode ser examinada se voltarmos aos relatórios da polícia e às celas das prisões parisienses, onde encontramos vislumbres da vida das mulheres e homens que negociavam material pornográfico. Esses relatórios permitem testemunhar, embora precariamente, as pessoas cujas vidas podiam ter aparecido nos textos. Tanto os relatórios policiais quanto a pornografia revelam um mundo social e metafísico novo e atomizado, do qual participavam homens e mulheres, e no qual uma imaginação erotizada — supostamente, sem limites — podia existir, e, supostamente, florescer. Em primeiro lugar, vamos investigar a imaginação ficcional pornográfica.

6. Essa possibilidade é apresentada em um texto de que tomei conhecimento após terminar o presente ensaio. Ver Lawrence Stone, "Libertine Sexuality in Post-Restoration England: Group Sex and Flagellation among the Middling Sort in Norwich in 1706-07", *Journal of the History of Sexuality*, 2, 1992, pp. 511-26. Um dos homens desse círculo era livreiro.

Uma das primeiras obras da pornografia ocidental moderna, *L'École des filles, ou la philosophie des dames* (1655), combinou naturalismo e narrativa em uma voz feminina. Diversos elementos da pornografia materialista posterior estão presentes nesse antigo tratado que apresenta a mulher como uma professora de sexo, e não como narradora ficcional e atriz. Mas, de acordo com a metafísica do naturalismo renascentista, *L'École de filles*, estruturada como um diálogo entre duas primas, enobrece a atividade do membro masculino — "o comprido instrumento, dotado do mais esplêndido prazer do mundo" [*Ce long engin avec le plus grand plaisir du monde*]. Embora o diálogo seja com uma especialista em anatomia e descreva a relação sexual como um deleite proporcionado pelo membro masculino, tem pouco a dizer sobre os corpos femininos e seus movimentos, exceto quando reagem ao cavalheiro que vem para lhes dar prazer — "*les Messieurs [qui] viennent donner ce plaisir chez elles*"[7].

Porém na pornografia materialista produzida a partir de 1680, existem diversas narradoras femininas que surgiram inicialmente em textos franceses e que eram também atrizes e filósofas. Elas não foram criadas pelo materialismo, mas ele possibilitou-lhes um papel novo, mais agressivo e dramático. O materialismo parecia fornecer uma metafísica melhor para o mundo, um mundo para o qual essas narradoras podiam criar uma linguagem. Elas declaravam insistentemente que conheciam um universo sexual libertino, para o qual convidavam o leitor. As narradoras femininas consideravam o materialismo a única filosofia — nem mesmo cogitam alternativas — que

7. Na página 15, lê-se: "il est grossi et allongé de la moitié, il est dur & long comme un baston, & a force de se bander comme je dis [...]". *L'Écolle de filles, ou la philosophie des Dames, divisée en deux dialogues*, Paris, 1667, pp. 12-5. Encontrado na Bibliothèque Nationale, Paris; volume Enfer 112 (será indicado como B.N., Enfer e o número). Todas as cópias da edição de 1655 parecem ter desaparecido; certamente, quando a polícia chegava, os editores destruíam os livros. Um bom sumário de tais acontecimentos encontra-se em Patrick J. Kearney, *A History of Erotic Literature*, Londres, Macmillan, 1982, pp. 29-33.

explica adequadamente o universo luxurioso, considerado apropriado para a vida íntima e individual. Assim como Hobbes tentou escrever sobre as implicações políticas da ação humana — isto é, as paixões e os interesses que impelem corpos animados e obstinados —, o pornógrafo procurou capturar suas fantasias, excessos e prazeres, os desejos eróticos que incitam indivíduos possessivos. Na ocasião, alguns autores pornográficos chegaram a atribuir sua inspiração a Hobbes e Descartes.

A transição do naturalismo para o materialismo, e a conseqüente mudança da descrição para a narração, criaram Tullie e Octavie, personagens de *L'Académie des dames*, publicada em Paris em 1680, e um texto reescrito a partir da versão em latim, *Aloisiae Sigaeae Toletanae/Satyra Sotadica*, de 1660 (figs. 4.1 e 4.2). O título genérico para as diversas variações do original pode ser *Les Dialogues de Luisa Sigea* ou, simplesmente, *D'aloisia*[8], segundo um relatório policial de 1718, ocasião em que diversas cópias foram apreendidas. Possivelmente inspirado em *L'École des filles*, nota-se que o texto em latim (e também a versão em francês) era de autoria feminina. Exorta a libertinagem e apresenta detalhes sobre os orgãos sexuais e as posições. Uma série de diálogos mostra uma mãe bissexual, diversos garotos e alguns homens rudes, personagens que chocavam ao revelarem vínculos e fraudes secretas ou ao descreverem suas proezas sexuais. Os diálogos em latim entre as duas primas invocam os naturalistas clássicos — Juvenal, Horácio e Ovídio — e seus sucessores renascentistas — Boccaccio e Rabelais, Aretino e Maquiavel. O autor de *D'aloisia*, douto e,

8. *Archives de la Préfecture de la Police* [a partir de agora, *APP*], Paris, Aa/4/710-12. Nessa data, provavelmente os livreiros vendiam o texto em francês — muitas vezes considerado, equivocadamente, uma tradução direta. Para uma boa tradução em inglês de *Aloisiae*: *The Dialogues of Luisa Sigea*, Paris, 1890, ver B.N., Enfer 108. Para um guia do Enfer, ver Pascal Pia (org.), *Les Livres de l'Enfer du XVIe siècle à nos jours*, 2 vols., Paris, C. Coulet & A. Faure, 1978). Estou usando B.N., Enfer 258. Enfer 257 é uma edição diferente de *Aloisiae Sigeae* (versão que possui uma página de rosto diferente e não inclui local nem data de publicação) e possui uma introdução menor, mas os diálogos são idênticos aos do Enfer 258. Para a versão em latim, baseei-me na edição de Amsterdã de 1678.

Judicium Veneris.

Jussit Hyblæis tribunal stare diva floribus:
Præses ipsa jura dicet.

Porv. ven.

Figura 4.1: (página anterior) Frontispício de uma versão em latim de *L'Académie des dames* (1678).

Figura 4.2: (acima) Frontispício de uma reedição francesa de *L'Académie des dames* do século XIX (Grenoble, 1680). Não foi comprovado que essa ilustração data do século XVII (ver legenda da fig. I.4).

presumivelmente, do sexo masculino, preferiu "esconder-se" em uma voz feminina, e pode ser considerado um travesti literário. Porém, a designação só funcionará se a igualdade entre os gêneros sexuais da obra se estender à nossa reação crítica a esse ou qualquer outro texto pornográfico[9].

A jocosidade de Tullie e Octavie é realçada e os personagens femininos são mais atraentes apenas na tradução francesa de 1680. O discurso filosófico de abertura, repleto de alusões clássicas, é eliminado substituindo-se o latim pelo diálogo e pela narração em francês. As primas encontram-se e, a partir desse momento, um desejo particular envolve-as. Tullie seduz a menos experiente Octavie, que em breve irá se casar. A ação que antecede o intercurso entre elas é sugerida pela mais agressiva Tullie: "Estou encantada em vê-la; estava pensando em você" [*Je suis ravie de vous voir; je pensais tout presentement à vous*]. O pretendente de Octavie tornara-se sexualmente mais agressivo: "Eu sempre reparei em suas ações; os movimentos verdadeiros de um homem cujo amor se torna senhor. Mas, acima de tudo, depois de algum tempo, começou a se tornar mais atrevido[...]" [*J'ai toujours remarqué dans ses actions, les veritable mouvements d'un homme, dont l'amours est rendu le maître: mais sur tout depuis quelque temps, il commence a etre plus hardi avec moi...*]. Ela descreve seus movimentos ousados, instigada pela curiosidade ávida de Tullie: "O que ele fazia com a mão?" [*Que faisait-il avec sa main?*]. Octavie quer que Tullie a ajude no "estudo de uma ciência que para mim é, ao mesmo tempo, necessária e desconhecida"[10]. Prontamente, elas vão para a cama, e Octavie reage extaticamente às carícias de Tullie: "Eu faço de você a dona do meu corpo"[11]. Tullie percebe seu poder: "Você me torna dona do caminho que conduz ao bem-estar

9. Madeleine Kahn, *Narrative Transvestism: Rethoric and Gender in the Eighteenth-Century English Novel*, Ithaca, NY, Cornell University Press, 1991, em que, sem demérito da análise, essa idéia não foi desenvolvida. Observar que os átomos, ou seja, os blocos construtivos da teoria materialista da matéria, são do gênero neutro.
10. *L'Académie des dames*, Paris, 1680, p. 6.
11. *Idem*, p. 19.

supremo; ah, eu vejo a porta, mas, ai de mim!, só sou capaz de me conceder o poder que você é capaz de me dar [...]"[12]. Rapidamente, Octavie a ajuda, para maior alegria de Tullie: "*Ma chère Octavie, mon Amour, embrassé moi etroitement, & reçois, ah, ah, ah, je n'en puis plus, je décharge ah, ah, ah, je meus de plaisirs*"[13].

No texto francês, as duas primas têm praticamente a mesma idade, o que suaviza a submissão na cena de sedução lésbica da versão latina. E também se suprime a maior parte das tediosas alusões clássicas, como a longa citação de Ovídio, por exemplo. Ambos os textos descrevem o lesbianismo como uma paixão alternativa encontrada em todo o mundo, e não deixam dúvida de que, embora casada, Tullie prefere as mulheres. Porém, nenhuma das versões prescinde da fascinação pelo pênis, e ambas mostram os homens insistindo, descaradamente, de modo violento e agressivo, na dor da defloração. O intercurso entre homens também é mencionado, mas, como em *Fanny Hill* (1748), é condenado. Evidentemente, os elementos naturalistas estão presentes em ambas as versões da história; na narrativa, o pênis ainda é uma força motriz que subjuga a receptiva Octavie.

Porém, Tullie, apenas vinte anos depois da versão em latim, sabe precisamente como e por que o desejo a arrebata. Além de instruída em filosofia, ela conhece os textos de seus contemporâneos. Naturalmente, continua citando os antigos filósofos — Hipócrates, Zenão e os estóicos, Empédocles, Galeno e Aristóteles — sobre a questão da morada da alma, mas encontrou sua própria definição de alma no materialismo contemporâneo. Em uma longa passagem do texto em francês, conclui, sobre a morada da alma: "Acredito que sua verdadeira morada está nos testículos do homens e da mulher" [*Je croy que son véritable siège est dans les Testicules de l'homme & de la*

12. O texto afirma: "Tu me fais donc la maitresse de ce chemin qui conduit au souverain bien: ah! j'en vois la porte; mais hélas? je ne puis me servir du pouvoir que tu me donnes..." (*idem, ibidem*).
13. *Idem*, p. 20.

femme]. Adotando a crença médica da época, segundo a qual homens e mulheres possuíam testículos, mas rejeitando a idéia absurda de alguns escritos médicos que concebiam o homem como ativo e a mulher como passiva na psicologia da reprodução[14], Tullie acredita que todas as ejaculações ou emissões de fluidos corporais de homens e mulheres, por mais breves que fossem "*du plaisir vénérien*", originavam uma morada vi tal e prazenteira[15]. No fim, o desejo mútuo de Tullie e Octavie cede à fixação no prazer heterossexual — sem dúvida, revelando mais sobre o autor que sobre os personagens —, mas não antes de apresentar a narradora materialista feminina, presente novamente nas principais obras pornográficas francesas e inglesas do século XVIII.

Como suas sucessoras do século XVIII, Tullie é capaz de formular seu materialismo em uma linguagem que sugere sua leitura de autores contemporâneos. Pouco antes de introduzir seu dedo em Octavie, Tullie afirma, grifando *ergo* em seu argumento concludente sobre os prazeres do sexo: "Eu vim lhe dizer que, se o sêmen é a morada da alma (disso não se pode duvidar), *ergo* cada gota que brota é uma parte dela" [*Je te viens de dire, si la semence est le siège de l'âme (comme il n'en faut point douter)* ergo *chaque goutte qui sort en est une portion*][16]. Pode ser uma provocação àqueles que gostariam de saber o que ela havia lido. O tom cartesiano da passagem ressoa excessos similares do próprio Descartes que justificaram o materialismo na maior parte da literatura clandestina européia desde meados do século XVII até La Mettrie e Diderot, na década de 1740[17].

14. Thomas Laqueur, *Making Sex: Body and Gender from the Greeks to Freud*, Cambridge, MA, Harvard University Press, 1990, pp. 126-48. Porém, a pornografia não confirma a argumentação desenvolvida no capítulo 5.
15. *L'Académie des dames, ou Les Sept entretiens galants / d'Aloisia*, Colônia, Ignace le Bas, 1691, p. 61. Este é Enfer 271, em Pia, Les Livres, pp. 322-7, e é comparado ao texto em latim, Enfer 258, também em Pia. Ver n. 8.
16. *Idem, ibidem*. Compara-se ao Enfer 258/259, em Pia.
17. Aram Vartanian, "La Mettrie, Diderot, and Sexology in the Enlightenment", em Jean Macary (org.), *Essays on the Age of Enlightenment in Honor of Ira* O. Wade, Genebra, Librarie Droz, 1977, pp. 347-67.

Sumariamente, Tullie e Octavie expõem outro tema que será retomado na pornografia materialista, um tema bem conhecido pelos censores: "Acredito certamente; e é verdade que as leis civis são contrárias às leis da natureza; mas isso é só para evitar as desordens que poderiam acontecer no mundo" [*Je le crois bien; & il est vrai que les loix civiles sont contraires en cela à celles de la nature; mais c'est seulement pour eviter les desordres que pourraient arriver dans le monde*]. As leis dos sentidos, ou seja, a natureza humana, impelida pelas necessidades e pelos interesses, assumem precedência sobre as leis delineadas pelos governos. Assim, a literatura pornográfica ou obscena freqüentemente atacava as teorias que justificavam a autoridade política, e zombava da representatividade da autoridade. Até mesmo a naturalista anônima de *L'École des filles* diz que, "se as mulheres governassem as igrejas como governam os homens que possuem os instrumentos, elas virariam tudo de cabeça para baixo"[18]. Os homens, assegura ela, introduziram a inveja no mundo.

Em *Vénus la populaire, ou Apologie des maisons de joye* (1727), o autor anônimo — que se supõe ser inglês (talvez, corretamente, dada a cadência do francês) e que escreve a partir de uma perspectiva basicamente naturalista — atribui a Hobbes a analogia que permitiu a satisfação legal da luxúria. "Muitos que escreveram sobre o ato de governar [fizeram isso] por meio de uma comparação entre o corpo político e o corpo natural, e assim [...] faz o célebre Hobbes em *Leviatã*. Para usarmos essa alegoria, podemos considerar o espírito da libertinagem como um tipo de apetite caprichoso [*peccante*] do corpo político, que atinge as partes exteriores [isto é, o pênis] sujeitas à contaminação"[19]. O pênis ereto é esvaziado mecanicamente quando obtém "a permissão pública para freqüentar

18. *L'École des filles*, Paris, 1667, p. 30. Esse é Enfer 112, em Pia.
19. *Vénus la populaire, ou Apologie des maisons de joye*, Londres, A. Moore, 1727, p. 87. Essa é cópia de Bodleian f. 37. Menciona-se Bernard de Mandeville como possível autor desse texto, embora não haja nenhuma confirmação.

casas de libertinagem, que [oferecem] um tipo de evacuação legal", que melhora a saúde dos cidadãos do sexo masculino. O resto do tratado é dedicado à matéria médica tradicional, que prescreve a lubrificação das partes para mulheres capazes de conceber, para ocorrer a concepção. A fim de que estejam preparadas "para o uso a que a natureza lhes destinou, devem ter uma sensação sutil e delicada da aproximação do órgão viril, que provoca um prazer extraordinário nas mulheres"[20]. Por mais satisfeito que o naturalista esteja em sua casa de prazer e libertinagem, não pode escapar das regras da procriação. O homem é quem ativa a procriação; a mulher, passivamente, aguarda o instrumento ansiado, que detém o sêmen da vida. Em comparação, Hobbes percebeu que, como corpos animados, as mulheres podiam ser plenamente participantes e igualmente desejosas, podiam ser ativas como incitadoras e como receptoras. Segundo ele, a força e os direitos de propriedade hereditários mantinham-nas em desigualdade.

As mulheres, ainda muitas vezes vítimas sociais, tornam-se na pornografia materialista participantes e guias para o universo dos sentidos. Nesse domínio, essas filósofas materialistas — agora encontradas facilmente em ambos os lados do canal da Mancha — eram implacavelmente filosóficas sobre a natureza da condição humana. No fim do século XVIII, as filósofas da literatura pornográfica tornaram-se personagens muito comuns e eram geralmente retratadas como prostitutas ilustradas. Por exemplo, existe uma descrição em *Harris's List of Covent-Garden Ladies: Or, Man of Pleasure's Kalender...* [*A Lista de Harry das Senhoras de Covent-Garden: Ou, a Relação dos Prazeres do Homem...*] (1788). Essa lista das prostitutas de Londres é complementada com os endereços reais. Como obra de ficção, certamente suas descrições eram satíricas, e para nossos propósitos o personagem da senhora Griffin — n é suficiente. Ela é descrita como uma pessoa infeliz com sua sorte, e

20. *Idem*, pp. 61-2.

exerce seu comércio perto de Union-Stairs, Wapping, onde pode ser reconhecida como "uma mulher graciosa, perto dos quarenta [...]. Adquiriu grande experiência, ao longo de vinte anos, estudando *filosofia natural* na Universidade de Portsmouth. É senhora de todas as suas ações e pode agir regularmente a partir da investida de sua língua [...]"[21]. Embora idosa para os padrões da *Harris's List*, a senhora Griffin é um personagem bem-educado por seus próprios méritos, como a prostituta característica do século XVII, que era uma teórica e ao mesmo tempo uma profissional.

Parece razoável argumentar que personagens como a senhora Griffin não são apenas narradoras, são também emblemáticas do novo universo filosófico e social revelado pela literatura pornográfica. Antes desse universo existir, o pau (*le vit*) era o único lugar de movimento, único instrumento no universo do prazer. Com seu advento, o corpo feminino (e o orifício, *le con*, ou a xoxota) toma parte desse movimento e algumas vezes o inicia. Nesse momento pornográfico, focalizado aqui do ponto de vista de suas implicações democráticas, *le con* alcança igualdade com *le vit*, e ambos são auxiliados pelo materialismo filosófico delineado pela nova ciência.

No fim do século XVIII, nenhum órgão tinha muita atividade. Um pornógrafo alemão da década de 1790, inspirado pelo progresso industrial, encontrou uma "invenção inglesa" — *die stimulations maschiene* — que era movida mecanicamente e balançava o homem e a mulher em vaivém recíproco; desse modo, proporcionava êxtase sem esforço[22]. O texto assegurava ao leitor que a máquina podia compensar até mesmo a impotência.

Mesmo que o propósito do materialismo mecanicista fosse aparecer, ele nunca substituiu inteiramente os mecanismos mais

21. *Harris's List...*, Londres, H. Ranger... nr Drury Lane, Play-House, 1788, p. 141. Todas as outras prostitutas são mulheres de 19 a 24 anos.

22. Para uma descrição da máquina, ver *Amors Experimental-Physikalisches Taschebuch: Erstes Bändchen mit Kupfern*, 1798, British Library, Private Case 31.i.12, seção 8, pp. 211-2 e 260.

simples e mais comuns da literatura naturalista mais antiga: ambos os discursos pornográficos sobrepõem-se no tempo e coexistem no século XVIII. Em 1718, o prefácio da tradução inglesa de um tratado naturalista de 1629 sobre fustigação explicava a filosofia do gênero naturalista mais antigo: "um naturalista que investiga as causas do mal-estar não pode ofender qualquer homem, e deve revelar como os homens podem proceder por sua própria conta a partir das fontes da natureza, quando não têm recursos para imaginar, ficcionar e ridicularizar os encantamentos diabólicos"[23]. O naturalista, mais narrador de histórias filosóficas (muitas vezes explicitamente políticas) que ficcionista realista — ao contrário do romancista, considerava a natureza uma entidade fechada em si mesma, transparente e moralmente neutra, e não havia necessidade de artifício para conquistá-la. Ao surgir no início do século XVII, em oposição a uma vasta literatura religiosa (segundo a qual as paixões eram elementos que existiam apenas para ser controlados e subjugados), a literatura naturalista argumenta que, de qualquer modo, a conquista foi à força: "o bom efeito justifica o horror da aplicação; as coisas não são consideradas boas ou más por sua dor ou prazer, mas por sua utilidade e sua inutilidade"[24].

Para o naturalista, as paixões e os desejos são intrinsecamente bons, portanto úteis. Ele podia prescrever a satisfação do açoite e até mesmo afirmar que as mulheres tinham prazer com essa prática. Esses argumentos, porém, não levavam o naturalista a pregar a igualdade do desejo masculino e feminino, como deixa claro um tratado sobre hermafroditas que acompanhava o ensaio sobre fustigação. Entretanto, os hermafroditas muitas vezes encontram prazeres naturais, pois a ordem da natureza propõe que "os prazeres de Vênus são mais incontroláveis nas

23. [John Henry Meibomius], Prefácio, em *A Treatise of the Use of Flogging In Venereal Affairs: Also of the Office of the Loins and Reins. To which is Added, A Treatise of Hermaphrodites*, Londres, E. Curll, 1718, p. 13.
24. *Idem*, p. 13.

mulheres que nos homens, já que estes são dotados de maior razão". Esse mesmo autor descreve o sadismo e o lesbianismo entre hermafroditas, e retrata maliciosamente toda relação "como um entretenimento inocente [...] sem qualquer intenção de estimular Masculinos-Femininos ao Amor praticado entre pessoas do mesmo sexo"[25]. Em uma estrutura essencialmente aristotélica, os naturalistas louvavam a atividade sexual e criavam mundos completamente particulares; podiam até excitar, embora seu artifício estivesse limitado pela hipótese da atividade masculina e passividade feminina — o que não implica que as mulheres desejassem menos sexo que os homens — e por suas suposições sobre racionalidade masculina, que trazia ordem ao processo reprodutivo. Nesse modelo, o naturalista simplesmente presumia o aspecto natural e artificial das questões sexuais. Supunha que o desejo e a razão masculina ativavam e controlavam a paixão; porém, sua expressão era moralmente neutra.

O naturalista propõe que se fale honesta e abertamente sobre os assuntos sexuais, para instruir e para estimular pelo uso das palavras — principalmente as impróprias — e, em alguns casos, para experimentar a ficção, embora com objetivos didáticos. Mas, no fim do século XVII, quando a pornografia naturalista se encaminhou na direção do gênero materialista, a nova forma de literatura começou a parecer visivelmente diferente da naturalista. O materialismo parece ter surgido como o companheiro "natural" do romancista pornográfico, o ver-

25. *Idem*, e cito ainda de *Treatise of Hermaphrodites* [Giles Jacob], ver o prefácio, e pp. ii, 14 e 55 para sadismo. O tratado sobre fustigação foi publicado inicialmente em latim em 1692. O editor Curll foi acusado de sodomia diversas vezes. Os tratados são bastante semelhantes, e o segundo era aparentemente de autoria de Jacob, um escritor mercenário e freqüentador da Grub Street. Assemelha-se ao *Hermaphroditus*, de Beccadelli. Apud David F. Greenberg, em *The Construction of Homosexuality*, Chicago, University of Chicago Press, 1988, p. 308. Outros tratados naturalistas ingleses — na realidade, mais manuais matrimoniais que obras pornográficas — são: *The XV Comforts of Rash and Inconsiderate Marriage, or Select Animadversions upon the Miscarriage of the Wedded State. Done out of French, Londres, Walter David, 1682, publicado em The Womens Advocate: Or, Fifteen Real Comforts of Matrimony, Being In Requital of the Late Fifteen Sham-Comforts with Satyrical Reflections on Whoring... Written by a Person of Quality of the Female Sex*, 2 ed., Londres, 1683. Encontra-se em Bodleian Wood 750.

dadeiro narrador da história sexual que tem enredo, ação e personagens. A metafísica do materialismo possibilitou o acaso e o inesperado, uma infinidade de desejos, movimentos elaborados de todas as partes do corpo, tensões, crescendos e clímax cuidadosamente desenvolvidos. Tudo isso exigiu o artifício da ficção, tal como as novas leis da natureza, para ordená-los e explicá-los.

O naturalista francês que criou *Vénus dans le cloître ou la Religieuse en chemise* (1683, com uma tradução inglesa no mesmo ano) forneceu um esclarecimento adicional sobre as qualidades subversivas do gênero (fig. 4.3). O autor usa a forma dialogada para punir as façanhas sexuais do clero e aconselhar que "sejamos guiados por essa pura e inocente natureza, seguindo inteiramente as tendências que ela nos oferece". Ele descreve a promiscuidade clerical sugerindo anticlericalismo, e não excitação sexual, como o propósito principal do tratado[26]. Os distribuidores do tratado parecem ter concordado com essa avaliação. Em 1704, quando um deles foi preso em Paris por "distribuir libelos, livros escandalosos contra a Religião, o Estado e os bons costumes", também tinha em seu poder livros com críticas diretas a Luís XIV e sua amante, a madame de Maintenon[27]. O naturalismo pode ter tido suas limitações filosóficas, mas isso nunca inibiu sua qualidade subversiva.

John Cleland, o mais hábil pornógrafo inglês do século XVIII, explicou melhor a limitação do naturalismo ao adotar uma idéia transparente sobre a natureza "pura". Em seu *Dictionary of Love* [*Dicionário do Amor*], o autor distancia-se da noção banal de que "a natureza fornece lições excelentes; [e de que] é suficiente prestar atenção nela, sem outro esclarecimento". Cleland adverte o amante imaginário que tal definição não é

26. Estou usando *Venus in the Cloister: Or, The Nun in her Smock. By a Person of Honour*, Londres, 1725, p. 3. Existe uma cópia na Private Case da British Library, 25 A.63.
27. Esse caso envolveu a prisão, em 1704, de Antoine Galoche, pela distribuição de *La Religieuse en chemise, ou Vénus dans le Cloître* e *Les Amours du Roy et de Madame de Maintenon*, ver APP, Paris, Aa/5/215.

VENUS
dans le
CLOITRE ou la RELIGIEUS
en CHEMISE

suficiente: "essa idéia baseia-se nos princípios da Antigüidade, tão falsa no amor quanto as idéias de Aristóteles sobre filosofia natural". Articulando uma analogia condizente com a nova ciência, ele explica que o amor, como a física, "tendo perdido sua natureza claramente ingênua, e estando agora convertido em arte, deve, como as outras artes, recorrer a palavras e expressões particulares". Adverte que a dependência da natureza "pode até mesmo ser nociva para aqueles que confiam nisso; uma paixão cujo controle foi superado pela arte"[28]. Como romancista, Cleland conhecia os artifícios e sabia que, sob o novo regime orientado pelo realismo ficcional, a paixão é simplesmente o instrumento do artifício. Quando quer expressar a verdade que o amor buscava, ele só pode recorrer a uma passagem idealista de *Clarissa*. Os pornógrafos materialistas, entre os quais Cleland era um mestre insuperável, tentaram ensinar por meio da narrativa todos os truques do ato sexual, todas as suas palavras e expressões; e também procuraram aperfeiçoar e capacitar o artifício da ficção recentemente descoberto.

Thérèse philosophe (1748), obra francesa contemporânea de *Fanny Hill*, elucida o papel desempenhado pelo materialismo no gênero pornográfico (fig. 4.4). Como Fanny, Thérèse é uma viajante e aventureira sexual; mas, ao contrário de Fanny, é uma mulher dotada de alguns recursos, que nunca exigiu pagamento para fazer sexo. Fanny não é de modo algum ignorante em filosofia e é, certamente, materialista; mas Thérèse é ainda mais incisivamente filósofa. Enquanto narra suas façanhas, Thérèse conta que não está simplesmente ensinando a respeito da natureza, mas sobre viver fora das implicações das leis da natureza: "repito-lhe que existe uma necessidade que

28. *A Dictionary of Love*, Londres, J. Bell & C. Etherington, 1776, pp. iv-v. Estou usando Bodleian Vet. 45.g.9. Cleland é identificado como o autor do livro, em John Cleland, *Memoirs of a Woman of Pleasure*, ed. Peter Sabor, Oxford, UK, Oxford University Press, 1985, p. xxxi; *apud* Radier, *Dictionnaire d'amour*.

Figura 4.3: Frontispício de *Vénus dans le cloître ou la Religieuse en chemise* (Düsseldorf, 1746).

as imutáveis Leis da Natureza introduzem em nós; é também na Natureza que temos o remédio para aliviar essa necessidade" [*Je vous le repeté c'est un besoin que les Loix immuables de la Nature existent en nous, c'est aussi des mains de la Nature que nous tenons le remède que je vous indique pour soulager ce besoin*][29]. Ela também sugere que as leis da natureza, pode-se dizer, existem somente por sua utilidade, porque permitem a expressão da necessidade humana; certamente, a natureza transparente não é mais suficiente. A mecanização da natureza detém a chave para a paixão, exatamente como a paixão corrobora as novas leis da natureza. Thérèse explica: "É um arranjo de órgãos, a disposição das fibras, um certo movimento, os líquidos, que compõem o gênero das paixões [...], a natureza é uniforme" [*l'arrangement des organes, les dispositions des fibres, un certain mouvement, des liqueurs, donnent le genre des passions... la nature est uniforme*][30]. Assim, Thérèse rapidamente entende que, no intercurso anal, também deve se mover para criar "*un mouvement opposé*". Os sentidos atuam mecanicamente e, da experiência física do bem e do mal, os seres humanos podem deduzir definições morais sobre o bem e o mal: "*C'est un mécanique certain, ma chère fille; nous sentons, & nous n'avons d'idées du bien & du mal physique comme du bien & du mal moral, que par la voie des sens*"[31]. De fato, a visão de Thérèse é bastante determinada pelas leis mecânicas, porém é controlada por seu artifício literário. Desse modo, ela eventualmente acha possível descartá-las conjuntamente. Mas não antes que fossem úteis em sua própria criação ficcional, como fundamento lógico para os homens e mulheres que ela descreve e justifica.

A mudança no fim do século XVII da natureza para as leis da natureza, e do naturalismo para o materialismo, criou os

29. *Thérèse philosophe, ou Mémoires pour servir à l'Histoire de D. Dirrag*... Está em Bodleian Vet.B5.e.12, p. 80.
30. Thérèse philosophe, ou Mémoires pour servir à l'Histoire de D. Dirrag, & de Mademoiselle Eradice, Haia, 1748, p. 23. A cópia citada encontra-se na British Library, e sua paginação pode diferir da cópia da Bibliothèque Nationale.
31. *Idem*, p. 31.

suportes metafísicos para a narradora feminina e também engendrou uma proliferação de personagens franceses e ingleses que conquistaram uma certa imortalidade literária no gênero: Tullie e Octavie em sua "academia de mulheres", Thérèse, Fanny Hill, Julie, a filósofa (ou a boa patriota da Revolução Francesa) e a mais antiga e menos conhecida Eulalie, cuja correspondência surgiu em 1785[32]. O poder desses personagens deriva da força descritiva das novas narrativas sobre a excitação sexual. Essa arte excita porque, como os cientistas, os narradores pornográficos e filosóficos concentram nossa atenção sobre a natureza. Eles encapsulam corpos, capturam e duplicam seus movimentos, colocam-nos em um mundo de possibilidades ilimitadas e, nesse processo, abstraem tudo isso de qualquer universo determinado. A essência do novo momento pornográfico reside na excitação sexual induzida pelo ato de contemplar a interação de corpos isolados e ativados, supostamente não controlados por qualquer lei, exceto as da natureza ou da psicologia (fig. 4.5). Quer estejam se masturbando ou sendo observados enquanto fazem sexo, quer sozinhos ou em grupo, os corpos atomizados na nova pornografia são inteiramente particulares. No processo, talvez inadvertidamente, tornam-se parecidos; porém, são tão similares, tão semelhantes e indefinidos, sexual e metafisicamente, quanto os átomos e os planetas. Os corpos ocupam um lugar conceitualmente análogo ao espaço e tempo dos filósofos mecânicos: uma abstração divorciada do espaço cotidiano, em que apenas são percebidas as aparências ou qualidades dos corpos vestidos e adornados, disfarçados por cores e texturas, corpos visíveis ao olho público, codificados com os símbolos de *status*, poder e sexualidade reais ou imaginários.

32. Como mencionado, Tullie e Octavie são os principais personagens em *Les Dialogues de Luisa Sigea*, título genérico para *Aloisiae Sigaeae Toletanae*, que tornou-se *L'Académie des dames* (1678). Ver Enfer 623, em Pia, *Les Livres de Enfer*. Julie aparece em *Julie philosophe, ou Le Bon Patriote*, Paris, 1791, vols. 1 e 2; e *Thérèse philosophe*. No caso de Fanny Hill, uso *Memoirs of a Woman of Pleasure*, ed. Peter Sabor, 1748-1749, Oxford, UK, Oxford University Press, 1985. Ver também *Correspondance d'Eulalie, ou Tableau du libertinage de Paris. Avec la vie de plusieurs filles celebres de ce siècle,* Londres, Nourse, 1785, Enfer 623.

A literatura pornográfica e os tratados filosóficos da nova ciência concebem um espaço íntimo, no qual só importa a força, o compulsivo vaivém dos corpos. Ambos prometiam poder ao corpo, mas, em sua habilidade para a excitação sexual, apenas a pornografia cumpriu a promessa. Acreditar, de modo simplista, que todas as necessidades — referindo-se à pornografia como um gênero — são as criadas por homens para homens é não compreender a subversão racionalizada pelo materialismo e simbolizada pela narradora do sexo feminino. Essas mulheres, que deviam ser simplesmente guias da pornografia, podiam ser um sinal do desejo de seus autores anônimos de apresentar e defender uma sexualidade banal e domesticada, que podia ser experimentada por todos. Isso encorajava a criação de um espaço íntimo no qual a fantasia era permitida, mesmo que nunca fosse consumada por completo. Talvez esses autores desejassem controlar esse espaço, para estendê-lo aos menos audaciosos ou para obter lucro com a venda de sua literatura; todas essas razões fornecem motivos suficientes para a criação do gênero. Mas existiam corpos reais, vestidos e organizados, que inventaram, distribuíram e adquiriram essa literatura. Esse universo subversivo e suas revelações sobre a invenção da pornografia é que nos interessam.

Os relatórios da polícia parisiense revelam que muitas das principais obras da pornografia francesa foram produzidas e vendidas por grupos compostos por até duas dúzias de homens e mulheres. Nenhum outro gênero literário proibido parece ter sido tão consistente e organizado; às vezes, sete ou mais pessoas eram presas por seu envolvimento com um único livro. Em nenhum outro gênero perseguido pela polícia — incluindo as obras jansenistas — as mulheres apareciam tão regularmente nos relatórios. Um homem da pequena nobreza, com antecedentes criminais, foi pego em um cabaré ao tentar adquirir *Thérèse philosophe*. Uma mulher costurava as páginas; homens e mulheres vendiam a obra. E a responsável pela distribuição do livro era Caterine Marguerite le Cocq, conhecida pelo nome andrógino com que se apresentava, "Catin le Cocq" (*catin*, que significa prostituta; *le cocq*, que significa galo). A obra dependia dos esforços de impressores, gravadores, distribuidores e livreiros, e todos eram enviados às prisões parisienses, onde, em média, ficavam presos por dois anos por causa da encrenca. A rede que envolvia *Thérèse* incluía o editor ou, talvez, só o distribuidor em Liège, cuja intenção, segundo a polícia, era publicar outra edição de *Histoire de Dom Bougre, portier des Chartreux*, obra pornográfica muito popular[33]. O título foi traduzido para *Master Bugger*; em que *buggery*, como o francês antigo *bougre*, designava sodomia (fig. 4.6). Em 1748, poucos anos depois de sua publicação, parece que essa obra foi bastante vendida, junto com *D'aloisia* e diversas obras e sátiras políticas obscenas contra Luís XV e madame de Pompadour[34].

33. Esse relatório, datado de 1748, intitulava-se "Affaire de Thérèse Philosophe et du Portier des Chartreux", em que François Xavier d'Arles de Montigny é descrito como "Escuyer interrné dans le fermer du Roy entre à la Bastille le 1er fevrier 1749 sorti le 25 aout 1750, a ete arreté des l'anne 1744 [...]". APP, Paris, Aa/7/592-97. Esse caso é descrito brevemente a partir dos registros da Bibliothèque Arsenal, no prefácio de Philippe Roger em *Ouvres anonymes du XVIIIe siècle: L'Enfer de la Bibliothèque Nationale*, Paris, Fayard, 1985, vol. 3, pp. 18-9. Na verdade, uma grande quantidade de mulheres envolveu-se com o jansenismo.
34. Os registros de manuscritos apreendidos na década de 1740 são interessantes e importantes; ver APP, Paris, Aa/7/461-752. Podem ser complementados com os registros que trazem narrativas pornográficas e satíricas contra o rei e que eram vendidos por pessoas presas por causa dessa atividade; ver APP, Paris, Aa/5/443-650. Outros documentos apontam que livros sobre jansenismo e "devassidão" eram vendidos juntos, surpreendentemente; ver APP, Paris, Aa/7/339. Em 1742, existem outros registros de prisão de sodomitas; ver APP, Paris, Aa/7/409. A grande maioria das pessoas encarceradas na década de 1740 por vender livros negociava obras pornográficas e diatribes políticas. Há uma grande prisão de jansenistas; ver APP, Paris, Aa/7/482-91. Na f. 517 há referência a três homens e uma mulher (que não era esposa de nenhum deles) vendendo pornografia, "Les nouvelles ecclesiastiques" (transcrito como no original e inteiramente jansenista), em 1746. Em 1746-1747, diversos espiões foram presos. Em 1747, Claude Crespy foi encarcerado devido à difusão de literatura política, pornográfica e maçônica; ver APP, Paris, Aa/7/541. Outras prisões incluem, f. 545, um marido e uma esposa com mil cópias de *Amusements philosophiques sur le langage des Betes, Lettre a Mad. de Pompadour*, e com 54 cópias de *L'Art de faire des garçons, le Colporteur et le Secret de la Maçonnerie*, f. 565, 1748. Na f. 624, há um livreiro com obras de filósofos e jansenistas; e nas ff. 640-6, de 1749, "discours insolents contre le Roy et Mad. de Pompadour".

Figura 4.4: Frontispício de *Thérèse philosophe*, com o texto: "O prazer sensual e a filosofia tornam feliz o homem sensível. Ele abraça o prazer pelo gosto e ama a filosofia com sua razão" (Haia, s. d., [1748?]).

Figura 4.5: Thérèse com um amante aristocrata. Fonte: *Thérèse philosophe* (Haia, s. d., [1748?]).

FIGURA 4.6: Cena anticlerical. Fonte: *Histoire de Dom B —, portier des Chartreux* (ed. de Frankfurt, 1748).

Os produtores originais de *Dom Bougre* tiveram, porém, um destino similar ao dos distribuidores de *Thérèse*. A obra relatava casos de lesbianismo, sodomia e incesto, assegurando aos leitores que os verdadeiros vícios eram restritos aos poderosos e aos clérigos. Por causa desse texto evidentemente anticlerical, a polícia prendeu Charles Nourry, um "clérigo tonsurado, o sacristão da igreja de São Sebastião, em Triere" e encarcerou-o na Bastilha, em 1741. Outros 23 envolvidos no caso *Dom Bougre* foram presos e interrogados. A irmã de Nourry também foi interrogada; e uma certa senhorita Ollier, a jovem filha de um livreiro, foi exilada em Toulouse. Por fazer estampas impudicas de monges e freiras, que leitores como Casanova elogiavam por "sua notável beleza" — provavelmente um leitor contemporâneo irá considerá-las mais explícitas que engenhosas —, um gravador também cumpriu uma sentença na prisão, acompanhado por um tapeceiro e a esposa. Suspeitava-se de um aristocrata que não chegou a ser preso como o foi um barão sueco e M. Stella, um lojista italiano. Pierre Paupie, um editor suspeito de Haia, bastante conhecido por publicar obras eruditas e maçônicas, também foi mencionado nos relatórios. E é citado numa descrição policial de outra obra infame publicada no mesmo ano: *Ele é um estudante de Voltaire* [*He is a student of Voltaire*][35]. Os perpetradores de *Dom Bougre* podem ser considerados membros de um "sindicato" internacional que se agregava temporariamente e que, em 1741, achou bastante vantajoso correr o risco.

Em um período em que a sedição tinha sido excepcionalmente franca, ambos os círculos pornográficos envolvidos nesses casos famosos da década de 1740 foram perseguidos. Esse crescente descontentamento emergiu durante a Guerra da Su-

35. APP, Paris, Aa/7/363-66; para Bacculard d'Arnaud ("c'etoit un Eleve de Voltaire"), ver APP, Paris, Aa/7/361. Os registros dos interrogatórios sobre os manuscritos são examinados em Roger, *op. cit.*, pp. 22-8; para Casanova, ver suas *Memoires*, 1744-56, ed. René Demoris, Paris, Garnier-Flammarion, 1977, p. 440.

cessão Austríaca, e os relatórios policiais estão repletos de nomes de homens e mulheres presos por vender sátiras contra o cada vez mais impopular Luís XV e contra sua amante, madame de Pompadour. Eles foram acusados de "fazer discursos insolentes contra o rei e a madame de Pompadour". Um voluntário da cavalaria e quatro mulheres — entre elas uma esposa de um valete e uma criada — foram presos por dizer que "o rei é um imbecil e um tirano [...] que consente em ser controlado por sua prostituta". Era necessário, diziam eles, que o país se libertasse dessa tirania. Dois anos depois, em 1751, parece que alguns conspiradores foram encarcerados por tentar fazer isso[36].

Na prisão, esses conspiradores juntaram-se aos homens e às mulheres que já tinham cumprido dois anos de pena por publicar *Thérèse*. Porém, não encontraram Diderot, solto já há algum tempo, depois de ficar preso por escrever uma sátira pornográfica, *Les Bijoux indiscrets* (1748), que também criticava o rei e sua amante[37]. As outras celas ainda recolhiam editores de libelos, gravadores e vendedores ambulantes envolvidos com a publicação de *L'Almanach de Priape* e de diversas "gravuras obscenas", além dos onipresentes vendedores de obras jansenistas e de outros que trouxeram da Holanda "canções satíricas contra pessoas respeitáveis". Naturalmente, também havia espiões, sodomitas, fanáticos religiosos e, sobretudo no início do século, muitos alquimistas, tanto homens quanto mulheres; porém, quase todos desapareceram na década de 1720. Talvez o mais solitário de todos os encarcerados fosse o senhor Medina, descrito nos relatórios como "um judeu, anteriormente um mercador acusado de sodomia na Holanda [...], [que] havia vivido em Bruxelas, onde foi preso; na prisão, compôs *nouvelles politiques*, que enviou a Paris, às províncias e a outros países". Em 1742, ao ser capturado em Paris, o senhor

36. Diz-se que estavam conspirando contra o rei; ver APP, Paris, Aa/5/650.
37. Kearney, *op. cit.*, p. 62.

Medina, intrépido, vendia a mesma literatura de difamação política[38].

Se o senhor Medina era judeu, sodomita e negociante de panfletos, também era um homem com propósitos políticos e conexões internacionais. Real ou fictício, ele pode ser considerado um símbolo da nova sociedade urbana. Mas o cenário pornográfico já existia, pelo menos nos relatórios policiais, há quatro ou mais décadas. A pornografia, em sua ambivalência em relação ao homossexualismo masculino, nunca fez justiça ao mundo em que o senhor Medina viveu. Nem as descrições naturalistas, tampouco as materialistas, embora ricas, aludem ao que os relatórios policiais sugerem. Já em 1706, a polícia de Paris invadiu um cabaré e prendeu Simon Langlois, acusado pela criação de "uma assembléia para um tipo de ordem para rapazes que desejavam se associar e que, adotando o nome de mulheres, casavam-se entre si [...]. Eles faziam essas reuniões geralmente no Cabaret du Chaudron, rue St. Antoine [...] onde, depois de beber demasiadamente, entregavam-se ao pecado da sodomia; eles faziam certas cerimônias para a recepção dos novatos e prestavam juramento de fidelidade à Ordem"[39]. Langlois e seu grupo de iniciados zombavam das normas dos poderosos e do clérigo. Imitando os hábitos aristocráticos e cavalheirescos, Langlois adotou o título de "le

38. Em APP, Paris, Aa/7/42. Também se diz que ele tinha tido contato com um certo Roussel, possivelmente o mesmo Roussel citado no caso Dom Bougre; e, no mesmo relatório, Roussel é descrito como o autor de "un libelle" e de outras obras críticas; ver APP, Paris, Aa/5/591.

39. "Une assemblé pour un espece d'ordre des jeunes garçons qui vouloient entrer et prenoient des noms de femmes [,] faisoient des mariages ensemble les endroits où ils faisoient ces assemblées etoient ordinairement au Cabaret du Chaudron rue St. Antoine [...] où apres avoir bu par exces ils commettoient le péché de Sodomie, ils faisoient certaines Cérémonies pour la Rèception des Prosélytes et leur faisoient prêter serment de fidelles a l'Ordre". Em APP, Paris, Aa/4/205. Ver também Michel Rey, "Police and Sodomy in Eighteenth-Century Paris: From Sin to Disorder", em Kent Gerard e Gert Hekma (orgs.), *The Pursuit of Sodomy: Male Homossexuality in Renaissance and Enlightenment Europe*, Nova Iorque, Harrington Park Press, 1989, pp. 129-46. Rey considera um conjunto diferente de arquivos de registros, que contém evidências adicionais sobre a questão da sodomia nesse período.

Grand Maître" [o Grande Mestre]. Seu companheiro, Bertault, preferiu o título de "la mère des novices" [a mãe das noviças][40].

Seria esse submundo sexual urbano uma outra espécie de ficção, uma obra da esmerada imaginação policial? Parece improvável, pois precisamente nesse período, em Londres, Ned Ward registrou a existência de clubes homossexuais masculinos semelhantes, com rituais, apelidos femininos e cerimônias de casamento[41]. Em 1715, a polícia de Paris estava mais uma vez invadindo cabarés, onde prenderam Le Mar, "o principal integrante desse bando de rapazes debochadores"[42]. Nesses relatórios, existentes em ambos os lados do canal da Mancha, a cultura urbana e homossexual era similar, difundida pelos próprios viajantes, vendedores e, possivelmente, marinheiros, que tornavam as cidades e os mercados tão vibrantes, anônimos, intrigantes e sugestivos, para homens e mulheres de todas as preferências.

A cultura da sodomia persistiu apesar das punições horripilantes. Em 1781, na Antuérpia, o senhor "Stockaert" ou "Stocker" — os magistrados franceses, tentando verter um

40. Há um bom debate sobre parte do material de arquivo em Claude Courouve, *Les Assemblées de la manchette*, Paris, C. Courouve, 1987, p. 15. Algum material sobre esse grupo está publicado em G. B. Depping (org.), *Correspondance administrative sous le règne de Louis XIV*, Paris, Imp. Nationale, 1851-1855, vol. 2, pp. 823-4.
41. Para a invasão de 1706, ver APP, Paris, Aa/4/205; em 1715, novamente por envolver sodomia em cabarés, ver APP, Paris, Aa/4/626; sobre sodomitas, em 1742, ver APP, Paris, Aa/7/409; em 1751, sobre a obtenção de dinheiro através da sodomia, ver APP, Paris, Aa/4/730. Sobre Ned Ward, ver Randolph Trumbach, "The Birth of the Queen: Sodomy and Emergence of Gender Equality in Modern Culture, 1660-1750", em Martin Duberman, Martha Vicinus e George Chauncey Jr. (orgs.), *Hidden from History: Reclaiming the Gay and Lesbian Past*, Nova Iorque, New American Library, 1989. Trumbach cita os seguintes registros do período: *The Tryal and Conviction of Several Reputed Sodomites [...] 20th Day of October 1707*, British Library 515.1.1 (205); Greater London Record Office, MJ/SP Setembro 1707. Ward afirma em *The Secret History of Clubs*, Londres, 1709, pp. 284-300, que eles são chamados de "mollies".
42. Em 1715, sobre classificação de sodomitas, ver APP, Paris, Aa/4/626. Há em Angélique Lemasson, Société et criminalité dans le port de Nantes au début du XVIIIe siècle (1699-1723) (d'après les archives de l'Amirauté de Nantes), Rennes-Nantes, Matrise, 1989, pp. 66-8, registros de insultos verbais relativos à sodomia, mas nenhuma prisão pelo ato.

nome flamengo e inglês, não puderam chegar a uma conclusão — foi preso por seduzir quatro rapazes, de 18 a 21 anos de idade. As autoridades locais de Antuérpia escreveram ao Conselho Privado, em Bruxelas, que representava o governo austríaco nos Países Baixos do sul, questionando sobre o destino do preso. A recomendação das autoridades locais era simples e terrível: condenaram-no à morte e "propuseram que o preso fosse secretamente estrangulado na prisão [...] e que os quatro homens seduzidos por ele assistissem à execução". As autoridades locais esclareceram ao Conselho Privado, responsável pela última alçada, que essa punição revelaria a gravidade do crime e que uma execução pública causaria impacto, tornando público o crime. E ainda podia traumatizar os rapazes de tal maneira que eles talvez nunca sobrevivessem ao terror da experiência. Naturalmente, só ficariam isentos da mesma punição se jurassem silêncio eterno. Mas o Conselho Privado tinha outra posição[43]. Afinal de contas, representavam supostamente um regime ilustrado. Os magistrados ordenaram que o senhor Stocker fosse levado à fronteira do modo mais discreto possível e banido para sempre. Talvez possamos agora conjecturar porque, voluntariamente ou não, o senhor Medina rumou de Bruxelas a Paris poucas décadas antes. Talvez também seja possível entender melhor por que a pornografia foi considerada tão chocante e surpreendente apesar da ausência de elementos sádicos, até que Sade transformasse o gênero.

Segundo a polícia e os magistrados, e os registros franceses e ingleses menos tendenciosos, as cidades tornaram-se lugares que seríamos capazes de reconhecer. Sua modernidade salta das páginas dos livros filosóficos e pornográficos, do consórcio comercial de seus criadores e vendedores. A modernidade é encontrada no risco dos cabarés ilícitos, bares e clubes, até mes-

43. Stockaert ou Stocker "est condamné a mort que ses juges se proposent de faire étrangler secrètement dans la prison où il est detenu; de faire assister a cette execution quatre de ses complices seduits par le condamné [...]". Em Archives generales du royaume, Bruxelas, Conseil privé autri., A124, 576B, 28 abr. 1781.

mo através dos registros monótonos e respeitáveis dos maçons e de suas lojas. Essa nova sociabilidade urbana, presente a partir da última década do século XVII, incluiu homens e algumas mulheres, heterossexuais e homossexuais, ordinários ou respeitáveis, dissidentes, não-conformistas, conspiradores, sobreviventes do negócio da literatura subversiva ou apenas comerciantes interessados em lucros. Essa nova sociedade urbana sustentou, formal e filosoficamente, o Iluminismo. Visto através dos romances ou da pornografia, é o espaço habitado por recém-alfabetizados. Quando a polícia, representando o rei e a fé (*roi et foi*), ocupava os espaços que compunham essa nova sociedade urbana, procurava o ilegal e o subversivo. Quando percebia uma ameaça ao Estado, podia executar, banir ou prender os indivíduos.

Por suas atividades no cabaré, Simon Langlois foi condenado apenas a dois meses de prisão. Para as autoridades parisienses do século XVIII, a sodomia, quando não combinada com outras ofensas e não praticada em público, nem sempre era tão perigosa quanto a boa pornografia filosófica, como *Thérèse philosophe*. De fato, a turbulência política da década de 1740 desembocou no que a polícia denominou de "libelos indecentes" contra o rei e sua amante, e isso constituiu o substrato para uma nova leitura de *Thérèse philosophe*. Se madame de Pompadour é a prostituta má de um rei tirânico, então Thérèse é o seu oposto, a boa prostituta, a pregadora do Iluminismo e da religião da natureza. Conscientemente ou não, seu materialismo ofereceu a única filosofia da natureza capaz de denunciar o individualismo, as paixões e as atrações, a liberdade e o não-conformismo, o desrespeito e a subversão das cidades da Europa ocidental desde o início do século XVIII, se não antes. A Guerra da Sucessão Austríaca, conduzida com incompetência por um regime não-iluminista, fragmentou cidades, de Paris a Amsterdã. Seus cidadãos revidaram com *livres philosophiques* subversivos e com panfletos sediciosos que, como *Thérèse* e *Les Bijoux indiscrets*, continuaram a ser lidos e desfrutados muito tempo depois do turbulento momento de sua criação (fig. 4.7).

Nem os pornógrafos tampouco os cientistas e os materialistas podiam ter conceitualizado os corpos e o espaço sem a existência simultânea desses indivíduos egoístas. Quando dotados de impulsos eróticos (diferentes dos ilegais), eles não habitam celas de prisão, mas dormitórios recriados pornograficamente. Quando entram na arena política antes reservada aos reis e às cortes, são também retratados nos escritos políticos dos novos filosófos mecânicos e materialistas, como Hobbes. Na literatura pornográfica, o *cogito* cartesiano, com todo seu egoísmo e auto-referência, torna-se perceptível; o *ego* se conhece só porque experimenta sensualmente todo objeto que deseja. Conhecendo as histórias de Catin le Cocq e do senhor Medina, conclui-se que a literatura filosófica e a literatura pornográfica da época podiam acompanhar a complexidade e a originalidade de um universo no qual a polícia do Estado absolutista, embora por razões totalmente diferentes, também tinha interesse.

Algumas vezes, e raramente, as obras, em vez de examinarem o universo sexual, investigaram o universo social de Catin, Medina e Langlois, exaltando-o. Um tratado francês da década de 1720 cria uma utopia homoerótica: "as tribadas são uma Nação visionária, indefinível e incompreensível, que desfruta o prazer do excesso" [*Les Bratides* [*tribades*] *sont une Nation visionnaire, indefinissable, incompréhensible, aimant le plaisir à l'excès...*]. Em outro reino homoerótico, o da Ordem de Manchette, os homens consideram-se irmãos. Os tratados utópicos sobre as mulheres da nação tribádica e os homens de Manchette pertencem ao gênero naturalista. Seu propósito não é propriamente a excitação sexual — a menos que se considere excitante o uso repetitivo de palavras obscenas — eles difundem a existência de reinos distantes e livres, governados por

Figura 4.7: "O Sibarita Pai Dirrag Açoitando mademoiselle Eradice". Fonte: *Thérèse philosophe* (Haia, s. d., [1748?]).

sodomitas e tribadas[44]. Em 1752, um sacerdote foi exilado sob a "supeita de pertencer à Manchette"[45]. Seria um caso de vida imitando a arte? Existiu realmente uma Ordem de Manchette? Diversos autores franceses da época referem-se a essa congregação; e há até registros da polícia parisiense que sugerem a existência de "ordens", com ritos iniciáticos, cerimônias e a adesão de novos membros[46]. É improvável que a natureza exata desses grupos seja algum dia conhecida. A partir de uma grande variedade de fontes sabemos que existiam grupos de sodomitas, possivelmente até mesmo tribados, nas cidades da Europa ocidental, e uma subcultura, em meados ou fim do século XVII.

Durante o reino de Luís XIV (1643-1715), o pornográfico e o obsceno começaram a lutar contra as autoridades da Igreja e do Estado. A pornografia inicial encontrou nessa postura de desafio — particularmente no gênero naturalista — um tema que foi retomado repetidamente até o fim do século XVIII. Especialmente durante os últimos anos do reinado de Luís XIV — profundamente problemáticos, quando os protestantes e os entusiastas religiosos enchiam as prisões —, os objetos da pornografia muitas vezes não eram reinos ou sexualidades alternativas, mas as autoridades da Igreja e do Estado. Em estilo naturalista mais obsceno que pornográfico, portanto mais provocador que excitante, um tratado criticou asperamente o clero e a "sua tirania"[47]. A partir dessa mesma postura, outros tratados naturalistas atacaram a corrupção usando a escatologia

44. *Histoire du Princi Apprius, etc. Extraité des fastes du monde, depuis sa création. Manuscrit Persan trouvé dans la bibliothèque de Schah-Hussain, roi de Perse, dethroné par Mamouth em 1722.* Traduction Française. Par Messire Esprit..., Constantinopla, 1728, pp. 32 e 59. Observar que a sodomia praticada em público, especialmente acompanhada de outra conduta criminal, podia levar à execução pública e grotesca.
45. Um padre, Ange Reboul, carmelita, que também se rebelou contra seus superiores; em APP, Paris, Aa/7/759.
46. Ver Maurice Lever, *Les Bûchers de Sodome*, Paris, Fayard, 1985, cap. 6. Agradeço a Bryant Ragan por esta indicação.
47. *Les Entretiens de la grille, ou Le Moine au parloir*, Côlonia, 1682. Há uma cópia na Bibliothèque Nationale, Y2 reserva 3625.

animal; *Le Cochon mitré* [*O Porco Mitrado*] usou a metáfora em 1689, precisamente durante o período repressivo do reino de Luís, para descrever a moral da corte e do clero[48].

Os naturalistas estavam pessoalmente interessados em atacar o clero, cujo poder contribuiu para a sobrevivência do gênero ao longo do século. Na década de 1730, há uma rara obra naturalista em verso escrita em holandês. Nesse livro, jesuítas, provavelmente nos Países Baixos austríacos, açoitam as nádegas desnudas dos que se confessam, desfrutam relações anais, espiam freiras a urinar e, portanto, sucumbem às tentações dos demônios que os assolam[49]. Os naturalistas podiam também ser muito maliciosos.

Portanto, o naturalismo sempre desfrutou um lugar na literatura pornográfica e obscena do século XVIII. As obras materialistas incluíram a narração como recurso para descrever os corpos em movimento e, conseqüentemente, para excitar. Em comparação, os naturalistas aproximaram-se das novas filosofias naturais, mas, em geral, continuaram a escrever sobre a sexualidade. Durante toda a sua longa história, um dos principais objetivos do gênero naturalista, que foi transmitido aos materialistas, foi empreender polêmicas contra a autoridade tradicional. Um exemplo é o tratado inglês *A Voyage to Lethe; by Capt. Samuel Cock* [*Viagem para Lethe, pelo Capitão Samuel Cock*] (1741). O narrador descreve a imaginária terra libertina de Lethe, que existiu antes do dilúvio: "Concebo [essa terra] por Consideração do Público e, particularmente, da Sociedade Real". O capitão Cock (pênis), o narrador, é o mais jovem de

48. *Le Cochon mitré*. Dialogue, s.l., 1689. Uma cópia encontra-se na Bibliothèque Nationale, reserva 826.

49. *Historische Print en Dicht Tafereelen, van Jan Baptist Girar en Juffrou Maris Catharina Cadiere*, s.l., 1735. Estou citando a cópia de Private Case, da British Library, 31.K.14, que penso proceder dos Países Baixos austríacos. Ver também a maioria dos manuscritos em latim do colecionador de arte holandês, Hadrian Beverland, na British Library e na Bodleian, Oxford; W. Elias, "Het Spinozistisch Erotism van Adriaan Beverland", *Tjidscrift Voor de Studie van de Verlichting 3-4*, 1974, pp. 282-320; e Eric John Dingwall, "Hadrian Beverland: Lord of Zealand", em *Very Peculiar People: Portrait Studies in the Queer, the Abnormal and the Uncanny*, Londres, Rider, 1950, pp. 145-77.

doze filhos, cujo bisavô "tinha intimidade com a mãe de Oliver Cromwell e pode ter concebido Oliver". Como Lethe tornou-se um lugar de devassidão e obscenidade, habitado por funcionários públicos e eclesiásticos, essa obra pretendia ser uma sátira libertina, e não especificamente pornográfica. Ao fazer referências a filósofos naturalistas, Cock invoca o gênero pornográfico, mas, como outras obras obscenas inglesas das décadas de 1720 a 1740, esta é um ataque contra a licensiosidade e corrupção da Corte W*higgery*, sob a perspectiva republicana[50]. Seu naturalismo era apropriado a uma mensagem política com nuanças populistas dirigida contra a oligarquia.

O político e o filosófico nunca abandonaram o gênero pornográfico, na França ou na Inglaterra, até o fim do século. Em 1789, a lista das prostitutas de Londres na *Harris's List* procura ser filosófica e política: "nenhum entusiasmo é tão forte, tão estimulante, como o da cópula; a cópula traz a garantia do gabinete mais reservado da natureza [...]. Por que as vítimas dessa tendência natural [...] devem ser caçada como párias da sociedade, ser perpetuamente apanhadas pelas garras da tirania mesquinha?". A perseguição ao sexo é obra do clero e dos magistrados, que são as verdadeiras prostitutas: "Não será o ministro de Estado, que sacrifica a honra do seu país ao seu interesse particular [...], mais culpado que uma prostituta?"[51]. Na França, exatamente quando Harris propõe sua questão retórica, a culpabilidade do clero e dos magistrados estava para ser julgada. Apenas dentro do processo revolucionário, como Lynn Hunt afirma no ensaio "Pornografia e Revolução Francesa" (neste volume), a pornografia começou a mudar. De fato,

50. Adam Cock, *A Voyage to Lethe; by Capt. Samuel Cock...*, Londres, J. Conybeare, 1741, p. 9; a cópia encontra-se na Bodleian. Ver também *A New Description of Merryland: Containing a Topographical, Geographical and Natural History of That Country*, 7. ed., Bath, E. Crull & J. Leake, 1741. Essa obra foi dedicada ironicamente ao antioligarca, porém devoto, George Cheyne e foi encadernada junto com *Merryland Displayed*.
51. *Harris's List of Covent-Garden Ladies...*, 1788 é encadernada com a *Harris's List* de 1789, pp. iii-x; ver a n. 21.

a Revolução respondeu afirmativamente à questão formulada por Harris e, no processo, reordenou não só o universo político mas também o social e o sexual.

O autor anônimo francês de *Les Bordels de Paris* (1790) reagia a esse reordenamento quando declarou que os velhos ministros de Estado, e não as novas prostitutas, eram os verdadeiros corruptores da virtude. Nessas circunstâncias, a Revolução realizou todas as fantasias dos pornógrafos. Mais um crítico da licensiosidade do clero e dos magistrados que propriamente um guia, o autor do tratado sobre os bordéis de Paris manifestou-se como um bom e sensível patriota, que acreditou em novas possibilidades para a prostituição. Ele propôs a construção de uma casa em todo *faubourg*, que deveria manter quatrocentas mulheres e empregar uma abadessa e um médico. E também exigia "um anfiteatro, uma imensa galeria, adequadamente iluminada [...] [onde] todas as ninfas devotadas ao serviço público [...] seriam capazes de satisfazer os curiosos" [*afin que les curieux les... amateurs puissent faire un choix capable tout à la fois de les animer et de les satisfaire*]. Um tal lugar dedicado à prostituição custaria muito dinheiro, mas esse diligente promotor da arte tinha uma solução: "Já que custaria dois milhões para se construir um estabelecimento tão útil, devemos achar alguns capitalistas que forneçam o capital; os quais desejariam ter, compreensivelmente, sua entrada assegurada, e que constituiriam algumas ações parciais, pagando juros de 5% ao ano" [*Comme il faut deux millions pour procéder à cet etablissement utile, nous avons trouvé des capitalistes qui nous fourniront les fonds, qui auront (comme de raison) leurs grandes entrées, et qui formeront des actions partielles, portant interest à cinq pour cent par an*][52]. O autor e defensor desse universo, explorado inicialmente pelos pornógrafos, estava tão certo da sobrevivência

52. *Les Bordels de Paris, avec les noms, demeures et prix: Plan salubre et patriotique soumus aux illustres des Etats-Généraux pour en faire un article de la constitution* [...] *par MM. Dillon, Sartine, Lenoir, La Trolière*, s.l., L'An Seconde de la Liberté [1790].

de seu estabelecimento na nova liberdade revolucionária, que seus problemas tornavam-se essencialmente administrativos.

Mais uma vez afirmando sua relação com o mundo social, os temas e os interesses da pornografia mudaram notadamente nas últimas décadas do século. Nesse período, a pornografia materialista francesa tornou-se abertamente política e, ao fazer isso, associou seus interesses à tradição dos escritos materialistas ingleses e franceses, de Toland a d'Holbach. Nessas circunstâncias, ajudada por uma justificativa trivial baseada no materialismo — portanto, por uma razão metafísica em seu próprio benefício —, a pornografia também começou a dar conselhos. A repressão sexual é perigosa para a sociedade, não é proveitosa entre as pessoas do mesmo sexo; segundo os filósofos, o selvagem da mata, senhor de si mesmo, é mais saudável que o homem religioso isolado em seu claustro[53]. Em um ataque frontal às convenções sociais, um materialista francês, que escreveu em 1788 como um homem de ciência, pregou a liberdade sexual universal a partir da eliminação de certas práticas repressivas. Essas práticas eram comuns nos claustros: homossexualidade, masturbação e flagelação, especialmente com crianças. O autor dizia ser um doutor ilustrado, que escrevia a "serviço do Estado e do amor". E, de acordo com o louvor oferecido a José II, havia agora despotismo oferecido junto com o Iluminismo[54].

O materialismo era tão trivial na década de 1780, que se domesticou e se tornou prescritivo. Alguns até mesmo diriam que se tornou repressivo. Em *Julie philosophe* (1791), a protagonista, inclinada a pregar sermões, teve lições de "física experimental", leu Rousseau e viajou através do corredor da Revolução, de Paris a Amsterdã[55]. Embora apóie com veemência a Revolução Francesa, dificilmente ela é tão maliciosa ou filoso-

53. *Aphrodisiaque externe, ou Traité du Fouet, et de ses effets sur le physique de l'amour [...] par Dxxx Medecin*, 1788, p. 65. Há uma cópia na Private Case da British Library, 29 B.87.
54. *Idem*, p. 108; sobre José II, p. 65.
55. *Julie philosophe*, pp. 5, 14-5; sobre Deus, p. 16; sobre a Revolução Francesa, pp. 205-7.

ficamente astuta como sua predecessora de meio século, Thérèse. Julie está muito ocupada, viajando e experimentando. Aparentemente, ela não leu nada sobre os novos bordéis e os novos capitalistas em *Les Bordels de Paris,* nem levou os homens da ciência muito a sério sobre o que podia ser legislado pelos supostamente ilustrados; além disso, Julie está ingenuamente convencida de que, "através do Iluminismo e da libertinagem, as mulheres serão capazes de ser tudo que desejarem"[56]. Ainda em 1791 — talvez o último ano em que isso poderia ocorrer — era possível ser ingênuo em relação às complexidades do mundo materialista que a pornografia tentava narrar e descrever. Segundo um anônimo contemporâneo de Julie, o estudo dos grandes cientistas deveria agora permitir aos novos e vigorosos patriotas e cidadãos o deleite completo e a investigação livre sobre "a Natureza, a Soberana do mundo"[57].

Thérèse, contudo, é uma criação de considerável requinte e, como tal, faz jus à última palavra da filosofia. Tem origem promíscua, foi flagrada se masturbando, foi para um convento onde experimentou um prazer maior, e, durante o percurso, tornou-se uma filósofa natural relativamente arguta. Em seu espirituoso livro (que a tornou famosa), Thérèse não consegue decidir o que lhe dá mais prazer, se relatar suas façanhas sexuais ou filosofar. Faz bem as duas coisas, e com muita alegria. Ela é autora de uma das melhores explicações sobre o materialismo em toda a literatura clandestina e anônima do século e, de fato, vai além da maioria das observações. Thérèse compreendeu a utilidade, portanto a temporalidade e dispensabilidade do próprio materialismo filosófico. Tomando uma idéia de *Le Traité des trois imposteurs*, ela entendeu que os líderes das principais religiões, como políticos, mentiram sobre a natureza e suas leis. Eles inventaram um conceito, como vimos, até mesmo captado pelos materialistas: "A Senhora Natureza [...] é um ente imaginá-

56. *Idem*, p. 4.
57. *La Confédération de la Nature, ou l'Art de se reproduire*, Londres, 1790, pp. 1-5. Há uma cópia na Private Case da British Library, 30 G.22.

rio; é uma palavra sem sentido. Os primeiros líderes religiosos, os primeiros políticos, embaraçados pela idéia de que deviam apresentar a moral do bem e do mal ao povo, imaginaram um ente entre Deus e nós, e atribuíram-lhe a criação de nossas paixões, de nossas misérias e de nossos crimes". Thérèse continua: "Vejo claramente que ambos, Deus e Natureza, são a mesma coisa"; portanto, nenhum dos dois existe[58].

O materialismo foi a construção intelectual perfeita do mundo social do período. Permitiu que as representações mecânicas dos corpos inanimados e dos átomos fossem aplicadas aos desejos, paixões e interesses recentemente expostos, agora esfera do animado. Em primeiro lugar, liberou a imaginação de Hobbes; em seguida, exerceu seu fascínio sobre os pornógrafos. Mas só Thérèse, tanto a praticante quanto a teórica, compreendeu que, se não houvesse o materialismo moderno, alguém entre os filósofos, pornógrafos ou sodomitas teria de inventá-lo.

58. *Thérèse philosophe* [1748], p. 120-2. Cópia na Bodleian: Vet.B5.e.129.

Capítulo V

Verdade e Palavra Obscena na Pornografia Francesa do Século XVIII

Lucienne Frappier-Mazur

Diderot, em um dos ensaios críticos de *Salons*, reflete sobre a nudez, concluindo que "uma mulher em sua nudez não é indecente", mas "uma mulher cuja saia está arregaçada, sim, é indecente". E continua: "Adorne-se a Vênus de Medici com... ligas cor-de-rosa e meias brancas bem puxadas, e vamos sentir intensamente a diferença entre o decente e o indecente"[1]. Em seguida, Diderot relata uma anedota a respeito de uma condessa rica e ilustre que, depois de esbanjar grande fortuna, ficou relativamente pobre e tinha dívidas com "seu açougueiro, sua costureira, sua camareira...":

> Uma vez, [seu sapateiro] veio vê-la para tentar cobrar uma dívida. "Meu querido", disse a condessa, "há muito que eu lhe devo, sei disso. Mas o que você quer que eu faça? Estou sem dinheiro; ando nua e estou tão pobre que qualquer um pode ver meu traseiro". Enquanto falava, arregaçou as saias e exibiu o traseiro ao sapateiro, que, comovido e amolecido, afastou-se, dizendo: "de fato, isso é verdade". De um lado, o sapateiro chorava; do outro, as camareiras da condessa riam. Eis aí porque a condessa, embora parecesse indecente para suas criadas, parecia decente, atraente e até mesmo patética para o seu sapateiro[2].

1. "La Chaste Suzanne", *Salon de 1767*, em Diderot, *Oeuvres complètes*, Paris, Hermann, 1990, vol. 16, p. 127.
2. *Idem, ibidem*.

Essa passagem serve como ponto de partida para discutir a noção do obsceno. A anedota de Diderot, considerada superficialmente, sugere uma tolerância social inesperada à linguagem e aos gestos grosseiros das mulheres da aristocracia. No século XVII, eram distintos os limites entre gêneros de prosa que admitiam ou vedavam o uso do vocabulário obsceno, como observa Jean Marie Goulemot em seu indispensável livro sobre ficção pornográfica do século XVIII[3]. As definições da palavra *obscène* no século XVIII não são muito diferentes das atuais, mas são mais vagas: na *Enciclopédia*, define-se o termo como "tudo aquilo que é contrário ao recato" (*la pudeur*), definição que remete às esferas feminina e sexual, como confirmam os exemplos mencionados no verbete da *Enciclopédia*. A menção explícita à sexualidade nas definições dos dicionários franceses só aparece na segunda metade do século XX[4]. Embora a noção de obscenidade varie, há pouca dúvida acerca do significado da palavra. Portanto, a ausência do elemento *sexual* e de seus cognatos nas definições dos séculos XVIII e XIX pode ser atribuída a uma forma de censura, uma questão de decoro, e ainda ao fato de que a esfera da obscenidade estendia-se à escatologia. De fato, a etimologia do termo obsceno — de mau presságio — refere-se à sua conotação escatológica, devido à associação com o uso da mão esquerda[5]. Em seu ensaio, Diderot parece evitar o uso do termo *obsceno*, usando uma série de termos equivalentes mais comuns: *indecente* (quatro ocor-

3. Essa falta de demarcações genéricas também é encontrada na obra *Francion* (1623), de Sorel. Ver Jean Marie Goulemot, *Ces Livres qu'on ne lit que d'une main: Lecture et lecteurs de livres pornographiques au XVIII*[e] *siècles*, Aix-en-Provence, Alinéa, 1991, p. 24. O ensaio de Goulemot situa a pornografia do século XVIII em contraste com seu contexto histórico e literário, ao estudar as estratégias narrativas para se conseguir o efeito pornográfico. As palavras *erótico* e *pornográfico* são usadas de modo intercambiável, uma decisão justificada no contexto do seu estudo (*idem*, p. 21). Adotarei a mesma prática.

4. Não aparece ainda, por exemplo, na edição do *Petit Larousse* de 1963.

5. "Nos tempos primitivos, uma certa operação diária, que permaneceu sem nome, envolvia a mão [esquerda] em um exercício arriscado, que não foi mais necessário, graças ao progresso da civilização e à invenção do papel". Ver o verbete *obscène* em Pierre Larousse, *Grand dictionnaire du XIX*[e] *siècle*.

rências), *sújo, cínico, grosseiro, impróprio*. Contudo, todos esses adjetivos apontam para as definições mais precisas mencionadas no atual *Robert* e *Petit Larousse*: "obsceno: aquilo que deliberada ou abertamente ofende o recato por meio de representações de natureza sexual"[6].

O contraste óbvio entre os dois excertos impede uma definição. A condessa faz exatamente o gesto com que Diderot exemplifica a indecência: arregaça suas saias, e a emoção do sapateiro (que abandona a intenção de cobrar a dívida) transmite jocosamente a intenção sedutora, que Freud, mais francamente que Diderot, identificaria anos mais tarde como a motivação inicial da anedota obscena. A linguagem explícita e o gesto indecoroso da condessa conseguem seduzir o sapateiro.

A ambigüidade de Diderot também é evidente em seu paralelo entre nudez direta e linguagem direta. Ele sugere que a linguagem crua, não-metafórica, não é menos decente que a nudez explícita: "A expressão cínica é sempre a mais simples [...]"[7]. Significativamente, a mesma concepção é característica de certa ficção pornográfica que justifica sua própria linguagem vigorosa — dotada de inquestionável efeito pornográfico — com comentários metalingüísticos semelhantes, como se vê nessa afirmação de Mercier de Compiègne: "Em tais momentos, as coisas são chamadas pelos seus nomes, sem nenhuma perífrase ou disfarce indesejável [...]"[8]. A verdade é nua. Essa justificativa é parte daquilo que um crítico denominou "ficção

6. *Le Trésor de la langue française* enumera uma segunda e mais recente acepção do termo (talvez mais comum em inglês): "Aquilo que ofende o bom gosto ou choca por conta de seu caráter indecoroso, seu despudor, sua vulgaridade ou sua crueza". Para ilustrar há uma citação de Roland Barthes, que produz uma reversão semântica, associando obscenidade ao sentimento e decoro ao sexo: "Todos irão entender que X tem 'grandes problemas' com sua sexualidade; mas ninguém estará interessado naqueles problemas que Y pode ter com sua sentimentalidade; o amor é obsceno precisamente quando coloca o sentimental no lugar do sexual" (*A Lover's Discourse*, trad. Richard Howard, Nova Iorque, Hill & Wang, 1978, p. 178.

7. Diderot, *Ouvres complètes*, vol. 16, p. 129.

8. Claude Mercier de Compiègne, *La Foutromanie, poème lubrique, suivie de plusieurs autres pièces du même genre*, Sardanapalo, Aux Dépens des Amateurs, 1780, p. 5.

da inocência"[9], estratégia discursiva freqüente nos romances libertinos e pornográficos, destinada a naturalizar os detalhes transgressivos. E essa analogia dá um toque final ao subtexto de Diderot, que é um ensaio e uma reflexão sobre os usos da obscenidade em suas manifestações visuais e lingüísticas.

Como a representação escrita de cenas e imagens eróticas pode ser considerada obscena mesmo sem quaisquer palavras grosseiras, a pornografia e o obsceno se sobrepõem largamente. A obra *La Messaline française* (1789), por exemplo, é ao mesmo tempo altamente pornográfica — portanto obscena — e escrita de modo muito elegante: clitóris é o único termo "técnico" usado. Este ensaio analisará a inter-relação entre a palavra obscena e o efeito pornográfico.

Entendida de modo restrito, a palavra obscena pertence a uma categoria lexical específica, um registro lingüístico vulgar associado à nomeação de práticas sexuais e partes anatômicas; ou seja, a palavra obscena atua denotativamente. Essa definição pode ser ampliada para incluir termos técnicos ou clínicos, porque essas palavras também são evitadas — talvez até mais — na conversação polida. De fato, a pornografia parece não distinguir claramente as duas categorias. Assim, uma observação metalingüística presente em *Vénus en rut* ressalta tanto a retidão da linguagem direta quanto a "força [dos] termos técnicos [...] que nomeiam as coisas claramente", em oposição às figuras de retórica, que são polissêmicas e prejudicam a concentração erótica[10]. O valor da nomeação cabal, quer com vocabulário polido quer com vocabulário vulgar, é explorado plenamente pelos escritores.

Porém, esse valor varia consideravelmente de acordo com a contextualização. Assim como a nudez torna-se indecente quando emoldurada por algum ornamento, o efeito pornográfico

9. Claude Reichler, "La Représentation du corps dans le récit libertin", em François Meureau e Alain-Marc Rieu (orgs.), *Eros philosophe*, Paris, Champion, 1984, p. 80.
10. *Vénus en rut* (C. 1784), em *L'Enfer de la Bibliothèque Nationale*, vol. 4, *Oeuvres anonymes du XVIIIe siècle*, Paris, Fayard, 1987, p. 116.

também depende do contexto, e a palavra obscena na pornografia não é exceção. Portanto, a pornografia posterior à Revolução Francesa é inferior se comparada à pornografia anterior à Revolução. A indecência da primeira, além de não ser atenuada, é venerada por um discurso que exalta as virtudes republicanas e denuncia qualquer refinamento sexual, contratriando todas as receitas eróticas da época. Que tipo de contextualização exprime melhor o efeito pornográfico da palavra obscena? Em primeiro lugar, existe o contraste entre dois registros de linguagem — cru e polido ou cru e elegante — contraste que realiza a transgressão no plano lingüístico. Esse efeito é ampliado quando palavras usualmente associadas às classes populares são ditas por bocas aristocráticas, principalmente se repetidas por narradoras femininas — ocorrência freqüente, que acentua seu impacto[11]. A segunda forma de contextualização é a inserção em um enredo, necessidade que se estende a outros elementos associados à pornografia, mas que também afeta a palavra obscena. Quando se compara verso erótico e ficção erótica em prosa, torna-se evidente que o enquadramento narrativo é um fator até mais significativo do que o uso da prosa. Portanto, os poemas cuja obscenidade verbal é espalhafatosa, destituídos de qualquer fio narrativo, como *Ode à Priape* (1710), de Piron, ou *La Foutromanie* (1780), de Mercier de Compiègne, podem ser melhor qualificados como peças cômicas ou paródias do que como pornografia. Porém, os *Contes*, de La Fontaine, que foram compostos em verso e não são pornográficos, possuem uma dimensão erótica que se aproxima muito de um efeito pornográfico, apesar de seu refinamento estilístico. Mais do que qualquer outra forma literária, uma narrativa condicionará e envolverá o leitor, e alcançará maior efeito se usar o tempo verbal passado e a primeira pessoa do singular, construindo uma es-

11. Como exceção, em *Les Aphrodites* (1793), de Andréa de Nerciat, as palavras obscenas são reservadas para os personagens plebeus.

tratégia que promove o *autovoyeurismo* do leitor[12]. Em vez de meramente descritivos e prescritivos, os diálogos também tendem a incorporar o aspecto narrativo, principalmente no século XVII, quando a pornografia começou a se constituir como gênero, com o diálogo como forma principal, segundo o modelo de Aretino (por exemplo, em *L'Académie des dames* e *L'École des filles*). Mesmo a cena, o quadro ou a descrição da ação sexual, que constitui a unidade central e indispensável da pornografia, e em torno dos quais circulam as palavras obscenas[13], são mais efetivos quando sustentam uma linha narrativa, mesmo que rudimentar. Além disso, o quadro em si tende a se converter em narrativa; a *performance* sexual torna-se enredo. Lembrando que a estrutura das histórias em geral foram comparadas à estrutura da prática sexual, não é difícil entender a insistência com relação à forma narrativa na pornografia mais bem-sucedida.

Um último aspecto formal esclarecerá a natureza do funcionamento e significado da palavra obscena. Diz respeito aos gêneros sexuais dos narradores e dos personagens, e às diversas combinações possíveis. A principal corrente da pornografia, embora explorando certa indistinção sexual, é, ou era, na maioria das vezes, de caráter heterossexual, e seu leitor implícito era do sexo masculino. A análise de Freud sobre a anedota obscena, que também tem uma referência de caráter heterossexual, torna-se neste momento pertinente. Segundo Freud, a alusão tendenciosa ou obscena (a anedota) origina uma excitação sexual, provocada pelo locutor devido a uma figura bem definida: uma mulher. Inicialmente, a obscenidade refere-se a essa mulher particular objetivando a sedução e alguém que espera ser bem-sucedido, mas cujo êxito é adiado, na melhor hipótese, em conseqüência da presença de uma terceira parte, isto é, de

12. Mais que a dimensão narrativa, Goulemot enfatiza o efeito erótico de uma estampa, por ser uma cena inserida que, portanto, interrompe a narrativa. Ver Goulemot, *op. cit.*, pp. 61-2.
13. Goulemot faz essa observação genérica. Ver *idem*, p. 139.

outro homem. "Em níveis sociais mais elevados", diz Freud, a mulher não escuta anedotas indecorosas, e o grupo de homens que as escuta estabelece, então, uma transformação da situação original[14]. Agora, o homem ou os homens que constituíam aquela terceira parte tornam-se os destinatários da anedota. Essa segunda situação é reproduzida na pornografia quando um narrador masculino parece falar de um personagem masculino; isso é mais evidente nos narradores em primeira pessoa, mas também ocorre em muitas narrativas em terceira pessoa cuja voz é masculina e que implica ou mesmo inscreve um personagem masculino. Baseando-se numa amostra de 25 textos com palavras obscenas, todos do século XVIII — exceto os dois exemplos do século XVII mencionados antes — 11 classificam-se na primeira categoria e, previsivelmente, abrangem a maior quantidade de palavras obscenas. Freud observa que, quando o personagem da piada suja "percebe que o impulso de sua libido é inibido pela mulher, ele desenvolve uma tendência hostil [contra ela] e considera sua aliada aquela terceira pessoa originalmente perturbadora"[15]. Esse processo pode ser comparado com a relação entre o narrador masculino e o personagem, que falam um ao outro sobre o corpo da mulher fictícia. Pode ser um fator a ser considerado na tendência hostil da pornografia em relação às mulheres; as palavras obscenas — pouco toleradas pelas mulheres — como uma manifestação dessa hostilidade. Como Freud assinala, "a mulher é exposta" — muitas vezes um procedimento ambivalente — e as palavras facilmente tornam-se detratoras, se os "componentes sádicos do instinto sexual" são citados[16]. Na pior das hipóteses, alguém alcança a tendência pornográfica de Sade.

14. Sigmund Freud, *Jokes and their Relation to the Unconscious*, Nova Iorque, Norton, 1960, pp. 97, 99, 100.
15. *Idem*, p. 100.
16. *Idem*, pp. 99-100.

Esse modelo inicial lança uma luz interessante sobre as numerosas obras que derivam dele — 14 entre 25 obras, ou seja, mais da metade — pela introdução de uma narradora feminina, de uma personagem feminina ou de ambas. Com a exceção óbvia de Sade, essas obras freqüentemente obscurecem, suavizam ou até mesmo eliminam as sugestões hostis das palavras obscenas e complicam seu significado. Desse modo, *Le Catéchisme libertin* (primeira edição, 1791) combina um narrador masculino e personagens femininos, o que não era muito freqüente. Embora essa obra seja, por um erro ou, talvez, um chiste, atribuída à revolucionária Théroigne de Méricourt, seu formato, que parodia as perguntas e respostas do catecismo das crianças católicas, inclui um locutor autoritário masculino — um padre, um médico ou um advogado — ministrando regras de comportamento para prostitutas, e sua obscenidade toca o leitor de modo fraternal e claramente bem-intencionado, e não tanto depreciativo. Nota-se algo similar em Sade: algumas notas de rodapé anexas a *Histoire de Juliette* contêm conselhos sexuais paternalistas dirigidos a personagens femininos. Na anedota de Diderot, era a mulher quem se empenhava na tentativa de sedução, tornando a anedota mais picante. De fato, a introdução de uma mulher entre o autor e o leitor promove certa cumplicidade entre o leitor e a mulher ou uma representação imaginária da mulher pelo leitor. Do ponto de vista psicanalítico, esse processo ecoa a cumplicidade incestuosa entre mãe e filho, uma relação estabelecida mais explicitamente na pornografia do que em outros gêneros. Traçando um paralelo entre a invenção de um cenário perverso e a criação artística, Joyce McDougall percebe que, em ambos os casos, "o prazer encontrado no ato criativo é mais intenso que o prazer de contemplar o objeto criado; a produção tem precedência em relação ao produto"[17]. O autor assinala que esse aspecto, comum ao perverso e ao artista, en-

17. Joyce McDougall, *Playdoyer pour une certaine anormalité*, Paris, Gallimard, 1978, p. 97 [tradução de *Plea for a Measure of Abnormality*, Nova Iorque, International Universities Press, 1980, cap. 4].

contra seu modelo nas primeiras produções da criança durante a fase anal — fezes e urina —, que são consideradas parte dos objetos. "A criança desfruta um prazer espontâneo" nesse ato de criação. "Ela está interessada nos produtos em si *apenas tanto quanto sua mãe dá importância aos mesmos;* a *mãe* é o 'público' que atribui aos mesmos sua função significativa como objetos de troca", isto é, de comunicação[18]. Segundo essa interpretação, uma terceira parte, o pai, real ou simbólico, aparece como testemunha e espectador interferindo na relação dual entre mãe e filho[19]. Na idade adulta, são as diferentes corporificações da figura do espectador que distinguem o perverso do artista. Ambos precisam da aceitação do público e do desfrute de sua criação — o que, no inconsciente do sujeito da experiência, corresponde ao desvelamento da parte original do objeto. Para o artista, homem ou mulher, essa validação de sua condição de sujeito, sendo realmente pública, realiza-se por meio de um autêntico ato de troca. Para o perverso, porém, esse processo permanece preso ao plano da fantasia primeva, a fantasia de "um amor anal e secreto entre mãe e filho [...]. O artista, por meio de sua própria criação, submete-se ao julgamento do Outro, enquanto o perverso procura ocultar-se"[20], evitando, portanto, a intrusão de um terceiro. Afastando e reprimindo o pai simbólico, o cenário perverso permanece encerrado em si mesmo e, ao menos na superfície, desempenha apenas o relacionamento dual original, em que a mãe pode atuar como espectadora e como participante.

É fácil ver como, na ficção erótica, diferentes combinações de gêneros sexuais de narradores e personagens podem constituir versões diferentes desse cenário. A pornografia — cujos efeitos se baseiam em situações sexuais "diferentes dos padrões" — oferece um ponto médio entre a criação perversa e a criação artística (ponto do qual a obra de Sade, que vai muito além da

18. *Idem*. Os itálicos estão no texto.
19. Ver "The Anonymous Spectator", em McDougall, *op. cit.*, cap. 1.
20. *Idem*, p. 98.

pornografia, pode ser considerada a realização máxima). Gênero semiclandestino, a pornografia introduz o elemento transgressivo não só no quadro erótico, mas também na escolha das situações narrativas. O efeito de cumplicidade é mais pleno quando o narrador é do sexo feminino e trata de um personagem do sexo masculino — a narradora, freqüentemente uma mulher madura ou uma cafetina, relata suas proezas passadas ou descreve sua iniciação amorosa a seu amado ou ao público. Essa circunstância satisfaz o *voyeurismo* do leitor, além de introduzir a mãe como agente e como testemunha e cúmplice no cenário perverso, apelando à possível sobrevivência desse "[amor] secreto e anal entre mãe e filho", aludido por McDougall. Desnecessário dizer que a expressão obscena sobre o elemento feminino ao mesmo tempo ratifica e satisfaz essa cumplicidade.

A inscrição do narrador e do personagem do sexo feminino, embora distante do cenário original, é o que melhor proporciona o *voyeurismo* e a bisbilhotice ao leitor, permitindo as mais variadas formas de identificação e projeção. Duas amigas, ou uma mãe e sua filha, trocam confidências e conselhos: essa é também a situação mais favorável para a reflexão metalingüística sobre o vocabulário cru em oposição ao vocabulário polido, apresentado como uma preocupação tipicamente feminina. A pornografia mais excitante sexualmente, porém, combina mais de uma dessas situações de comunicação. Assim, a *Histoire de Dom Bougre, portier des Chartreux*, considerada modelo insuperável e referência constante na pornografia do século XVIII, modula o gênero sexual de seus narradores e personagens por meio de histórias encaixadas, reproduzindo no plano da *persona* narrativa a variedade de combinações sexuais da cena erótica (figs. 5.1 e 5.2).

Como foi mencionado, as palavras obscenas tendem a circular em torno do *tableau*. A descrição de corpos, percebida no *voyeurismo* do narrador, torna-se mais saliente e dá lugar a

Figura 5.1: (acima) Cena de lesbianismo. Fonte: *Histoire de Dom B —, portier des Chartreux* (ed. de Frankfurt, 1748).

Figura 5.2: (pagina 228) O *voyeur*. Fonte: *Histoire de Dom B —, portier des Chartreux* (ed. de Frankfurt, 1748).

uma nomeação anatômica cada vez mais precisa enquanto o narrador torna-se um participante ativo[21]. Essa intensificação, ou se dissolve em um conjunto de exclamações inarticuladas no momento do orgasmo, ou culmina com a nomeação do ato e de seus efeitos. As palavras obscenas também se agrupam em torno de dois outros pontos estratégicos do romance. Ocasionalmente surgem no título, como em *Les 40 manières de foutre* (1790). Porém, aparecem mais freqüentemente em elementos como epígrafes e lugares fictícios de publicação, nomes ou biografias de autores[22] e nomes de personagens; *L'Anti-Justine*, de Restif de la Bretonne, é um dos exemplos mais notórios[23]. Goulemot considera esses jogos de palavras como uma forma de mistura, uma interferência, um jogo intelectual em que a polissemia prejudica o efeito pornográfico[24]. Embora esses jogos de palavras representem um condicionamento inicial, que em parte caracterizam a suposta interferência, não afetam a condição essencial do assunto. Além disso, em alguns casos, estão disseminados por toda a narração e, apesar de diluírem a concentração estratégica, contribuem para o substrato geral.

Vamos examinar a seguir a autenticidade que a palavra obscena reinvidica tanto quanto suas limitações. Contrária à linguagem refinada, que é a linguagem da repressão e dos processos secundários — ou seja, os processos mentais conscientes que se baseiam na gratificação diferida e na mobilização da energia psíquica correspondente ao pensamento racional — a linguagem sem rodeios da obscenidade se relaciona aos processos primários — ou seja, aos processos inconscientes que permitem "o fluxo livre da energia psíquica", que "tende a reinvestir com-

21. Ver Goulemot, *op. cit.*, pp. 139-41.
22. Por exemplo: *La Messaline française...*, *A Tribaldis, de l'imprimerie de Priape* (1789); *La Liberté, ou Mlle Raucour...*, *A Lèche-Con* (1791); André-Robert Andréa de Nerciat, *Le Diable au corps* (1803), escrito por um "*membre extraordinaire de la joyeuse Faculté phallo-coïto-pygo-glottonomique*".
23. Por exemplo: Vitnègre, Conquonnette, Conquette, Couillette, Foutàmort, Beauconnin e Timori-Lenfonceur.
24. Goulemot, *op. cit.*, pp. 85-6.

pletamente as representações associadas à gratificação constitutiva do desejo (alucinação primitiva)"[25]. Em outras palavras, a linguagem obscena relaciona-se, mais diretamente que a linguagem usual, ao corpo e suas pulsões, e evoca representações corporais, dotando-as de qualidade alucinatória. Desse modo, seu discurso justifica-se contrapondo as demandas do corpo e de seu prazer e a "impostura" dos sentimentos. Portanto, a palavra obscena é governada pelo tabu em relação ao amor, que caractériza grande parte da pornografia, embora não toda[26]. E assume a função de delatora do discurso sentimental, considerado uma espécie de eufemismo cuja intenção é encobrir a verdade do desejo sexual. De fato, esse postulado, que se aplica tanto à literatura quanto às convenções sociais, tem algum fundamento. Deve-se salientar, porém, que isso se baseia numa visão dualista da sexualidade, numa dicotomia rigorosa entre corpo e alma, o que implica dicotomia cultural subjacente ao tabu do corpo no discurso polido que confina o sentimento ao domínio do espírito. Aí, talvez, esconda-se um logro, que arrisca transformar o postulado da verdade em outro gênero ficcional. Nas palavras de Horkheimer, essa ficção seria a da cultura moderna, que nutre "uma relação de amor e ódio com o corpo [...]. O corpo é desdenhado e rejeitado como algo inferior e, ao mesmo tempo, desejado como algo proibido, materializado e alienado"[27]. Essa é precisamente a visão do corpo em Sade, manifestada por meio da mais violenta oposição ao prazer e ao amor:

> "Não quero uma mulher para imaginar que lhe devo alguma coisa porque me sujo em cima dela [...]. Nunca acreditei que a união

25. Jean Laplanche e J.-B. Pontalis, *The Language of Psycho-Analysis,* trad. Donald Nicholson-Smith, Nova Iorque, Norton, 1973, p. 339 (trad. mod.).
26. O amor como tema aparece em *Histoire de Dom Bougre, portier des Chartreux,* que pode ser considerado uma exceção.
27. Max Horkheimer e Theodor W. Adorno, "Notes and Drafts", em *Dialectic of Enlightenment,* 1944, Nova Iorque, Herder & Herder, 1972, pp. 232-3. (Ed. bras. *Dialética do Esclarecimento,* Rio de Janeiro, Jorge Zahar, 1994)

de dois corpos poderia originar a união de dois corações; eu posso perceber grandes razões para desprezar e sentir aversão a essa união física, mas nenhuma razão para amar"[28].

Portanto, no erotismo de Sade, há uma ambivalência em relação à aversão, que os agentes procuram alcançar e superar e que é agressivamente provocada no leitor.

A verdade desvelada pela palavra obscena jaz em outro lugar, conforme funcione como simulacro ou fetiche. Essa proposição, como apresentaremos em breve, reflete mais precisamente a relação complexa da palavra obscena com os processos primários que a oposição — de fato, a suposta incompatibilidade — entre corpo e alma. A associação entre verdade e simulacro, verdade e fetiche, pode soar como um paradoxo, mas só porque a pornografia é muitas vezes criticada por carecer de autenticidade. Desse modo, Nancy Armstrong fala do "signo pornográfico como um substituto do corpo real e de seu prazer autêntico"[29], mas, embora seja admissível que o signo não seja o corpo real, a distinção entre prazer autêntico e inautêntico é muito mais problemática[30]. Como já notamos, esse signo pornográfico particular — a palavra obscena — nomeia as partes sexuais, mas nunca um objeto (com a exceção óbvia do consolo), e sua repetição reflete a predominância do corpo fragmentado na pornografia.

Segundo a definição de Marc Guillaume, qualquer percepção de nós mesmos experimentada como "contingente" — ou seja, não inclusa na estrutura de significação, — apresenta-se como excesso da existência, e "essa percepção de um excesso

28. Marquês de Sade, *Histoire de Juliette*, em *Oeuvres complètes du marquis de Sade*, Paris, Cercle du Livre Précieux, 1963, vol. 9, p. 148.
29. Nancy Armstrong, "The Pornographic Effect: A Response", *The American Journal of Semiotics*, 7, 1990, p. 30.
30. Armstrong também afirma, porém, que "qualquer representação do que está [...] fora do discurso é, naturalmente, discurso [...], e não a coisa em si"; desse modo, a pornografia, com sua "proclamada artificialidade, deixa o corpo real seguramente no domínio da natureza" (*idem*, p. 32).

concentra-se sobre o corpo"; no caso do obsceno, a parte inferior do corpo percebida como cloaca. Diversas formas de socialização — vestuário, maquiagem, tatuagens, dietas, rituais funerários, convenções de civilidade e as muitas outras encenações da ilusão æ tentam "evitar um confronto com esse excesso". Contudo, há momentos em que o senso de contingência — o "excesso em relação ao corpo" e a uma realidade sem sentido — abre caminho entre os artifícios de segurança da organização simbólica, sob a forma de "lágrimas ou risadas irrepremíveis, ira ou prazer sexual"[31]. Esses momentos também são controlados por processos primários. Esse excesso irrecuperável, quando envolve a representação do sexual e do escatológico, constitui o obsceno; porém, não fica claro se Guillaume estende o obsceno a outras manifestações de contingente excedente enumeradas por ele.

Limitando-nos à aceitação mais restrita e comum, vamos voltar à palavra obscena a fim de explicar como ela acarreta a experiência de contingência como excesso — em relação a uma realidade independente da corrente de significado, embora seja propriedade da linguagem verbal. A palavra obscena, como o insulto[32], refere-se ao tempo em que a criança não distingue representação das palavras e representação das coisas e tende a tratar as palavras como coisas. Portanto, os termos *corpo-som* ou *palavra-órgão* para designar as representações provocadas no locutor adulto, representações que, segundo Pierre Fédida, têm "o poder de produzir no ouvinte

31. Marc Guillaume, "*Délivrez-nous du corps*", *Traverses*, 29, out. 1983, pp. 59-65. Resumi as páginas 59 e 60, usando a linguagem do autor. Guillaume parece implicitamente retomar definição sartreana do "contigente" (que Sartre associou com a experiência da "náusea"), e também o conceito lacaniano do "real". O resto do artigo investiga como a mídia contemporânea opõe novos tipos de medidas de segurança contra a invasão do "excesso contingente".

32. Ver o caso do "Homem dos Ratos" de Freud: "O menino ficou muito furioso e começou a insultar seu pai, mesmo enquanto era golpeado. Mas como não conhecia a linguagem de baixo calão, o menino chamou o pai de todos os nomes de objetos comuns que pôde lembrar, gritando: "Lâmpada! Toalha! Prato!" e assim por diante". Sigmund Freud, "Notes upon a Case of Obsessional Neurosis", 1909, em *Three Case Histories*, Nova Iorque, Collier Books, 1963, pp. 62-3.

um verdadeiro estímulo regressivo-alucinatório ("Belebung") e o vívido retorno de imagens mnemônicas"[33]. Essa proximidade com a coisa é que excede a linguagem usual e evoca o mental, isto é, uma representação alucinatória do corpo com mediação mínima. A palavra obscena é mais que um outro substituto para o objeto; a própria palavra adquire o *status* de parte do objeto, portanto pode representar o conjunto do corpo erótico.

O *status* escrito da palavra obscena na pornografia conserva essas características explorando-a de modo particular. Sem suprimir inteiramente a representação da percepção auditiva e de seu impacto, o texto escrito produz uma mudança parcial da percepção auditiva para a percepção visual. Algumas vezes, a caligrafia é considerada parte do objeto na psicanálise — o último vestígio para a criança do corpo do outro[34]. Se admitirmos essa proposição, podemos dizer que a palava obscena é duplamente parte do objeto, auditiva e visual, pois é escrita a mão ou composta tipograficamente e, em seguida, lida.

O vocabulário obsceno expressa não só o corpo erótico da mulher, mas também o do homem. Isso suscita duas questões: uma que envolve exibicionismo e outra que envolve o desejo masculino ou feminino. O exibicionismo resulta da vontade de expor o corpo ao outro[35] e é uma motivação freqüente na pornografia, o que pode ser responsável por muitas descrições explícitas e entusiásticas do membro masculino. Se o narrador é do sexo feminino, essas caracteriza-

33. Ver Pierre Fédida, "L'Amour muqueux", *Traverses*, 29, out. 1983, pp. 95 e 98.
34. Ver Annie Lelièvre, "La Correction", em *L'Écrit du temps* 2, outono 1982, p. 147. Ela escreve que "a escola [...] é o lugar em que a criança, liberta de qualquer entidade real, experiencia o corpo do outro mediante as variações que ela(e) impõe sobre o significante [...]. Se a criança investe seu prazer no prazer desse objeto parcial — o ato de escrever — é porque, do outro corpo, isso é tudo que ela(e) lega. Através dos signos institucionalizados de um corpo transformado em linguagem, ela(e) pratica a ascese da renúncia. Ela(e) exaure o desejo do incesto por meio das figuras imaginadas de apropriação, que entram no ritual da sua escrita". De fato, isso pode explicar algumas relações adultas conflitivas em relação à escrita, como o bloqueio dos escritores.
35. "É fácil observar a inclinação à auto-exibição em crianças"; Freud, *op. cit.*, p. 98.

ções assumem importância adicional, inscrevendo o desejo feminino. Sem considerar sua autenticidade, que é tão questionável quanto a do desejo masculino, sua inscrição por meio da palavra obscena é um dos modos usados pela pornografia do século XVIII para apresentar a mulher como sujeito que deseja o corpo masculino. Na obra *Le Rideau levé*, de Mirabeau, o corpo desejado da mulher tem lugar central, com uma narradora relatando a interação entre um homem e uma mulher e os efeitos dessa observação. Mas também existem casos, particularmente em Andréa de Nerciat, em que o homem se apresenta exclusivamente como objeto desejado, e a mulher, como sujeito que deseja, conduz a ação. Às vezes, o objeto masculino é um empregado ou outro indivíduo de classe social inferior à da mulher, mas, em todos os seus romances, Andréa de Nerciat também descreve relações de total reciprocidade sexual — isto é, social. A especificidade do desejo — masculino ou feminino — raramente é fundamental na pornografia, o que se deve possivelmente à necessária mistura dos sexos, e também à influência masculina. A pornografia do século XVIII dedicava, provavelmente, mais espaço para o desejo feminino que a atual[36].

A verdade da palavra obscena, portanto, é aquela que manifesta a dependência do erotismo ao imaginário. Embora isso também seja válido para outras unidades narrativas, a palavra obscena possui o controle mais direto sobre o corpo e exibe mais vigorosamente a relação entre o desejo e a linguagem. Pode-se questionar a autenticidade do desejo representado pela linguagem obscena, mas não do desejo incitado no leitor. Agindo como parte do objeto, a palavra obscena revela que a palavra-fetiche é mais potente que o próprio objeto real. Isso se aproxi-

36. Fugindo dessa tendência, Robert Darnton enfatizou em sua análise de *Thérèse philosophe* (1748) uma ruptura fundamental em relação ao tratamento da mulher como objeto erótico. O autor revela que o tema dominante no romance, governando a própria trama, é a idéia de que a saúde e o bem-estar da mulher exigem que ela satisfaça suas necessidades sexuais ou evite completamente a gravidez. Ver *Edition et sédition: L'Univers de la littérature clandestine au XVIIIe siècle*, Paris, Gallimard, 1991, pp. 180-8

ma da extensa definição que Sebeok faz de fetiche, considerando-o "um signo acima do normal, uma 'resposta colocada fora de lugar', representando, se se desejar — e, de fato, amplificando por um processo de ritualização —, algum objeto natural, sobre o qual um indivíduo projeta-se em detrimento do próprio objeto"[37].

A idéia de amplificação associada à palavra obscena como fetiche ou simulacro deve ser analisada em relação aos outros procedimentos relativos ao exagero que caracterizam a ficção pornográfica, a fim de elucidar o *status* particular da palavra obscena. Goulemot identifica algumas estratégias narrativas, típicas do romance do século XVIII, que a pornografia também usa bastante, e estuda sua relação com questões de realismo e verossimilhança. O autor aborda diversos aspectos distintos mas relacionados, que precisam ser confrontados mutuamente. Primeiro, Goulemot argumenta que o efeito fisiológico da pornografia sobre o leitor constitui uma incursão do livro no mundo real. Ele vincula a reação física à ação do imaginário e sua coisa concreta; inclusive vacila quando afirma que, ao provocar a excitação sexual no leitor, a ficção erótica elimina a possibilidade de escolha, portanto "subjuga o mecanismo usual de leitura, que implica jogo e escolha [...]. Incapaz de satisfazer o desejo provocado, obriga o leitor a sair do mundo da imaginação e impõe a lei da obra literária ao mundo real"[38]. Contudo, Goulemot salienta depois que, segundo a visão do século XVII, a leitura de romances em geral provocava muitos efeitos psicológicos, particularmente em mulheres, por causa do seu caráter frágil: "uma espécie de estímulos quase patológicos [...] (palpitação, insônia, nervosismo ou languidez)", sem falar das lágrimas derramadas por leitores do sexo feminino e do sexo masculino. Nessa perspectiva, ele

37. Thomas Sebeok, "Fetish", *The American Journal of Semiotics*, 6, 1989, p. 62. Ele refere-se a Konrad Lorenz, *Studies in Animal and Human Behaviour*, Cambridge, MA, Harvard University Press, 1971, vol. 2.
38. Goulemot, *op. cit.*, p. 53.

argumenta, o efeito fisiológico da leitura pornográfica iria se tornar o modelo exemplar de toda leitura de ficção — uma afirmação que faz sem suficiente embasamento. De qualquer modo, essa proposição é contestada tanto por nossa experiência moderna de leitura, como pela idéia de leitura como objeto de livre escolha[39].

Em segundo lugar, o autor argumenta que os romances pornográficos ressaltam como os efeitos de realidade são criados na ficção do século XVIII, ao exagerar seus métodos de verossimilhança, tal como o uso da narrativa em primeira pessoa e das histórias encaixadas, que justificam repetições e efeitos favoráveis ao *voyeurismo* e à exibição espetacular, ou a ambos. Desse modo, Goulemot, às vezes, parece sugerir que não há diferença qualitativa entre "sistemas de credibilidade" da pornografia e de outros tipos de ficção, mas apenas diferentes efeitos ampliados na pornografia. Ao contrário, em outros pontos, ele assinala elementos específicos à pornografia, como a falta de caracterização[40] e a impossibilidade de identificar o personagem pornográfico como um indivíduo, apesar da identificação do leitor com o desejo do personagem[41], e, mais uma vez, a impossibilidade de se escapar da excitação física[42]; em tais casos, a ficção erótica não pode servir como um modelo (mesmo que exagerado) para todos os romances. Enfim, *existe* uma diferença qualitativa entre a leitura da obra pornográfica e a de outros romances.

O assunto final é uma ramificação do primeiro e leva-nos de volta diretamente à palavra obscena. Em sua conclusão, Goulemot afirma que a pornografia mais bem-sucedida — a do século XVIII — chega muito perto de "uma verdadeira *trompe l'oeil*" literária. Seus autores, assevera ironicamente, eram "como esses deuses, de quem se diz que nomeiam a fim

39. *Idem*, pp. 71, 70-2.
40. *Idem*, pp. 132-4, 135-6.
41. *Idem*, p. 74.
42. *Idem*, p. 129.

de criar"[43]. É uma maneira de sugerir que, na pornografia, a palavra cria a coisa — por meio de seu efeito fisiológico, a leitura pornográfica transporta a lei da obra literária do mundo imaginário para o mundo real —, daí a metáfora do *trompe-l'oeil*.

Não se deve esquecer que, embora o efeito pornográfico — o desejo sexual do leitor — seja facilitado por certas técnicas narrativas, pode ocorrer em sua ausência. O que importa, afinal, é o conteúdo erótico *per se* e o fato de ser transportado por meio da linguagem escrita à situação de leitura. A própria verbalização é o que provoca a operação do imaginário e funciona semioticamente em duas vias. Na maior parte, funciona no plano da representação literária (mimese), que, como em toda obra de ficção, corresponde às seqüências narrativas e descritivas que usualmente compõem a maioria do texto. Apenas vagamente alguém pode falar de *trompe-l'oeil* nesse plano. A ficção erótica oferece uma mimese verbal das cenas sexuais. A representação, não importa quão sugestiva, é apenas uma "imitação" em forma de palavras.

O que nos interessa é que o termo *trompe-l'oeil* adquire um sentido literal no caso da linguagem obscena (e só nesse caso); daí a posição especial da palavra obscena para a representação literária. Apesar de o discurso pornográfico estimular o desejo apelando ao imaginário, geralmente o faz por meio da linguagem verbal, ao evocar os atos sexuais que buscam mimetizar os dos seres humanos reais. Desse modo, a pornografia pode ser considerada um ramo da ficção "realista". Porém, a relação entre a palavra obscena e o seu referente é diferente da das outras palavras. Como fetiche, ou como simulacro de uma parte do objeto, a palavra obscena além de representar seu referente o substitui. Atua como um substituto para seu referente (de fato, algumas vezes até o aperfeiçoa). Portanto, é a única unidade na pornografia que, consi-

43. *Idem*, p. 153.

derada de modo rigoroso, qualifica-se como *trompe-l'oeil*. Ao contrário das outras, a palavra obscena não só representa mas é a própria coisa.

PARTE TRÊS

As Perspectivas do Século XVIII

Capítulo VI

A Prostituta Libertina: Prostituição na Pornografia Francesa de Margot a Juliette

Kathryn Norberg

A prostituta desempenha um papel particularmente importante na história da pornografia e estava presente já em seu nascimento. A obra *Ragionamenti*, de Aretino, indiscutivelmente o primeiro texto pornográfico, é um diálogo entre duas prostitutas. Uma prostituta era a heroína de *Memoirs of a Woman of Pleasure* [*Memórias de uma Mulher do Prazer*], uma das mais importantes e duradouras obras pornográficas. Ela participa do mundo do marquês de Sade, tendo sua devassidão tematizada em *Histoire de Juliette*, um de seus mais longos romances. Do Renascimento à Revolução Francesa, a cortesã participa da literatura libertina; sua vida e seus amores constituem a matéria-prima de diversos textos pornográficos. A biografia ou as confissões de uma prostituta são muitíssimo comuns no gênero, e em geral a própria prostituta narra a história. De *La Puttana Errante* a *Fanny Hill*, de *Margot* a *Juliette*, a parola da prostituta constitui grande parte da pornografia ocidental, e nenhum outro personagem, masculino ou feminino, cafetão ou dissoluto, pode disputar sua predominância no mundo do obsceno.

Por aparecer tão freqüentemente na literatura libertina, a prostituta é um excelente instrumento para detectar mudanças na pornografia e, por sua vez, mudanças nas atitudes e convicções. Ela funciona como um barômetro social, indicando novas posturas em relação às velhas hierarquias políticas. Dependendo do autor, a prostituta ridiculariza ou louva seus clientes, entre os quais se encontra toda espécie de homens, desde velhos aristocratas até burgueses novos-ricos. Pode criticar a sociedade ou observar complacentemente, e sua alcova pode ser um espaço de agitação política ou de meros jogos amorosos. A prostituta revela também uma grande variedade de atitudes em relação à sexualidade feminina e ao papel social das mulheres. Pode ainda evidenciar a política sexual da época, quer o pornógrafo retrate a prostituta como vítima ou como predadora.

Contudo, as obras pornográficas não retratam a realidade da prostituição. A prostituta libertina é totalmente fictícia, é uma imagem produzida pela fantasia masculina, e não pela realidade social. O bordel, como o harém, estimula todo tipo de desejos, e o bordel pornográfico pertence ao domínio da fantasia, e não às ruas de Paris ou de Londres. Apesar de totalmente ficcional, a prostituta não é menos valiosa. Pode servir como um guia para um aspecto muitas vezes negligenciado da cultura européia — a pornografia — e, com isso, elucida as mudanças na política e na sociedade.

Este ensaio investiga a representação da prostituta na literatura pornográfica francesa, de *Margot la ravaudeuse* (1750) até *Historie de Juliette, ou Les Prospérités de la vice. Margot* surgiu com diversos outros textos pornográficos franceses clássicos que definiram o gênero e estabeleceram suas convenções e clichês. Perto do final do século XVIII, *Juliette*, de Sade, escrito provavelmente em 1792, mas publicado mais tarde, não só recorreu à tradição, mas a aperfeiçoou e radicalizou. Entre essas duas obras, surgiram duas dúzias de textos protagonizados por prostitutas. Embora não sejam os únicos escritos do século XVIII que incluem prostitutas — que também aparecem em outros (médicos, morais e alguns sobre o controle da prostituição) —, diferem por serem pornográficos, ou seja, textos ficcionais, sexualmente explícitos e que ignoram os tabus sexuais.

Praticamente todas as obras incluídas nesse grupo apresentam um retrato particular da prostituta, que chamei de "prostituta libertina". Esse personagem, como Margot, é independente, sensual, sensível e experiente. É saudável e dotado de um apetite sexual muito intenso — isto é, um apetite normal. É uma mulher de negócios e uma artista, que proporciona sexo "variado" para homens que podem pagar por isso. É uma cortesã que vive luxuosamente e é fiel a uma "filosofia", usualmente a filosofia materialista. Inteligente, independente, altiva e razoável, ela não está doente ou é disforme; não é humilhada nem vitimada pela vida ou por seus clientes[1]. Pode ter raízes nas classes operárias, mas estas são superadas por sua educação e inteligência. Uma *arriviste*, é capaz de zombar das distinções sociais e de enganar os ricos e poderosos.

Ela também é o pólo oposto de outro tipo de prostituta que apareceu na literatura do século XVIII, denominada por um estudioso "a cortesã virtuosa"[2]. A cortesã virtuosa surgiu em 1760, aproximadamente, embora seus antecedentes possam ser localizados em Manon Lescaut. O novo romance sentimental a criou, e Restif de la Bretonne é certamente seu maior patrocinador. Para Restif de la Bretonne e diversos autores posteriores, a prostituta é fundamentalmente boa. É uma vítima desafortunada, uma menina pobre da classe popular, dominada e maltratada, doente física e, algumas vezes, espiritualmente, condenada a suportar o sadismo dos homens e da sociedade. Zéphire, personagem de *Le Paysan perverti*, de Restif de la

1. Refiro-me ao retrato típico do século XIX de uma prostituta. Existem diversos estudos excelentes sobre a representação das prostitutas na literatura e no pensamento social do século XIX: Charles Bernheimer, *Figures of Ill Repute: Representing Prostitution in Nineteenth-Century France*, Cambridge, MA, Harvard University Press, 1989; e Jann Matlock, *Scenes of Seduction*, Columbia University Press, 1993.
2. Klauss Sasse, *Die Entdeckung der "Courtisane Vertueuse" in der Französischen Literature des 18. Jahrhunderts: Restif de la Bretonne une Seine Vorganger*, Hamburgo, Universität Hamburg, 1967.

Brettone, é um bom exemplo da "prostituta com coração de ouro". Seduzida e abandonada ainda adolescente em Paris, Zéphire torna-se prostituta, mas conserva uma bondade "natural", até mesmo inocente, apesar de sua devassidão[3]. Pueril e ingênua, é "uma obra-prima da natureza", combinando "inocência, pureza, ingenuidade, franqueza, generosidade e misericórdia" em uma alma "que conserva toda sua beleza original"[4]. Os autores contemporâneos de Restif fizeram prevalecer as noções de Rousseau sobre feminilidade, e a inocência caracterizava todas as mulheres, mesmo as que pareciam corrompidas[5]. Conseqüentemente, a prostituição e a virtude tinham de ser reconciliadas, e na obra de Restif de la Bretonne isso acontece, embora com alguma dificuldade. Em *Le Palais royal* (1790), o autor descreve as prostitutas do Palais-Royal, o mais notório mercado de carne humana de Paris. Ali, o vício devia florescer, mas, de fato, a maioria das prostitutas são virgens, vítimas de mães e pais malvados que as introduziram nesse negócio infame. Contra todas as probabilidades, essas meninas desafortunadas preservaram seu recato natural e conservaram sua virgindade. Essa presunção, se por um lado afeta a inventividade de Restif de la Bretonne e a credulidade do leitor, por outro, chega ao ponto desejado: as mulheres são naturalmente recatadas, pueris e assexuadas, e até mesmo uma prostituta (ou, melhor, uma mulher forçada à prostituição, já que nenhuma delas escolheria esse tipo de vida) preserva sua virtude.

Junto à cortesã virtuosa está sua antítese: a prostituta libertina. Fanny, Margot e Juliette não têm nada em comum com Zéphire ou com as pseudoprostitutas do Palais-Royal, já que

3. Restif de la Bretonne, *Le Paysan perverti*, Lausanne, Éditions L'Age d'Homme, 1977.
4. *Idem*, vol. 2, p. 403.
5. Às vezes, a cortesã virtuosa aproxima-se de uma autêntica prostituta depravada, uma bacante real, que não possui nenhuma "filosofia", característica da prostituta libertina. Na obra *Lucette*, de Nougaret, ambos os tipos coexistem no mesmo texto. Ver Pierre-Jean-Baptiste Nougaret, *Lucette, ou Le Progrès de la vertu*, Paris, 1765; reimpressão da ed. Paris, Editions Fayard, 1986.

emergem de um mundo que antecedeu ou rejeitou as noções rousseaunianas sobre o recato feminino. A prostituta libertina é uma criatura do rococó, de um período enamorado da filosofia materialista e à vontade com o prazer sensual, principalmente o prazer "variado". Deve pouco às novas noções de diferença sexual, das quais Rousseau era o mais conhecido porta-voz. Ela não sabia nada a respeito do recato supostamente inato da mulher e cuidava pouco do seu papel na família. É uma mulher pública de um tipo particular, que existia num tempo em que a divisão entre público e privado ainda não era precisa. Pertence ao mundo das paixões, ao mundo do sexo e ao mundo da literatura sexualmente explícita. Ao contrário da cortesã virtuosa, não conhece a vergonha ou a culpa, nunca denigre seu meio de vida, exceto para agradar os censores. Pode, porém, afastar-se de seu caminho para depreciar sua irmã, a cortesã virtuosa.

A prostituta libertina aparece em diversas produções literárias do século XVIII[6]. Possui uma longa história na poesia e no drama, gêneros ainda influenciados pelo espírito impudico da cultura parisiense de rua do século XVIII[7]. A prostituta libertina recorre a uma herança remota, presente em *Ragionamenti*, de Aretino: a correspondência. Esse novo uso de uma velha forma permite ao leitor conhecer as novidades da vida da alta sociedade parisiense e informar-se a respeito da moda erótica e cultural[8]. Outro gênero, ainda mais popular — o guia de viagem ou *guide rose* — cumpria quase a mesma função, torne-

6. Na Inglaterra, houve uma variedade similar de textos que incluíam prostitutas. Ver Peter Wagner, *Eros Revived: Erotica of the Enlightenment in England and America*, Londres, Secker & Warburg, 1988, pp. 133-42.

7. Sobre o obsceno na cultura popular francesa, ver Robert M. Isherwood, *Farce and Fantasy: Popular Entertainment in Eighteenth Century Paris*, Nova Iorque, Oxford University Press, 1986.

8. Essas cartas de prostitutas são de certo modo semelhantes aos jornais de escândalos da capital publicados por Bachaumont (*Correspondance littéraire*) e Métra (*Correspondance secrète*), que também forneciam aos provincianos informações sobre modas e coqueluches parisienses e que incluíam notícias sobre as folias sexuais das principais cortesãs.

cendo um quadro privilegiado do comércio sexual parisiense, com endereços dos principais bordéis e das prostitutas. Uma variante dessa forma, incluindo lista de endereços de prostitutas, preços e atributos, floresceu depois de 1789. A maioria desses textos era muito curta — na realidade, folhetos — e sem ilustrações, enquanto as confissões e autobiografias de prostitutas eram mais elaboradas e extensas. Este gênero foi criado por John Cleland em *Fanny Hill* ou *Memoirs of a Woman of Pleasure*, de imensa popularidade. *Fanny Hill* teve muitas imitações francesas, de *Margot la ravaudeuse* e *Histoire de Marguerite*, *Fille de Suzon* (que também ocasionou a popular obra *Histoire de Dom Bougre, portier des Chartreux*) a *La Cauchoise* e, finalmente, *Juliette.*

Esses romances fornecem o quadro mais completo da prostituta libertina, e todos compartilham qualidades evidentes. Sua heroína não é apenas uma mulher sexualmente promíscua, mas também uma prostituta[9]. Ela aceita dinheiro ou é sustentada em troca de favores sexuais; passa o tempo em um bordel ou aos cuidados de uma *appareilleuse* antes de atingir o *status* de concubina. A trajetória de sua vida e a forma da narrativa quase sempre se repetem: a heroína descreve sumariamente seus pais e sua adolescência antes de introduzir a principal matéria do romance: sua instrução e seu progresso como *fille du monde.* Segue-se uma série de encontros sexuais, pontuados por reversões momentâneas, que culminam no sucesso da prostituta e na sua bem merecida aposentadoria. A confissão de uma prostituta relata a trajetória de uma vida, não para uma reflexão pessoal, mas por competência profissional, para obter sucesso e, portanto, prosperidade.

9. É sutil a distinção entre a palavra prostituta e seus sinônimos, principalmente nos romances franceses, nos quais os termos *putain, fille* e *catin* são usados de modo permutável. Em todas essas obras, a heroína é — ao menos por certo tempo — uma prostituta legítima, que aceita dinheiro em troca de favores sexuais. Há outros textos pornográficos do século XVIII, como *Félicia*, de Andréa de Nerciat, ou o clássico *Thérèse philosophe*, em que a heroína é libertina, mas não prostituta.

Margot, Javotte, Pasphion, Julie e Juliette são prostitutas que descrevem suas vidas. No século XVIII, o romance protagonizado por uma cortesã é o único gênero em que a mulher fala de si e por si mesma, mas os estudiosos literários franceses, embora mencionem essa peculiaridade, não a elucidam[10]. Penso que a narrativa em primeira pessoa foi um artifício usado pelo autor por duas razões. Em primeiro lugar, o autor pode descrever uma série de peripécias sexuais sem recorrer a dissertações extensas. O que é a vida de uma prostituta senão uma sucessão de clientes e de perversões? Em segundo lugar, proporciona ao leitor o prazer vicário de um encontro — embora apenas textual — com uma prostituta.

A narrativa em primeira pessoa, porém, não atribui poderes à prostituta nem expressa a subjetividade feminina. Margot, Javotte e Juliette não têm muito a dizer sobre a sexualidade feminina. Os autores dos textos eram homens, e escreviam provavelmente para uma audiência predominantemente — se não exclusivamente — masculina. A prostituta libertina é um reflexo da sexualidade masculina e um espelho da luxúria do homem: "ela deve deleitar", segundo Javotte[11]. A qualidade fundamental de uma prostituta é a complacência, afirma a primeira alcoviteira de Margot, a gentil madame Florence. Uma prostituta faz tudo o que lhe é solicitado prontamente e realiza as fantasias masculinas, embora cobre por isso. É a obediência — entre outras coisas — que distingue a sensual Juliette de sua teimosa irmã, a virtuosa Justine; Juliette se submete aos caprichos do seu amante com o maior prazer. Conforme Jane

10. Jean Marie Goulemot em Philippe Ariès e Georges Duby (orgs.), *History of Private Life*, vol. 3, *Passions of the Renaissance*, org. Roger Chartier *et alii*, Cambridge, Harvard University Press, 1989, vol. 3. O texto, escrito por um homem, mas narrado por uma mulher, foi analisado por Madeleine Kahn, *Narrative Transvestism: Rethoric and Gender in the Eighteenth-Century English Novel*, Ithaca, NY, Cornell University Press, 1991.

11. *Mademoiselle Javotte: Ouvrage moral écrit par elle-meme*, Haia, J. Neauluz, 1757; reimpressão da ed. Tchou, 1967, p. 33. As observações de Julia Epstein sobre *Fanny Hill* são relevantes para os textos franceses que incluem prostitutas, ver "Fanny's Fanny: Epistolarity, Eroticism and the Transsexual", em Elizabeth C. Goldsmith (org.), *The Female Voice*, Boston, Northeastern University Press, 1989, p. 148.

Gallop, Juliette é a prostituta perfeita, pois é um recipiente vazio, uma página em branco sobre a qual seus amantes podem escrever[12].

A prostituta libertina não é, porém, uma vítima desafortunada, que suporta estoicamente a humilhação e a dor. Certamente deve satisfazer os caprichos dos seus clientes, mas isso não a faz sofrer tanto. Margot, Javotte e Marguerite (sobrinha de Dom Bougre) sofrem a perda dolorosa de sua "segunda virgindade", quando os clientes exigem sexo anal. Mas, ocasionalmente, a prostituta está sujeita ao pior. Em uma cena, que se repetiria com freqüência na literatura pornográfica, Margot, encontrando-se sozinha no bordel, é forçada a atender um batalhão de mosqueteiros. "Fui obrigada a suportar trinta investidas no espaço de duas horas." Em seguida, reflete que uma mulher devota teria dado boa acolhida a uma investida tão brutal, mas não ela, uma pecadora inferior. E ainda afirma: "Excesso é excesso. Fui empanturrada com tanto prazer que tive uma espécie de indigestão"[13].

A reação de Margot é ao mesmo tempo razoável e ultrajante. Decide deixar o bordel de *madame* Florence para não se sujeitar a outro ataque semelhante. Mas também reconhece que apreciou a investida; de fato, apreciou demais. Marguerite La Duchapt é ainda mais masoquista. Um grupo de quatro mosqueteiros a "explora", aproveitando-se de todos os seus orifícios e dos seus seios, enquanto um quinto militar marca o tempo em um tambor. Os cinco — incluindo ela — alcançam o orgasmo ao mesmo tempo, e Marguerite conta ao leitor que eles "transbordaram em delírio e foderam um ao outro". "Esse novo tipo de devassidão", conclui, "deu-me o gosto para prazeres mais aprimorados"[14].

12. Jane Gallop, *Intersections*, Ohama, University of Nebraska Press, 1978, p. 33.
13. *Margot la ravaudeuse*, Hamburgo, 1750; reimpr. Paris, Pauvert, 1958, pp. 38-9.
14. *La Sainte Nitouche, ou Histoire galante de la Tourière des Carmélites, suivie de l'histoire de La Duchapt, célèbre marchand de mode*, Londres, 1748; ed. rev. Paris, 1830, p. 27.

Essa reação aproxima-se da fantasia do estuprador sobre a vítima que "deseja o estupro". Sim, a prostituta libertina é *complaisante*, mas só até certo ponto. Ao contrário de suas congêneres da pornografia contemporânea, ela não aceita nem pretende desfrutar toda forma de abuso. Javotte rebela-se quando um cliente tenta forçá-la a fazer sexo oral, e a jovem Cauchoise recusa-se a atender um cliente com um órgão doente[15]. Tais exemplos de rebeldia são, reconhecidamente, incomuns, já que raramente necessários. Esses textos não apresentam, como em algumas obras pornográficas modernas, cenas detalhadas de mulheres sendo maltratadas, humilhadas e desumanizadas; essa pornografia não aprecia muito o sadismo sexual. Essa honra cabe aos romances protagonizados por cortesãs virtuosas, em que a prostituta deve ser punida e humilhada por ter traído sua virtude natural[16]. Com júbilo, o autor de *Correspondance d'Eulalie* descreve como suas heroínas são assassinadas ou desfiguradas, seja por seus clientes, seja por alguma doença[17].

Os clientes das prostitutas libertinas têm "peculiaridades", desejos especiais que a cortesã bem-sucedida deve satisfazer, mas os pedidos são geralmente mais bizarros ou cômicos que perigosos. Alguns clientes gostam de interpretar um papel. Javotte tem um cliente que lhe pergunta por que ela se veste como uma dama de qualidade e virtude mas continua falando como uma vendedora de peixe[18]. Outro amante teima em cortejá-la com gestos de galanteio romântico. E La Duchapt tem um cliente que gosta de receber palmadas como uma criança. Praticamente todas as cortesãs satisfazem clérigos, cuja principal paixão é o açoite; e o eclesiástico que só consegue uma ereção quando açoitado no traseiro com "um punhado de

15. *Mademoiselle Javotte*, p. 114; *La Sainte Nitouche*, p. 25.
16. Zéphire, a querida prostituta de *Le Paysan et la paysanne pervertie*, de Restif de la Bretonne, é recompensada por se deixar violentar e açoitar passivamente.
17. *Correspondence d'Eulalie*, Paris, Fayard, 1984, p. 284.
18. *Mademoiselle Javotte*, pp. 108-9.

vergas" [*une poignée de verges*] é um clichê da pornografia do século XVIII. Às vezes, também os homens de idade precisam desse estímulo, e um panfleto dos anos revolucionários considera as vergas [*verges*] instrumentos essenciais do equipamento padrão da prostituta[19].

A história das prostitutas é constituída — literalmente — por esses encontros. Ao receber um cliente, a prostituta enfrenta um desafio: como "avivar" o "frouxo", "estafado" e "apático" órgão que se apresenta diante dela? Eis aí a tarefa pornográfica por excelência da prostituta, que ocupa a maior parte de sua história. Pois ela é uma profissional que, segundo La Cauchoise, "conhece a arte superior de fazer um homem foder mesmo quando seu pau não quer [...]"[20]. Uma mão lépida é o instrumento mais valioso de uma prostituta, mas ela também usa outras técnicas, e os textos pornográficos reservam amplo espaço narrativo para esse aspecto da arte da prostituta. Munida de diversas técnicas e engenhos, a prostituta mantém o controle. Com seus consolos, seus engenhos, seu teatro e, naturalmente, sua mão, ela promove o ato sexual. Toma posse do falo — figurada e literalmente — e detém o poder no relacionamento sexual. É evidente que a prostituta libertina está — ao menos algumas vezes — no controle. Em sua forma mais requintada, como *fille entretenue*, ela determina o momento e o modo. "Escute, meu amigo", Javotte fala para um amante, "tudo isso recai em dois pontos: você poderá me amar enquanto não me aborrecer, e eu irei retribuir o favor de acordo com meu gosto e capricho"[21]. Mas a prostituta libertina não é monstruosa, um ser furioso com cabeça de Medusa espalhando o terror entre os homens e evocando punição. Ela não faz ameaças de castração; ao contrário, restitui a virilidade. E não só

19. *Le Catéchisme libertin à l'usage des filles de joie et de jeunes demoiselles qui se décident à embraser cette profession*, Paris, 1792, p. 23.
20. *La Cauchoise*, Paris, Imprimerie du Louvre, 1784; revisão da ed. Paris, Fayard, 1985, p. 399.
21. *Mademoiselle Javotte*, p. 61.

para o prazer do seu cliente. A prostituta libertina, diferente da cortesã virtuosa, é libidinosa. Tem "um temperamento", ou seja, um caráter naturalmente sensual e uma propensão para o prazer, que compartilha com todas as mulheres (fig. 6.1). Margot, Javotte, Marguerite e La Cauchoise insistem nesse ponto; "todas as mulheres", declara La Duchapt, "nasceram com um gosto pelo prazer [...]"[22]. "O que é a putaria [*putanisme*]?", pergunta. "É uma condição que segue a natureza [...]"[23].

A prostituta também pode possuir um temperamento particularmente ardente. Margot, Marguerite, Javotte e La Cauchoise descendem de uma linhagem lúbrica e aproveitaram os exemplos de suas mães. Mas nenhuma delas foi introduzida pelas mães no mundo da prostituição. A prostituta pornográfica não é enganada, traída, seduzida ou abandonada, nem é uma garota inocente do interior, tapeada por uma cafetina astuta e lançada em uma vida de pecado. Ao contrário da cortesã virtuosa, ela escolhe sua profissão. Essas situações pertencem aos romances da cortesã virtuosa, principalmente os de Restif. A prostituta libertina não é uma garota recém-chegada do interior, e já tem considerável experiência sexual antes de entrar no bordel. Parisiense, é uma garota da classe popular de um dos *faubourgs*. Certamente não é rica, e o dinheiro desempenha um papel importante em sua decisão de tornar-se prostituta. "Cem *louis* e prazer, quem pode recusar tal oferta?", Javotte indaga[24]. As heroínas desses textos não podem recusar tal oferta, já que fugiram dos seus pais e encontram-se sozinhas e sem recursos.

Não que essas prostitutas sejam consumidas pela paixão. Não são bacantes insensatas, impelidas por uma sede voraz de sexo. Não representam um retorno ao antigo mito patriarcal da mulher insaciável. Margot, Javotte e Marguerite são garotas

22. *La Sainte Nitouche*, p. 47.
23. *La Cauchoise*, p. 388.
24. *Mademoiselle Javotte*, p. 48.

Figura 6.1: A prostituta pornográfica. Fonte: *Histoire de Marguerite, fille de Suzon, nièce de D — B —*, (Paris, De l'Imprimerie du Louvre, 1784). Essas ilustrações também apareceram em *La Nouvelle Académie des dames* (1776).

do século XVIII cujo apetite sexual é abrandado por uma saudável dose de filosofia. De fato, a prostituta libertina é letrada e sofisticada. Margot explica que as prostitutas "podem falar sobre qualquer coisa, pois obtemos nossa educação do Público". "Existe outra profissão", ela pergunta, "em que há tanta oportunidade de ouvir?". O guerreiro, o advogado, o financista e, principalmente, o filósofo dividem seu saber com a prostituta[25]. Estudiosa do prazer, a prostituta é também uma estudante de filosofia; particularmente do materialismo iluminista, tão presente nessa literatura libertina. Por exemplo, Javotte lê "os romances dos senhores de la Mettrie, Diderot e Crébillon". Livros que a ajudam a "refinar seus prazeres"[26].

A prostituta libertina pode desfrutar o prazer, mas com moderação. Como diz Margot, "excesso é excesso". A moderação é a chave e, embora Margot, Jovette e suas semelhantes possam sofrer fisicamente por causa de algum excesso sexual, são bastante saudáveis. As doenças venéreas desempenham um papel menor nesses textos[27]. E, como não abusam da prática sexual, nenhuma delas consente um vício mais elegante — o amor romântico. São mais cautelosas que Fanny Hill ou a multidão de cortesãs virtuosas que povoam as obras de Restif e Nougaret. Margot adverte suas irmãs libertinas contra o amor romântico: "Qualquer prostituta que deseja obter sucesso deve, como um comerciante, ter em vista seu interesse próprio e o seu lucro". Acima de tudo, continua, "o coração deve ser inacessível ao amor"[28]. Para o prazer, ela prescreve uma solução mais racional e menos envolvente: "Sempre tive a meu serviço um jovem e vigoroso lacaio, que mantenho bem alimentado e trajado, e que me serve prontamente e sem falta, ao contrário dos homens 'honrados'"[29]. Margot recomenda esse "mé-

25. *Margot la ravaudeuse*, p. 41.
26. *Mademoiselle Javotte*, p. 63.
27. Segundo Nougaret, *op. cit.*, p. 360, a sífilis era tratada "como uma piada".
28. *Margot la ravaudeuse*, pp. 75-6.
29. *Idem*, p. 130.

todo" a todas, já que evita as inconveniências e tolices do amor sentimental.

Naturalmente, só uma mulher abastada podia se dar ao luxo de manter tal lacaio e, nesses textos, a prostituta é muio rica. Ela pode começar como uma garota da classe popular, filha de um reparador de meias, de uma cabeleireira ou de um zelador de taverna, mas acaba se transformando em uma cortesã. Sua transformação é parte de sua história. Por exemplo, Javotte regride algumas vezes aos seus modos de "vendedora de peixe", e sua alcoviteira precisa mandá-la "livrar-se dessas afetações vulgares e expressões baixas; [pois] os homens apreciam [boas] maneiras"[30]. Os leitores da pornografia do século XVIII gostavam de moças dotadas de boas maneiras e de bordéis em ordem e bem-instalados. O discreto prostíbulo de madame Florence em Montmartre é, segundo Margot, "um prodígio de ordem e capricho"[31]. Madame Florence possuía uma preocupação especial em relação à limpeza das suas meninas e podia se vangloriar de sua casa, que "não era mal-afamada" (*malfamée*). Quando Margot chega ao estabelecimento de madame Florence, é instruída no uso do bidê, "uma peça do mobiliário pela qual todas as mulheres virtuosas deveriam agradecer às prostitutas"[32]. Também aprende a se vestir e a se portar como uma dama. Javotte também passa por um treinamento, embora interrompido por freqüentes orgias, até que finalmente seu amante a considera "suficientemente bem-preparada para freqüentar a Ópera, o teatro e os bailes"[33].

Finalmente bem-sucedida, a prostituta libertina torna-se rica e estimada. A própria Margot se surpreende com sua pompa ao se acomodar na Ópera. Seu traje luxuoso, o "servilismo daqueles que me cortejam, e minha própria arrogância" — tudo isso

30. *Mademoiselle Javotte*, p. 23.
31. *Margot la ravaudeuse*, p. 25.
32. *Idem*, p. 31.
33. *Mademoiselle Javotte*, p. 64.

faz Margot se considerar "uma divindidade"[34]. "Que vida! Que *status*!", La Duchapt exclama. "Os prazeres da mesa e os da carne se sucedem vinte vezes por dia." A vida da prostituta é "fascinante"[35].

Se a sorte da prostituta é glamourosa, é porque seus clientes são ricos, bem-nascidos e bem-relacionados. A Igreja fornece muitos desses cavalheiros. Margot junta-se a um carmelita que é nada menos que "um dos mais refinados rufiões de Paris". La Cauchoise freqüenta um padre que a acompanha em uma orgia na *maison de plaisance* de um aristocrata. Na pornografia do século XVIII, os homens de finanças, tanto quanto os clérigos, desempenharam um importante papel, pois são os clientes mais assíduos do bordel. As prostitutas fazem troça do seu membro "flácido" e enganam-nos e traem-nos impiedosamente, enquanto eles as sustentam. Os nobres comparecem, mas recebem menor atenção. Um mosqueteiro pode molestar ocasionalmente, mas, de modo geral, a elegância prevalece. A cortesã é identificada com o *haute monde*, o mundo da Igreja, das altas finanças e da corte. A *maison de plaisance*, a *partie carré* no Bois de Boulogne, as opulentas casas dos Marais — é esse o mundo da cortesã ficcional. O leitor do século XVIII parece não ter interesse pelo mundo sórdido da prostituta das ruas parisienses. O público apreciava a pornografia refinada, requintada e restrita à elite, com sexo "variado" e suntuoso.

Mas a prostituta libertina nunca expôs esse mundo aristocrático ao ridículo? Sim, ela certamente ridicularizou seus amantes. Jovem da classe popular, faz esses homens correrem em círculos e engana-os sem a menor hesitação. Também ri de sua impotência e zomba de sua adoração por uma mera prostituta. É difícil dizer se o leitor do século XVIII ria com ela, já que a mensagem política dos textos é imprecisa. A postura da prostituta em relação à Igreja, porém, é clara. Ela rejeita a dis-

34. *Margot la ravaudeuse*, p. 82.
35. *La Sainte Nitouche*, p. 25.

criminação e retira os véus da luxúria dos "sátiros peludos", os clérigos. Mas sua postura em relação aos ricos e bem-nascidos é ambígua. Ela pode admirar o "instrumento poderoso" — a impressionante virilidade — de um nobre, mas rir da impotência de um velho duque. Além disso, talvez o leitor do século XVIII nutrisse uma admiração secreta pelo cavalheiro que podia adquirir os serviços de uma cortesã notória e glamourosa.

Em relação à política sexual, os textos são mais claros e a posição da prostituta é inequívoca. Ela despreza o novo culto à condição feminina, com sua crença no recato e na virtude inata da mulher. Gargalhavam vigorosamente do *pudeur* exaltado pelos iluministas, e pode-se imaginar que o objetivo dos romances era refutar a doutrina sobre a diferença sexual[36]. "A virtude é um preconceito vil, incutido nas moças por seus pais", explica uma jovem mais experiente à novata Javotte[37]. Nenhuma prostituta duvida de que a recompensa da virgindade seja a pobreza, e as recompensas da libertinagem sejam o prazer e a riqueza. Quanto ao "recato natural" da mulher, os textos são bastante claros. "As mulheres nasceram para o prazer", diz uma prostituta, são "feitas para isso"[38]. "São criadas com o gosto para o prazer", e o "recato" que supostamente distingue as mulheres dos homens é uma ilusão [39].

De fato, a diferença entre sexos, ao menos no que se refere ao prazer sensual, é um fantasma. Os textos protagonizados por prostitutas empregam uma doutrina materialista mais antiga, pouco preocupada com as diferenças biológicas e psicológicas entre os sexos[40]. As prostitutas nos dizem que "a natureza exerce o mesmo domínio sobre as mulheres e sobre os homens", e

36. Sobre o *pudeur* e o pensamento iluminista, ver Paul Hoffmann, *La Femme dans la pensée des lumières*, Estrasburgo, Association des Publications Près les Universités de Strasbourg, 1977, pp. 324-34, 359-443.
37. *Mademoiselle Javotte*, p. 23.
38. *La Cauchoise*, p. 432.
39. *Mademoiselle Javotte*, pp. 29-30; e *La Sainte Nitouche*, p. 47.
40. Sobre a visão do materialismo a respeito da mulher do século XVIII, ver Hoffmann, *op. cit.*, p. 109.

Margot, Javotte, Marguerite e as demais certamente atuam como homens[41]. Elas têm índole em vez de recato, e consideram o sexo a própria recompensa, tratando-o de modo cruelmente utilitário.

Os romances pornográficos não renegam, entretanto, as diferenças anatômicas entre homens e mulheres. Dispensam generosa atenção ao corpo feminino e, por meio do texto e das ilustrações, o leitor pode obter uma vívida imagem da anatomia feminina. Naturalmente, a obra não enfatiza os seios maternais, mas o clitóris, que se aproxima mais do outro órgão em destaque: o pênis. Na realidade, poucas mulheres com as quais as prostitutas se relacionam, especialmente as lésbicas, possuem clitóris anormais. A prostituta veterana, porém, possui mais do que apenas um clitóris — detém sua arte e seu equipamento, principalmente os consolos, que lhe permitem, de vez em quando, desempenhar o papel ativo do homem. Muitos dos rapazes que mantêm com as prostitutas casos fugazes também apresentam "pele clara" e "belas nádegas", como suas amantes do sexo feminino. A diferença da anatomia sexual não impede a prostituta de buscar prazer, porque homens e mulheres experimentam o ato sexual de maneira praticamente idêntica. Quando o orgasmo se aproxima, ambos ficam extremamente excitados e "descarregam", expelindo "ondas de ardente desejo". A prostituta e o cliente estão "submersos", "encharcados" e "banhados" em um líquido celestial, tanto masculino quanto feminino.

A prostituta também pode usurpar o tradicional papel masculino de parceiro socialmente dominante no sexo mercenário, porque pode passar de concubina e prostituta a proprietária e cliente. Javotte tomou como amante um soldado que exigiu ser "pago pelo tempo e pelo esforço dispendido para fodê-la"[42]. Como um bom prostituto, ele proporciona "divertimen-

41. *Mademoiselle Javotte*, p. 47.
42. *Idem*, p. 73.

to, estima e *complaisance*". Além disso, como a própria prostituta da literatura pornográfica assinala, prostituta e fêmea não são sinônimos. La Cauchoise está feliz por expor um "segredo" ou "escândalo" que parece contradizer as "leis eternas". A sodomia existe em toda parte, conta-nos: Roma, São Petersburgo, Berlim, Viena, Londres e Estocolmo —, em todas as capitais do mundo. Nessas cidades, os homens relacionam-se sexualmente entre si e, "o que é pior, os homens depravados que gostam da sodomia, podem se satisfazer a baixo custo. Em muitos lugares, os soldados e outros homens ofereciam-se para ser sodomizados (*enculé*) por alguns centavos!"[43]. Percebe-se certo ultraje no comentário de La Cauchoise; ela não aprecia a concorrência, e sente-se feliz ao injuriar as mulheres virtuosas que, de modo desleal, privam-na de clientes. Em um texto posterior, *Vénus en rut*, a heroína é mais esperta e assume o papel de cafetina de um prostituto. Por acaso, ela conquista um jovem "querubim" — um garoto de vinte anos —, inicia-o sexualmente, abusa dele com regularidade e, em seguida, prostitui-o para homens e mulheres[44]. O seu César torna-se a "mulher de todos os maridos e o marido de todas as mulheres", e, por atuar como vendedora e como mercadoria, como dominadora e como dominada, a protagonista se engaja em um comércio sensual que confunde dominação e subordinação e, também, as distinções sexuais. Numa época em que se estabelecia a diferença sexual, as obras pornográficas e suas heroínas prostitutas pareciam muito fora de moda[45]. Nesses textos, as diferenças usuais entre homens e mulheres não eram destacadas. A prostituta libertina recusa a nova condição feminina. Ela não é recatada, dependente, amorosa ou maternal; não acredita no amor romântico e nega-se a permanecer na esfera pri-

43. *La Cauchoise*, p. 453.
44. *Vénus en rut, ou Vie d'une célèbre libertine*, em *Collection d'Enfer de la Bibliothèque Nationale*, vol. 4, *Oeuvres anonymes du XVIIIe siècle*, Paris, Fayard, 1987, p. 161.
45. Obviamente, fui muito influenciada por Thomas Laqueur, *Making Sex: Body and Gender from the Greeks to Freud*, Cambridge, MA, Harvard University Press, 1990.

vada e familiar. É uma mulher pública que, como Margot, é independente, tanto financeira quanto moralmente, além de inteligente, racional e responsável. Sua recompensa é terminar seus dias em um refúgio confortável, uma propriedade rural onde possa levar uma vida serena e regulada. Deixa o recato, a dependência e o papel de vítima para a "cortesã virtuosa" de Restif, Rousseau e Nougaret. Ela desafia a nova política sexual e, na Revolução Francesa, também se oporia ao velho poder político.

A Revolução trouxe o fim da censura. Os textos pornográficos multiplicaram-se, afetando também os textos que retratavam a prostituta. Embora a caracterização das prostitutas permanecesse a mesma, ocorreram algumas mudanças na ênfase e algumas variações na linguagem. Como antes, a prostituta provinha dos populares *faubourgs* e, como Margot e Javotte, ela é filha do *menu peuple*; porém, ao contrário de suas precursoras, a prostituta da Revolução nunca deixou as ruas. Os textos sobre prostitutas, posteriores a 1789, salientam a sordidez da prostituição e, como todos os textos do período, são muito mais explícitos e vulgares em sua linguagem. Esta prostituta descende de uma vendedora de peixe e fala como uma delas, mas não renuncia aos bispos e princesas que pagam por seus encantos. Pelo contrário, seu vínculo com a aristocracia ainda é forte, mas tem agora conseqüências políticas. Alguns textos, ao examinar a antiga relação entre prostituição e aristocracia, voltam-se contra esta[46].

Em *Les Délices de Coblence, ou Anecdotes des emigrés français* (1792), a descrição da vida em Koblenz denuncia os hábitos corruptos da nobreza — inclusive sua inclinação para o sexo

46. Não me ocupei neste caso com a vasta literatura de panfletos sobre Maria Antonieta, que já foi analisada por Chantal Thomas, entre outros. Ver Chantal Thomas, *La Reine scélérate: Marie-Antoinette dans les pamphlets*, Paris, Seuil, 1989. Além desses panfletos que tratavam da rainha, há muitas obras sobre a nobreza e o clero e seu apetite por prostitutas e sexualidade fora dos padrões. Destacam-se: *Le Bordel apostolique* (1790), *Les Bordels de Thalie* (1793) e *Les Fouteurs, ou Chants des aristocrats* (1792).

mercenário —, que agora podem florescer sem impedimentos na capital dos emigrados. "Tudo o que se vê ali", o autor revela, "são celebrações, orgias e *rendez-vous* obscenos". Embora os antigos nobres estivessem supostamente preparando um ataque contra a França, dividiam seu tempo entre a *bonne chère* e as prostitutas. Todas as odaliscas da Europa acorreram a Koblenz para satisfazer esses nobres insaciáveis. O duque de Bourbon trouxe sua desbocada amante, e Condé divertia-se com uma prostituta sórdida, ocasionalmente abandonada para que pudesse praticar a sodomia com um jovem nobre. O conde d'Artois, freqüentador assíduo dos bordéis mais baixos da *rue du Pélican*, vivia com sua concubina, que, no passado, "dava aulas" à duquesa de Polignac e à "la bonne Antoinette". Os criados montam sobre as mulheres nobres, aristocratas copulam com suas irmãs, e todos se envolvem em orgias caracterizadas por homossexualidade, sexo oral e sodomia. "Nossos príncipes", o autor conclui, "são realmente pessoas más, sem educação e uma fonte infinita de luxúria". Na obra *Suite des délices*, o autor relata que os nobres estão exaustos, seus cacetes ressequidos e murchos, seus corpos debilitados por um excesso sexual que não diminui. "Foi desse modo", conclui, "que todos os potentados da Europa caíram"[47].

Muitas dessas invectivas antiaristocráticas assemelham-se a textos mais antigos em que as prostitutas relatam usos e costumes. Por exemplo, *Les Derniers soupirs de la garce en pleurs adressés à la ci-devant noblesse*, obra publicada provavelmente em 1791, contém um verso em que a prostituta — a *garce* do título — faz uma longa denúncia contra a aristocracia. Em linguagem muito vulgar, ela começa lamentando que a nobreza "abandonou sua boceta" e a deixou com "um veneno venéreo em suas veias". O que ela deve fazer? A prostituta "que, recentemente, à vista dos marqueses e condes, tinha [seu] ardente

47. *Les Délices de Coblentz, ou Anecdotes libertins des émigrés français*, Koblenz, 1792.

clitóris friccionado pelos prelados e sua boceta chupada pelos barões", agora não tinha clientes. Seus amantes mais antigos, Bourbon e o impotente D'Artois, abandonaram-na e começaram a "ter lições de sodomia". O nobre Philippe Capet replica em linguagem igualmente vulgar, o que impeliu um editor desconhecido a notar que "ele não esqueceu nada da linguagem dos bordéis que freqüentou com a princesa de Lamballe". Capet devolve os insultos da prostituta e provoca-a: o que ela iria fazer sem a nobreza, que tinha encontrado outros deleites, principalmente a sodomia[48]?

Nesse contexto, a relação entre cortesã e corte torna-se inconveniente. As brincadeiras elegantes da prostituta e de seus amantes aristocráticos ou eclesiásticos são usadas para desacreditar a nobreza e equiparar seus hábitos sexuais com os dos súditos mais humildes. Nessas circunstâncias, o comércio entre aristocratas e prostitutas avilta os nobres, e até mesmo os maiores príncipes são acusados de travar relações com vendedoras de peixes doentes e prostitutas vulgares. Tanto a nobreza quanto a prostituta saem da aristocrática *maison de plaisance* e passam a freqüentar bordéis fétidos e tavernas criminosas.

Para a prostituta, o resultado principal desse processo é o imediato rebaixamento profissional. Ela não é mais elegante e desejável, nem afortunada. O bordel não é mais o local limpo e ordeiro dos romances mais antigos do gênero, mas sim um alpendre sórdido. Enquanto as descrições dos bordéis anteriores à Revolução retratam estabelecimentos de prestígio, como o das senhoras Gourdan e Paris, os bordéis agora só agradam os mais pobres e pervertidos. Durante a Revolução, a prostituta popular emergiu das sombras para reunir-se à cortesã elegante. E embora a cortesã não tenha desaparecido completamente, a Revolução obrigou-a a rebaixar seus padrões. Praticamen-

48. *Les Derniers soupirs de la garce em pleurs adressés à la ci-devant noblesse*, Branlimes, L'An de la Bienheureuse Fouterie, 1791.

te todos os panfletos revolucionários admitiram que os principais clientes das prostitutas eram membros da nobreza e do clero e que, sem eles, as prostitutas morreriam de fome. Porém, o reaparecimento de uma antiga forma de literatura protagonizada por prostitutas — o almanaque ou a lista de endereços — endossa o surgimento de um novo consumidor para o sexo mercenário.

Entre 1789 e 1792, aparecem aproximadamente quarenta listas ou almanaques de prostitutas, que informavam os endereços, além de características, serviços especiais e tarifas. A descrição das mulheres — loira ou morena, jovem ou velha — especifica suas "especialidades". Algumas são famosas por sua "mão lépida", outras por suas "bocetas ardentes". As prostitutas são descritas como "*citoyennes* muito ativas", que "conhecem todos os Direitos do Homem". Uma prostituta "possui uma qualidade rara; é uma *madame* de dia e um *monsieur* à noite. Portanto, uma cidadã tanto ativa quanto passiva"[49]. Entre os títulos, destacam-se: *Les Fastes scandaleux*, *Etrennes des grisettes*, *Almanac des demoiselles de Paris de tout genre*, *Protestations des filles du Palais royal et leurs veritable tarif*, *Tarif des filles du Palais royal*, *Liste complete des plus belles femmes publiques* e *Almanac des adresses des demoiselles de Paris*[50]. Algumas brochuras também incluem poemas e ficções obscenas, além das listas de endereços de prostitutas. Essas publicações nem sempre traziam informações corretas das prostitutas parisienses; algumas das mulheres, como a famosa alcoviteira *madame* Paris, já tinham morrido há muito tempo em 1789; outras, como as atrizes Racourt, Dupré, Clairon e Arnould, eram inacessíveis ou tinham emigrado para Londres. É impossível saber se as outras realmente existiram. Exatidão, porém, não era provavelmente a qualidade buscada

49. Hector Fleischmann indicou 49 dessas listas que se referiam ao Palais-Royal. Certamente, há mais. Hector Fleischmann, *Les Demoiselles d'amour du Palais Royal*, Paris, 1909.
50. *Nouvelle liste des plus jolies femmes publiques de Paris*, Paris, 1792.

pela maioria dos homens que adquiriam esses panfletos, que eram muito indecentes, mas vulgarmente divertidos. É possível que essas brochuras fossem adquiridas para mero entretenimento.

Com a publicação das listas, a prostituta caiu de seu pedestal. Agora ela está ao alcance de todos, ricos ou pobres, trabalhador ou cidadão comum, e o cidadão é o público buscado por algumas dessas brochuras. As listas preparadas em 1789 visam aos deputados dos Estados Gerais; aquelas publicadas depois de 1789 são mais democráticas, dirigidas aos "con-fédérés", que visitavam Paris pela primeira vez. A inclusão das mais extravagantes cortesãs, das ex-amantes dos duques e de atrizes famosas nas listas, pode ser um sinal de que os prazeres antes reservados aos aristocratas são agora compartilhados com os cidadãos comuns. Despida de seus elegantes adornos, a prostituta torna-se uma *grisette*, um símbolo da pobre laboriosa e um emblema de classe, uma vítima à moda de Restif e dos outros romancistas das prostitutas virtuosas.

No início da Revolução, a prostituta libertina conheceu seu último pedestal, simultaneamente seu triunfo final e seu canto de cisne. Depois, os autores, pornográficos ou não, perderam o interesse pelas prostitutas. Após 1789, poucas obras foram criadas e as confissões de prostitutas definharam, com poucas contribuições adicionais. Há apenas algumas obras muito inferiores — *L'Enfant du bordel, ou les aventures de chérubin* (1799) ou *Le Catéchisme libertin* (1792) — que incluem a prostituição como tema, e Restif continuou publicando obras muito semelhantes a biografias de prostitutas. *Le Palais royal*, escrita por Restif em 1790, é constituída por uma série de entrevistas com prostitutas de rua. Mas Andréa de Nerciat, outro autor erótico importante do período, mostrou menos interesse na prostituta como personagem, exceto em *Julie philosophe*. Suas outras protagonistas são aristocratas abastadas, que se entregam por prazer, e não por dinheiro, a orgias requintadas. Usando a expressão de Andréa de Nerciat, a "société d'amour" — a união de homens e mulheres de origem social semelhante, para a prática de sexo recreativo e, ocasionalmente, um tanto perverso — agora parece ser o padrão. Depois de duzentos anos e de uma carreira particularmente brilhante no século XVIII, a prostituta libertina estava quase aposentada.

Um romance singular, *Juliette*, de Sade, ressuscitou a prostituta libertina, mesmo que momentaneamente, e desenvolveu seu caráter com mais vigor. As prostitutas estavam presentes nas obras de Sade, particularmente em *Les 120 journées à Sodome*, em que quatro alcoviteiras veteranas ou *macquerelles* trabalham como animadoras de circo nas orgias dos libertinos. Exatamente como na forma clássica de confissão, as prostitutas narram histórias que mais tarde tornam-se verdadeiras orgias, e sobrevivem à carnificina geral só por se "inscreverem" habilmente nos divertimentos do dia seguinte. Muitas das qualidades clássicas da prostituta libertina estão presentes em *Les 120 journées*, como a narradora meretriz, com seu grande apetite sexual e indiferença à virtude ou ao recato "femininos". Mas é em um romance posterior, *Juliette*, escrito provavelmente em 1792, ao mesmo tempo que *La Philosophie dans le boudoir*, que Sade ressuscita e aperfeiçoa a prostituta libertina do antigo regime (fig. 6.2).

Escrita depois da renomada *Justine, ou Les Malheurs de la vertu*, *Juliette* narra a seqüência da saga da irmã virtuosa e também parece ser intencionalmente moldada nas confissões de prostitutas, apropriando-se de muitas de suas convenções formais. Por exemplo, Juliette narra sua própria história, como suas antecessoras Margot e Marguerite. Rapidamente, revela ser filha de pais ricos e relativamente distintos, que a colocaram junto de sua irmã, em um convento, onde aprendeu os rudimentos da libertinagem com a abadessa Delbène. A misteriosa morte dos seus pais força Juliette a abandonar o con-

Figura 6.2: Ilustração da edição de 1797 de *Histoire de Juliette*, do marquês de Sade.

vento e ir diretamente a um bordel parisiense pertencente a uma alcoviteira, *madame* Duvergier.

Como outras biografias de prostitutas do século XVIII, a história de Juliette torna-se então a narrativa de seu progresso profissional e, em seu caso particular, de sua jornada pessoal rumo ao *status* de verdadeira *roué*. Na quarta parte de sua longa saga, Juliette é uma prostituta parisiense. No estabelecimento de *madame* Duvergier, recepciona os homens, comercializando sua "virgindade" repetidas vezes. Seus clientes são nobres e, naturalmente, clérigos, entre os quais um arcebispo com predileção por sexo oral. Na seqüência da obra, Juliette conhece Noirceuil, o primeiro homem libertino de sua vida, e torna-se sua concubina. Mais tarde, também vai trabalhar para seu amigo, Saint-Fond, e alcança a condição de *appareilleuse* — ou seja, alcoviteira e promotora de prazeres. Essa é a trajetória típica de uma prostituta do século XVIII. Juliette engana tanto Noirceuil quanto Saint-Fond, envolvendo-se em orgias com Belmour, um novo amante. Graças à *madame* Duvergier, também consegue um dinheiro extra participando de algumas orgias, onde conhece Clairwil, a primeira de várias parceiras femininas. O infortúnio a alcança quando se mete em dificuldades com Saint-Fond, seu poderoso protetor, e é forçada a fugir de Paris, deixando todas as suas economias para trás. Juliette retoma sua profissão e, em Angers, abre um establecimento de jogo (no século XVIII, sinônimo de bordel). Prospera e conhece um cavalheiro ingênuo e virtuoso, o *monsieur* de Lorsang, que, ignorando seu passado, casa-se com ela. Como já sucedera a muitas outras prostitutas pornográficas, Juliette é agora uma mulher respeitável.

A saga ainda continua por mais oitocentas páginas, contudo é nesse ponto que a história de Juliette diverge da tradicional biografia, já que Sade não pretende simplesmente torná-la uma prostituta incomparável, mas sim uma verdadeira *roué*. Entediada em Angers, Juliette vai à Itália, onde se desenrola o restante da sua história. Não mais uma simples *fille du monde*, prostitui-se a dignitários do Estado, ao duque de Sabóia e ao rei de Nápoles, aos quais ela alegremente faz conferências sobre filosofia materialista. Juliette compartilha seu gosto por orgias cruéis e pervertidas com ninguém menos do que o papa. Agora, uma verdadeira *roué*, Juliette é mais freqüentemente uma professora do que uma aluna, e sua compreensão sobre filosofia é tão firme, que é difícil caracterizá-la como mera prostituta. (Naturalmente, ela recorre de vez em quando à sua profissão de origem e, se necessário, pode abrir um *bordello* em Florença ou atuar como uma *appareilleuse* em Nápoles; assegurando assim um sucesso financeiro renovado). Mas Juliette de fato deixou de ser uma prostituta, ainda que libertina: tornou-se a corporificação da filosofia materialista de Sade.

Embora ao final transceda seu destino original, Juliette, no início do romance, ainda tem muito em comum com a prostituta libertina. Como Margot e Javotte, relata sua própria história e não se envergonha de sua profissão. De fato, para a lasciva abadessa Delbène, uma de suas mentoras, a vida de uma prostituta é sublime:

> Sim, gostaria de ser declarada infame; gostaria que fosse decidido e declarado publicamente que sou uma prostituta; gostaria de quebrar esses odiosos votos que me impedem de me prostituir publicamente, que me impedem de me corromper como a mais vil das mulheres! Gostaria de compartilhar o destino dessas criaturas divinas que saciam nas esquinas das ruas a luxúria imunda dos transeuntes; esses que se acocoram na lama [...]. Quem não gostaria de se juntar a elas[51]?

Certamente, Sade gostaria. Mais tarde, a abadessa conta a Juliette por que a sorte da prostituta é tão desejável, tão louvável:

51. Marquês de Sade, *Histoire de Juliette, ou Les Prospérités du vice*, Paris, 1796; Paris, Edition Pauvert, 1987, vol. 1, p. 134.

> Não deixe o termo prostituta [*putain*] amendrontá-la [...]. Uma prostituta é uma criatura fascinante, jovem, voluptuosa, que sacrifica sua reputação em favor da felicidade dos outros, que sozinha torna-se merecedora do nosso louvor. A prostituta é a filha mimada da natureza; a boa moça é sua maldição; a prostituta é digna de um altar; a virgem, da fogueira[52].

Para Sade, assim como para seus antepassados pornógrafos, a "prostituta é a filha da natureza"; uma mulher em sua verdadeira forma, inteiramente dotada de sua sexualidade. A mulher virtuosa e recatada é a antítese e a inimiga da prostituta. Delbène despreza a idéia de que as mulheres naturalmente desdenham o prazer e apreciam a virtude. Repudia essas idéias, considerando-as "um preconceito ridículo, desmentido completamente pela natureza". "A castidade", diz a Juliette, "é apenas uma moda, uma convenção [...], não se encontra de jeito nenhum na natureza; e uma moça, uma mulher ou um rapaz que dá seu corpo para um transeunte, que se prostitui audaciosamente em todos os sentidos, em todos os lugares, não está fazendo nada [...] contrário à natureza"[53].

Como Margot e La Cauchoise, as heroínas de Sade não compartilham as noções de Rousseau sobre a condição feminina e o recato, tampouco quaisquer outras restrições à livre disposição de seus próprios corpos. Além de desdenharem o casamento e a maternidade, consideram direitos naturais a prostituição, a libertinagem e o aborto. Em um universo materialista, a única recompensa é o prazer do corpo, e as mulheres merecem essa recompensa como qualquer outro ser humano.

Como seus antecessores, Sade tem pouco interesse pela diferença entre os sexos e confunde constantemente os gêneros. Ele fez Delbène explicar a Juliette que "a natureza, ao gerar

52. *Idem*, pp. 128-9.
53. *Idem*, pp. 109-10.

os homens e as mulheres nus, torna impossível que um ou outro se envergonhem de sua nudez"[54]. Os homens e as mulheres apreciam igualmente o sexo. As heroínas sadianas, ferozes em sua busca de prazer, não estão preocupadas com o sexo de seus amantes. De fato, as orgias de Sade sempre envolvem troca de papéis, homens sodomizando homens, mulheres praticando *cunnilingus* em mulheres, um sexo por cima durante algum tempo, por baixo o resto do tempo, e todas as posições sendo trocadas depois de uma "descarga" coletiva. As *roués* de Sade adoram o sexo anal — essa forma de coito é que chega mais perto de suprimir a diferença entre os sexos, pois permite que tanto o macho quanto a fêmea desempenhem o papel ativo ou passivo, já que as mulheres de Sade estão sempre munidas de consolos. Além disso, existem personagens cujo sexo é ambíguo. Uma bruxa, Durand, possui um clitóris tão comprido que é capaz de penetrar em Juliette e Clairwil. O personagem Noirceuil prefere o papel passivo na prática da sodomia e encena um casamento em que, vestido como mulher, casa-se com um homem. Embora não haja simetria — isto é, Juliette, quando vestida como homem, não se casa com uma mulher —, os papéis sexuais são continuamente permutados[55].

No bordel ideal de Sade, a diferença entre os sexos desaparece. Para a maioria dos homens e mulheres do século XVIII o termo prostituta era feminino, mas para Sade era neutro. O bordel que fornece "escravas" para as *roués* dos Amigos do Crime possui duas seções: uma para prostitutas e outra para prostitutos. O *bagnio* florentino serve corpos masculinos e femininos, de acordo com os desejos do cliente, sem distinção de gênero.

No universo sadiano, o gênero é praticamente irrelevante. A perversão polimorfa é a regra, como muitos estudiosos perce-

54. *Idem*, p. 55.
55. Angela Carter aborda a questão do casamento de Noirceuil em *The Sadeian Woman: An Exercise in Cultural History*, Nova Iorque, Pantheon, 1979.

beram, e essa questão foi reafirmada à luz das análises feministas da obra de Sade[56]. Sob esse aspecto, o marquês representa um regresso à era pré-Rousseau, pois desconsidera — quase sempre — distinções entre o macho e a fêmea. No mundo de Sade, os indivíduos não se dividem entre homens e mulheres, mas em senhores e escravos. Aqui, a dominação é importante — realmente, é crucial —, mas não se baseia na diferença sexual; as mulheres podem ocupar ambas as posições, e em *Juliette* a maioria das *roués* são fêmeas. Não se explica claramente como entrar no grupo dos mestres, mas Juliette torna-se mestra por meio do compromisso incansável com sua própria felicidade à custa dos outros. Ser mulher só é relevante naquilo que torna a "moral" sadiana mais pungente. Como Justine, sua congênere virtuosa, Juliette demonstra mais integralmente a irrelevância da diferença entre sexos e a falsidade da virtude. Aproxima-se, assim, de suas predecessoras: as prostitutas libertinas de meados do século XVIII.

A partir de Juliette e de suas precursoras pode-se perceber que as suposições da pornografia não são inalteráveis. O obsceno nem sempre se baseou na dominação de um sexo sobre o outro; no século XVIII, construiu-se um mundo em que o gênero era menos importante que a sexualidade, e o prazer sexual não implicava a difamação das participantes femininas. O mundo pornográfico do Iluminismo, principalmente como representado pela "pornotopia" de Sade, era construído em torno da violência e da dominação mais pura e crua.

Isso não significa, contudo, que a prostituta do século XVIII representasse uma mulher "liberada" ou que o século XVIII fosse um período de igualdade entre sexos. Margot e Javotte eram personagens completamente ficcionais, que provavelmente não sobreviveriam à realidade social do século XVIII. Também não significa que a falta de diferença entre sexos fosse sinônimo de igualdade; ao contrário, é a partir da diferença

56. *Idem*.

entre sexos que as mulheres reinvindicam igualdade no século XIX. Quanto a Margot, Javotte e as outras prostitutas libertinas, não viveriam para ver esse desenvolvimento, pois eram fundamentalmente mulheres do século XVIII que revelaram — e iluminaram— uma época anterior ao advento da diferença entre sexos.

A tradição da prostituta libertina definhou durante a Revolução e não sobreviveu à restauração do Império. O advento da nova doutrina sexual substituiu a prostituta independente e filosófica. Juliette parece não ter sucessoras no século XIX. Ocasionalmente, a Medusa ou a *dominatrix* — por exemplo, a Durand, de Sade — voltavam à tona e excitavam tanto o temor quanto a dominação masculinos. A prostituta também teria uma longa carreira na literatura e na arte, principalmente na literatura e na arte socialmente aceitas. O futuro, porém, não privilegiou a prostituta independente, mas a cortesã virtuosa. A prostituta como vítima tomou o lugar da prostituta filósofa, e os autores do século XIX começaram a punir a mulher pública com doenças, degradações e, enfim, condená-la à morte por sua energia sexual desmedida. Poucos escritores do século XIX louvaram a prostituta ou conferiram-lhe alguma independência ou dignidade; as idéias sobre recato e subordinação naturais das mulheres tornaram inconcebíveis essas caracterizações. Em uma época de diferença rígida entre os sexos, Margot, Juliette e outras prostitutas libertinas do século XVIII tornaram-se relíquias, criaturas fabulosas e extintas, sem descendentes no século XIX ou mesmo na literatura contemporânea.

Capítulo VII

Fantasia Erótica e Libertinagem Masculina no Iluminismo Inglês

Randolph Trimbach

Em 1748 e 1749, John Cleland publicou os dois volumes de *Memoirs of a Woman of Pleasure* [*Memórias de uma Mulher do Prazer*], que se tornou a obra pornográfica européia mais famosa do século XVIII. Incluía repetidas descrições dos órgãos genitais masculinos e do ato sexual. Embora existam algumas indicações de sua antipatia pela aristocracia, o mesmo sentimento que comprometeu *The Woman of Honour* [*Uma Mulher de Honra*], seu romance anterior, de nenhum modo o objetivo de Cleland parece ter sido político. Sem objetivos satíricos ou humorísticos, o autor queria principalmente excitar sexualmente seu leitor. Com esse propósito e por esses meios, Cleland estabeleceu na Inglaterra o gênero pornográfico moderno, que se distingue da maior parte dos textos eróticos ingleses, desde a Restauração até o final do século XVIII, como Roger Thompson e Peter Wagner observaram. No contexto desse amplo gênero literário e de seus subgêneros, cuja abrangência vai desde poemas obscenos até tratados médicos e relatórios de processos judiciais, *Fanny Hill* (nome popular das *Memoirs* de Cleland) parece ser única em seu objetivo. Mas em relação às outras fantasias eróticas inglesas da segunda metade do século XVIII, escritas muitas vezes por cavalheiros,

Fanny Hill pode ser vista como parte integrante da denominada religião da libertinagem. Em contraste com o cristianismo ortodoxo, pode ser definida como uma religião segundo a qual a experiência sexual era fundamental para a vida humana, e o desejo e o prazer sexuais eram bons e naturais. Os órgãos sexuais e a cópula eram, portanto, símbolos de uma grande força revigorante, merecedores tanto da veneração humana quanto dos símbolos dos sacramentos cristãos e da graça que era a vida da alma[1].

Os Papéis dos Gêneros e o Comportamento Sexual

Essa religião libertina e o novo gênero pornográfico representado pelo romance de Cleland resultaram da concepção moderna dos gêneros e das relações sexuais que emergiram na

1. John Cleland, *Memoirs of a Woman of Pleasure*, ed. Peter Sabor, Oxford, UK, Oxford University Press, 1985, é a edição padrão, com uma boa bibliografia dos estudos mais recentes. O aspecto político de John Cleland, *The Woman of Honour*, 3 vols., Londres, 1769, é examinado por Raymond K. Whitley, "Rationalizing a Rogue: Themes and Techniques in the Novels of John Cleland", tese de doutorado, Dalhousie University, 1978, cap. 5. Há também discussões sobre sua atividade política em William H. Epstein, *John Cleland: Images of a Life*, Nova Iorque, Columbia University Press, 1974. Provavelmente, Cleland escreveu um último romance que se perdeu, *The Man of Honour*, Londres, 1771-1772; ver James G. Basker, "'The Wages of Sin': The Later Career of John Cleland", *Études Anglaises*, 40, 1987, pp. 178-94. Outras obras são atribuídas a John Cleland por Roger Lonsdale, "New Attributions to John Cleland", *Review of English Studies*, 30, 1979, pp. 268-90. A história dos textos eróticos ingleses de 1660 a 1800 é examinada em Roger Thompson, *Unfit for Modest Ears*, Totowa, NJ, Rowman & Littlefield, 1979; e Peter Wagner, *Eros Revived: Erotica of the Enlightenment in England and America*, Londres, Secher & Warburg, 1988. David Foxon produziu alguns estudos pioneiros em sua obra *Libertine Literature in England, 1660-1745*, New Hyde Park, NY, University Books, 1965. James G. Turner publicou uma série de ensaios relacionando os textos mais pornográficos às obras canônicas tradicionais; ver seu ensaio "The Properties of Libertinism", em Robert Maccubbin (org.), *'Tis Nature's Fault: Unauthorized Sexual Behavior During the Enlightenment*, Nova Iorque, Cambridge University Press, 1987, pp. 75-87; "Pope's Libertine Self-Fashioning", *The Eighteenth Century*, 29, 1988, pp. 123-44; "The Culture of Priapism", *Review*, 10, 1988, pp. 1-34; "Lovelace and the Paradoxes of Libertinism", em Margaret Ann Doody e Peter Sabor (orgs.), *Samuel Richardson*, Cambridge, UK, Cambridge University Press, 1989, pp. 70-88, 273-4; "The Libertine Sublime: Love and Death in Restoration England", em Leslie Ellen Brown e Patricia Craddock (orgs.), *Studies in Eighteenth-Century Culture*, 19, 1989, pp. 99-115; "'Illustrious Depravity' and the Erotic Sublime", em Paul J. Korshin (org.), *The Age of Johnson*, 4 vols., Nova Iorque, AMS Press, 1989, vol. 2, pp. 1-38; e "Sex and Consequence", *Review*, 11, 1989, pp. 133-77.

Inglaterra e em todo o noroeste da Europa na primeira metade do século XVIII. O comportamento sexual, a relação entre os papéis masculino e feminino, e o próprio significado de feminino e masculino passavam por uma revolução, que integrava o nascimento da cultura moderna no Ocidente ao qual os historiadores, tradicional e convenientemente, deram o nome de Iluminismo. O comportamento e a condição das mulheres foram modificados por novos ideais, como o casamento romântico, o companheirismo conjugal e o tratamento carinhoso das crianças[2]. Mas o comportamento e a condição dos homens foram mais claramente transformados pelo novo padrão de relações sexuais. Antes do século XVIII, na Europa, o homem adulto tinha relações sexuais com mulheres e com adolescentes do sexo masculino. Apenas as relações matrimoniais com mulheres eram legais e aprovadas pela Igreja, mas os homens se envolviam em outros tipos de relacionamento, da prostituição ao adultério e o estupro, que eram ilegais na Inglaterra e certamente imorais em toda a Europa. Esse comportamento podia, entretanto, ser honroso para os homens quando revelava o seu poder. As relações homossexuais também eram condenadas, mas podiam ser honrosas quando afirmavam o poder do homem. Na maior parte da Europa, e certamente na Inglaterra, isso ocorria quando homens adultos penetravam em garotos adolescentes, que representavam um estado intermediário entre homem e mulher. Supostamente, todos os homens eram capazes de praticar tais atos com garotos. Mas é difícil descobrir

2. Sobre a história das mudanças na família inglesa do século XVIII, ver Lawrence Stone, *The Family, Sex and Marriage in England, 1500-1800*, Nova Iorque, Harper & Row, 1977; e em *Road to Divorce*, Nova Iorque, Oxford University Press, 1990; em meu livro, *The Rise of the Egalitarian Family*, Nova Iorque, Academic Press, 1978; Judith S. Lewis, *In the Family Way*, New Brunswick, NJ, Rutgers University Press, 1986; e John Gillis, *For Better, For Worse*, Nova Iorque, Oxford University Press, 1985. Examinei essas obras nos seguintes ensaios: "Europe and Its Families", *Journal of Social History*, 13, 1979, pp. 136-43; "Kinship and Marriage in Early Modern France and England", *Annals of Scholarship*, 2, 1981, pp. 113-28; "Is There a Modern Sexual Culture in the West; or, Did England Never Change Between 1500 and 1900", *Journal of the History of Sexuality*, 1, 1991, pp. 296-309.

quantos homens realmente praticavam a sodomia e determinar a freqüência do adultério. Essas práticas sexuais entre homens e garotos não implicavam — e esse é o ponto crucial — o estigma da efeminação ou do comportamento inadequado do homem. Essa idéia remonta ao século XVIII e permaneceu na sociedade ocidental contemporânea. Só eram considerados efeminados os homossexuais passivos, ou os homens que se submetiam a um desejo sexual irresístivel por mulheres[3]. (Para conhecer uma bibliografia atualizada sobre esse assunto, ver apêndice deste capítulo.)

Depois de 1700, na Inglaterra, França e Países Baixos — mais aptos a produzir escritos pornográficos —, esse tradicional comportamento homossexual masculino foi substituído por um novo padrão de relações. A maioria dos homens passou a admitir apenas o desejo sexual por mulheres, e era esse desejo que determinava a condição masculina. Esse padrão era incutido nos homens no começo da puberdade; os garotos adolescentes não experimentavam mais um período de passividade sexual com homens mais velhos. Em Londres, os garotos abordados sexualmente por homens entravam em pânico, atenuado pela instauração de processo penal, da humilhação e da punição do sodomita. A sodomia foi estigmatizada como comportamento de uma minoria efeminada, não importando se o papel desempenhado era ativo ou passivo ou se o parceiro era

3. Analisei a natureza da mudança nas relações sexuais em diversos ensaios. Ver "Sodomitical Subcultures, Sodomitical Roles, and the Gender Revolution of the Eighteenth Century: The Recent Historiography", em Maccubbin, *op. cit.*, pp. 109-21; "Gender and the Homosexual Role in Modern Western Culture: The Eighteenth and Nineteenth Century Compared", em Dennis Altman *et alii, Which Homosexuality?* Londres, Gay Men's Press, 1989, pp. 149-69; "The Birth of the Queen: Sodomy and the Emergence of Gender Equality in Modern Culture, 1600-1750", em Martin Duberman, Martha Vicinus e George Chauncey Jr. (orgs.), *Hidden from History: Reclaiming the Gay and Lesbian Past*, Nova Iorque, New American Library, 1989, pp. 129-40, 509-11; "Sodomy Transformed: Aristocratic Libertinage, Public Reputation and the Gender Revolution of the Eighteenth Century", *Journal of Homosexuality*, 19, 1990, pp. 105-24. Por ser um assunto controverso, ver o apêndice no fim do capítulo, em que apresento diversas obras de referência sobre comportamento homossexual masculino antes de 1700. As mudanças posteriores na Europa do Norte e Ocidental são documentadas em meus ensaios, acima mencionados, e nas obras citadas na n. 4.

adolescente ou adulto. Esses homens efeminados eram descritos como indivíduos que andavam, falavam e se vestiam como mulheres, além de exercerem ocupações femininas. Não há dúvida de que, em graus variados, o novo sodomita efeminado correspondia a essa caracterização, algumas vezes nas ruas, algumas vezes nas tavernas. O termo popular para designar tais homens era *molly*, cuja etimologia define precisamente o *status* do sodomita. Inicialmente, o termo foi usado para designar prostitutas. O *molly*, como a prostituta, era um indivíduo definido inteiramente por seu comportamento sexual. A prostituta e o sodomita revelavam os limites do comportamento que a sociedade considerava apropriado para homens e mulheres. Para essa maioria, as mulheres de verdade não eram prostitutas, e os homens de verdade não eram sodomitas[4].

As mulheres não podiam ser prostitutas porque por natureza eram destinadas às alegrias domésticas da maternidade. Esse era o novo ideal. Diferenciava-se da antiga concepção segundo a qual toda mulher era no fundo uma dissoluta, com desejos sexuais mais fortes e menos refreados que os dos homens. Em meados do século XVIII, as famílias estavam poderosamente influenciadas pelo novo ideal. O casamento romântico começou a substituir o casamento arranjado. Um casal esperava compartilhar a companhia um do outro depois do casamento, e não ter uma existência social individual. As mulheres da aristocracia

4. Para a Inglaterra, ver n. 3 e Randolph Trumbach, "Sodomitical Assaults, Gender Role, and Sexual Development in Eighteenth-Century London", em Kent Gerard e Gert Hekma (orgs.), *The Pursuit of Sodomy: Male Homosexuality in Renaissance and Enlightenment Europe*, Nova Iorque, Harrington Park Press, 1989, pp. 404-29; Polly Morris, "Sodomy and Male Honor: The Case of Somerset, 1740-1850", *idem*, pp. 383-406; e G. S. Rousseau, *Perilous Enlightenment*, Manchester, UK, Manchester University Press, 1991. Para os Países Baixos, ver Theo van der Meer, "The Persecutions of Sodomites in Eighteenth-Century Amsterdam: Changing Perceptions of Sodomy", em Gerard e Hekma, *op. cit.*, pp. 263-307, que é um resumo de sua obra *De Wesentlijke Sonde van Sodomie en Andere Vuyligheeden*, Amsterdã, Tabula, 1984. Sobre a Holanda, ver: D. J. Noordam, Jan Oosterhoff, L. J. Boon e Arend H. Huuseen, em Gerard e Hekma, *op. cit.* Para a França, ver Michel Rey, "Parisian Homosexuals Create a Lifestyle, 1700-1750: The Police Archives", em Maccubbin, *op. cit.*, pp. 179-91; e *idem*, "Police and Sodomy in Eigtheenth-Century Paris: From Sin to Disorder", em Gerard e Hekma, *op. cit.*, pp. 129-46.

desistiram das amas-de-leite e passaram a cuidar dos filhos com tanta dedicação que a morte de um deles era sentida com uma intensidade rara no século seguinte. Naturalmente, esses ideais e práticas trouxeram alguns tormentos. O número de divórcios na aristocracia depois de 1750, embora ainda pequeno em números absolutos, cresceu de modo inquietante, provavelmente como resultado das altas expectativas dos recém-casados[5].

Provavelmente, o aumento da ansiedade masculina também resultou dos novos ideais de amor e casamento, e do fato de a homossexualidade masculina ter se tornado um tabu. Os homens acostumaram-se a estabelecer seu poder sobre mulheres e crianças, mas os novos ideais de amor, companheirismo e afetividade dificultaram essa relação distante e fria. Os meninos da aristocracia, entretanto, continuaram sofrendo chicotadas nas nádegas entre os três e os cinco anos de idade, quando a construção da identidade sexual estava em curso. Eles despiam o traje sexualmente ambíguo que vestiam e colocavam os calções masculinos. Poucos anos depois, esses meninos eram separados de suas mães e irmãs e enviados à escola para ser educados em um ambiente totalmente masculino. A separação das mulheres era reforçada vigorosamente na puberdade. Antes, a passividade sexual era tolerada na relação entre adolescentes e homens adultos. Agora, eles eram socializados para evitar isso, e sabiam que, independente de quão próxima e afetuosa fosse sua associação com mulheres, restava uma diferença rija entre eles: os homens não sabiam o que era desejar outros homens sexualmente. Apenas as mulheres e os sodomitas conheciam esse desejo. Portanto, aquilo que no século XIX denominou-se de homossexualidade e heterossexualidade não são distinções presentes na natureza humana universal. São concepções que

5. Ver Trumbach, *Egalitarian Family*; e Stone, *op. cit.* A história das atitudes em relação às mulheres na Inglaterra é descrita em Felicity A. Nussbaum, *The Brink of All We Hate*, Lexington, University Press of Kentucky, 1984; Alice Browne, *The Eighteenth-Century Feminist Mind*, Brighton, UK, Harvester, 1987; e Kathleen Rogers, *Feminism in Eighteenth-Century England*, Brighton, UK, Harvester, 1982.

surgiram no início do século XVIII e que acompanhavam as novas formas de amizade marital e afeição paternal. É discutível se essas novas formas de amor afetaram a vida dos pobres antes da metade do século XIX. Mas é certo que o tabu sobre o comportamento homossexual era plenamente aprovado entre os indivíduos pobres de Londres, dentre os quais se recrutava, muito provavelmente, o efeminado *molly* (fig. 7.1)[6].

Não se sabe, porém, se o tabu moderno do homossexualismo era aplicado às mulheres do século XVIII. Em Londres, só no último quarto desse século as mulheres foram estigmatizadas como safistas ou *tommies*, assim como os homens, estigmatizados como sodomitas ou *mollies*. As relações sexuais com homens, na condição de esposas não-prostituídas, tiveram grande importância para determinar o caráter feminino, mais que a proibição do homossexualismo. A psicologia das mulheres ainda não era considerada, sob esse ponto de vista, equivalente à dos homens. O que os psicanalistas do século XX gostam de denominar "heterossexualidade adulta integral" ainda era, no final do século XVIII, reservado só para os homens. Segundo tal juízo, apenas os homens eram completamente humanos. Esse ideal pretendia assegurar o domínio dos homens sobre as mulheres[7].

6. Para rituais de separação, ver Trumbach, *Egalitarian Family*, pp. 251-85; Sodomitical Assaults", e "Sex, Gender, and Sexual Identity in Modern Culture: Male Sodomy and Female Prostitution in Enlightenment London", *Journal of the History of Sexuality*, 2, 1991, pp. 186-203.

7. Trumbach, "London's Sapphists: From Three Sexes to Four Genders in the Making of Modern Culture", em Julia Epstein e Kristina Straub (orgs.), *Body Guards: The Cultural Politics of Gender Ambiguity*, Nova Iorque, Routledge, 1991, pp. 112-41; e Theo van der Meer, "Tribades Tried: Female Same-Sex Offenders in Late Eighteenth-Century Amsterdam", *Journal of the History of Sexuality*, 1, 1991, pp. 424-45. Para a história do lesbianismo na França, ver Marie-Jo Bonnet, *Un Choix sans équivoque*, Paris, Denoël, 1981; e Joan DeJean, *Fictions of Sappho, 1546-1937*, Chicago, University of Chicago Press, 1989. É importante frisar que as duas autoras presumem que sempre existiu uma identidade lésbica. Há um levantamento útil sobre a variedade de padrões do comportamento feminino em Martha Vicinus, "'They Wonder to which Sex I Belong': The Historical Roots of the Modern Lesbian Identity", em Altman, *op. cit.*, pp. 171-98. Uma obra pioneira, Lilian Faderman, *Surpassing the Love of Men*, Nova Iorque, Morrow, 1981, necessita agora de uma considerável revisão.

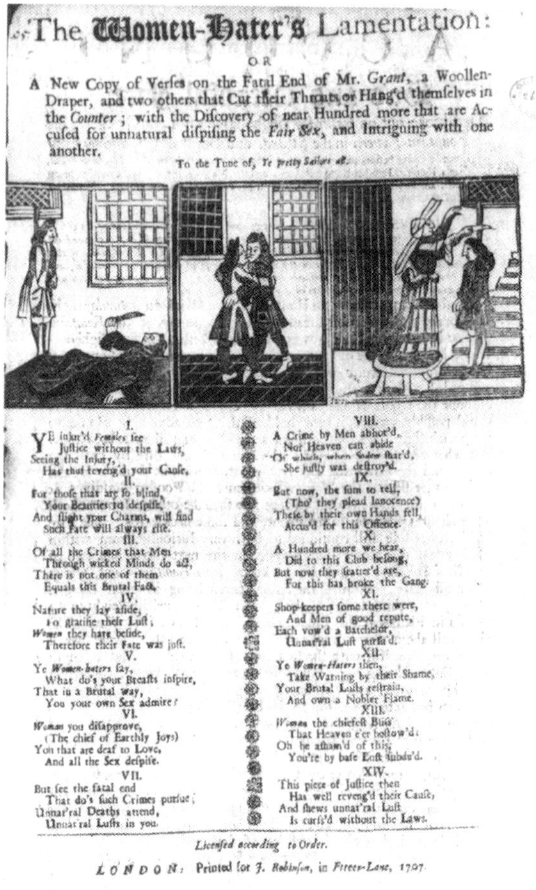

The Women-Hater's Lamentation:

OR

A New Copy of Verſes on the Fatal End of Mr. *Grant*, a Woollen-Draper, and two others that Cut their Throats or Hang'd themſelves in the *Counter*; with the Diſcovery of near Hundred more that are Accuſed for unnatural diſpiſing the *Fair Sex*, and Intriguing with one another.

To the Tune of, *Ye pretty Sailors all.*

I.
Ye injur'd *Females* ſee
Juſtice without the Laws,
Seeing the Injury,
Has thus reveng'd your Cauſe.

II.
For thoſe that are ſo blind,
Your Beauties to deſpiſe,
And ſlight your Charms, will find
Such Fate will always riſe.

III.
Of all the Crimes that Men
Through wicked Minds do act,
There is not one of them
Equals this Brutal Fact.

IV.
Nature they lay aſide,
To gratifie their Luſt;
Women they hate beſide,
Therefore their Fate was juſt.

V.
Ye *Women-haters* ſay,
What do's your Breaſts inſpire,
That in a Brutal way,
You your own Sex admire?

VI.
Woman you diſapprove,
(The chief of Earthly Joys)
You that are deaf to Love,
And all the Sex deſpiſe.

VII.
But ſee the fatal end
That do's ſuch Crimes purſue;
Unnat'ral Deaths attend,
Unnat'ral Luſts in you.

VIII.
A Crime by Men abhor'd,
Nor Heaven can abide
Of which, when *Sodom* ſhar'd,
She juſtly was deſtroy'd.

IX.
But now, the ſum to tell,
(Tho' they plead Innocence)
These by their own Hands fell,
Accus'd for this Offence.

X.
A Hundred more we hear,
Did to this Club belong,
But now they ſcatter'd are,
For this has broke the Gang.

XI.
Shop-keepers ſome there were,
And Men of good repute,
Each vow'd a Batchelor,
Unnat'ral Luſt purſu'd.

XII.
Ye *Women-Haters* then,
Take Warning by their Shame,
Your Brutal Luſts reſtrain,
And own a Nobler Flame.

XIII.
Woman the chiefeſt Bliſs
That Heaven e'er beſtow'd:
Oh be aſham'd of this;
You're by baſe Luſt ſubdu'd.

XIV.
This piece of Juſtice then
Has well reveng'd their Cauſe,
And ſhews unnat'ral Luſt
Is curſ'd without the Laws.

Licenſed according to Order.

LONDON: Printed for *J. Robinſon*, in *Fetter-Lane*, 1707.

Figura 7.1: The *Women-Hater's Lamentation* [*O Lamento das Mulheres Rancorosas*] (1707). Balada popular contra os sodomitas efeminados, que se beijam e cometem suicídio depois de descobertos.

O que é Pornografia?

Esse desenvolvimento na história dos gêneros e do desejo sexual fixou os limites da fantasia erótica de meados do século XVIII. Pode-se até argumentar que ele estimulou o surgimento de um novo gênero pornográfico, no campo mais geral da fantasia erótica. Mas, antes de investigar essa idéia, deve-se deixar claro que, na Inglaterra do século XVIII, era frequente aquilo que o espectador ou o leitor do século XX reconheceria como pornografia *hard-core*. *Fanny Hill*, de Cleland, pode ter sido o único exemplo inequívoco, permitindo que se considere esse romance como o precursor do gênero que floresceu no século XX.

Na pornografia do século XX, existem dois tipos de representações sexuais. Em primeiro lugar, os órgãos sexuais, especialmente o pênis ereto, são representados em fotografias, gravuras e filmes. Também há descrições, mas a fotografia tornou tais caracterizações menos importantes, ao contrário do que acontecia no século XVIII. Em segundo lugar, a pornografia contemporânea caracteriza-se mais pela repetida representação do ato sexual, em romances e contos, em fotografias e, acima de tudo, em filmes que registram atos sexuais de pessoas comuns (que, às vezes, nem são atores). As técnicas verbais e visuais usadas nessas duas formas da pornografia do século XX variam muito. A prosa pode ser pesada. O diretor do filme pode falhar na variação do ângulo da câmera, pode esquecer de mostrar os rostos dos atores, pode fazer uma montagem incompetente e adotar uma trilha sonora banal ou irrelevante para acompanhar as imagens. Os atores talvez não consigam se concentrar, ou começam a atuar e seus pênis permanecem flácidos. Mas qualquer que seja o nível de competência técnica, o tom de todas essas obras é muito parecido. Quase nunca é satírico ou humorístico. Há uma seriedade que pretende apresentar o corpo e o ato sexual com dignidade própria. Provavelmente, esse tom sério é adotado porque intensifica a excitação sexual, enquanto o humor e a sátira tendem a enfraquecê-la. O contexto em que o leitor ou o espectador se excita pode variar. Um indivíduo pode praticar a masturbação solitária; um casal ou um grupo de indivíduos podem se estimular mutuamente. A obra escrita é muito provavelmente usada para o prazer solitário; as fotografias e os filmes estimularão indivíduos, casais e grupos.

Na Inglaterra do século XVIII há algo similar a essa prática corrente no século XX? A resposta é positiva, mas a semelhança é pequena, considerando-se o padrão da representação do intercurso sexual. Existiam mais representações visuais que descrições no século XVIII, e *Fanny Hill* é o único exemplo claro de descrição insistente do ato sexual. Porém, há muitas representações visuais ou descrições verbais dos órgãos sexuais. Numerosas descrições são encontradas em obras médicas, e uma grande quantidade de representações visuais, em contexto humorístico como em Rowlandson. Eram raras as descrições ou representações com o objetivo declarado de provocar excitação sexual. Naturalmente, no século XVIII não existiam filmes, provavelmente a forma pornográfica mais poderosa do século XX. O que mais se aproximava disso naquela época era a exibição de poses lascivas, na qual mulheres ao vivo mostravam suas partes íntimas e simulavam as posições e os movimentos da cópula.

A poesia pornográfica ou erótica recitada ou cantada para o público, bastante difundida no século XVIII, desapareceu no século XX — outro sinal do triunfo do romance. Considera-se a maior parte dessa poesia, como tantos outros textos sexuais do século XVIII, mais erótica que pornográfica. Não havia tanta descrição de pênis eretos ou atos sexuais — e havia mais pênis que atos sexuais. Em vez disso, relatava-se aquilo que podemos chamar de galanteio sexual e que, eventualmente, levava à consumação do sexo. Nos textos ingleses do século XVIII, era muito mais provável a apresentação do epifenômeno do sexo que do próprio sexo.

A balada popular, eventualmente reprimida pela autoridade pública, era provavelmente a experiência mais imediata da fantasia erótica ou pornográfica para a maioria do povo. William Crocker foi preso por cantar baladas escandalosas na rua. Edward Welsh cantou uma balada obscena, encorajou seu jovem filho a fazer o mesmo e também acabou preso. Mas essas canções, embora pudessem colocar seu intérprete em apuros, eram cantadas por negociantes respeitáveis em recintos privados. Francis Place lembrava-se de ter ouvido no gabinete de seu pai canções "muito vulgares" cantadas por homens "que estavam muito excitados". Todos os que escutavam as canções aplaudiam no fim de sua execução, golpeando alegremente as mesas. Richard Hayward lembrava-se da agora respeitada letra de *Morgan Rattler* [*A Cascavel Morgan*].

First he niggled her, then he tiggled her
Then with his two balls he began for to batter her
At every thrust, I thought she'd have burst
With the terrible size of his Morgan Rattler

[Primeiro, ele tirou um sarro dela; depois, a bolinou
Então, com suas duas bolas, começou a malhá-la
À cada estocada, pensava que ela iria arrebentar
Com o tamanho espantoso de sua Cascavel Morgan]

Nitidamente, a "Cascavel Morgan" combinava a representação do pênis ereto com a do intercurso sexual. Mas o contexto festivo e humorístico da apresentação dessas baladas, especialmente em grupos, não se aproximava da intencionalidade que a *pornotopia* parecia requerer para alcançar o nível máximo de excitação sexual[8].

8. Corporation of London Record Office: Sessions Roll [será indicada por CLRO:SR], Abr. 1720, Recognisance 82; Mansion House Charge Book, 17 e 18 ago. 1729; *The Autobiography of Francis Place (1771-1854)*, ed. Mary Thale, Cambridge, UK, Cambridge University Press, 1972, pp. 57-9.

No século XVIII, o público desse material erótico e pornográfico era, como no século XX, o indivíduo, o casal e o grupo. Isso pode ser verificado nos relatos sobre o uso de materiais visuais. "As ilustrações de Wanton", escreveu Henry Deacon, estavam entre as principais causas de ereções masculinas, ao lado dos "livros lascivos, companhias femininas, discursos libidinosos", comida substanciosa e bebida. "As ilustrações de Wanton", muito freqüentemente, eram representações de diversas posições sexuais e eram muitas vezes chamadas de "posições Aretino", uma referência à famosa série de ilustrações. Dizia-se que a modelo Betty Sands posou em "posições mais abomináveis que as inventadas por Pietro Aretino, o mais devasso nobre de Veneza", "cujas gravuras impudicas", "deviam ser lançadas ao fogo", segundo o capitão Smith. Esse tipo de estampa estava ao alcance de todas as classes sociais durante o século XVIII. Em 1704, o lorde Dorse tinha um livro desse gênero ao lado de sua cama; sua encadernação simulava a de um livro de canções. Presumivelmente, usava o livro para masturbações solitárias à noite. Uma dama curiosa, ao visitar a casa do lorde, descobriu a obra, constatando que continha "as ilustrações mais obscenas já imaginadas". Francis Place relatou que em sua juventude, no fim do século XVIII, essas gravuras eram vendidas abertamente ao lado de livros escolares e oferecidas para qualquer menino ou menina. Em sua loja, a senhora Roach perguntava aos jovens se eles queriam "algumas belas gravuras" e então os incitava a folhear seu mostruário. Provavelmente essas ilustrações eram usadas para a masturbação solitária.

Alguns homens passavam da excitação provocada pela ilustração diretamente para uma relação sexual com uma prostituta. O lorde Grosvenor, induzido pelo retrato de uma mulher nua sobre a lareira de um bordel, pediu a Elizabeth Roberts que se despisse. James Graham, em seu manual de sexo, que afirmava ser dirigido a homens e mulheres casados, recomendava o uso de esculturas, ilustrações e pinturas lascivas para excitar os que eram velhos ou debilitados. O autor não menciona, contudo, a leitura de textos licenciosos[9].

O uso grupal de imagens pornográficas pode ser verificado no exame de mulheres que exibem posições luxuriosas. Existem duas descrições literárias dessas mulheres e de um grupo de espectadores masculinos. Em uma delas, as moças estão deitadas nuas sobre uma mesa em um bordel, cercadas por um grupo de homens que observam acuradamente seus órgãos sexuais. Um copo de vinho é então colocado sobre o monte de Vênus de uma das mulheres e cada homem bebe desse copo. As outras mulheres se contorcem, imitam várias posições sexuais e se masturbam. Na outra descrição, uma garota chega meio bêbada, despe-se e põe-se de quatro, enquanto os homens tripudiam-na e ridicularizam-na. Ned Ward tem uma prostituta em Bridewell que descreve uma outra como "uma mestra das posições Moll", que podia mostrar "como os barqueiros atravessam a 'ponte de Londres', ou como os advogados se dirigem a 'Westminster'" — nomes, evidentemente, de duas posições eróticas. Nos bordéis comuns podia ser difícil enxergar à noite. Mary Johnson relata que Sarah Morrice fazia seu *strip-tease* várias vezes para um homem que só podia ver "suas intimidades" com a ajuda de uma vela. John Northey levou duas moças à casa de Elizabeth Crawford, onde "deu-lhes dinheiro para açoitá-lo" e, "em seguida, colocou uma sobre a cama [e] acendeu uma vela para enxergá-la". Em ambos os casos, um só homem contempla os órgãos sexuais femininos. Esses exemplos confirmam o realismo de muitas descrições desse tipo de *voyeurismo* em *Fanny Hill*[10].

9. Henry Deacon, *A Compendious Treatise on the Venereal Disease*, Londres, s. d., p. 24; Alexander Smith, *The School of Venus*, 2 vols., Londres, 1716, vol. 1, p. 192; Lady Cowper's Diary, Hertfordshire Record Office, D/EP/F30, referente a 12 out. 1704; Place, *op. cit.*, p. 51; "The Grosvenor Case", em *Trials for Adultery*, 7 vols., Londres, 1780; revisão da edição de Nova Iorque, Garland, 1985, vol., 6, p. 114; James Graham, *Lectures on the Generation, Increase and Improvement of the Human Species*, Londres [1780], p. 55.
10. *The History of the Human Heart*, Londres, 1749, pp. 123-9; *The Midnight Spy*,

Qualquer apresentação pública dos órgãos genitais tendia à intenção pornográfica. Isso se nota na ênfase às descrições dos órgãos genitais em um livro que se transformou de obra médica relativamente sóbria em obra erótica e quase pornográfica. O livro *Aristotle's Masterpiece* [*A Obra-prima de Aristóteles*], em suas várias edições, era a mais conhecida introdução ao sexo para os rapazes. Francis Place descobriu como funcionava o intercurso sexual quando tinha treze anos, a partir do que ouvia por acaso das conversas dos mais velhos. Como isso ainda era pouco elucidativo, tal como o relato da milagrosa concepção de Jesus no Evangelho, ele procurou uma explicação melhor em *Aristotle's Masterpiece*. Grande parte da obra (cuja primeira edição data do final da década de 1680), assemelhava-se a um livro obstetrício, descrevendo a concepção e o nascimento das crianças. Os órgãos sexuais femininos só eram descritos depois da página 99, e os masculinos mais adiante, entre as páginas 172 e 174, e com uma ilustração muito pequena. A segunda edição, publicada por volta de 1710, enfatizava assuntos como a gravidez e o parto, mas foi reorganizada de modo a trazer uma descrição dos órgãos sexuais femininos em seu início; portanto, distinguindo-se de um livro meramente obstetrício. A intenção era provavelmente competir com as primeiras traduções do manual do sexo escrito por Venette (1703) e com a cópia inglesa desse manual (1708), de John Marten, que foi processado judicialmente sem êxito. A terceira versão de *Aristotle's Masterpiece*, de 1725, novamente reelaborada, começava com uma descrição dos órgãos sexuais masculinos e deu menos destaque aos problemas de saúde da mulher. Provavelmente, essa reedição destinou-se a aumentar o apelo do livro para conquistar mais leitores masculinos. Mas ainda res-

Londres, 1766, *apud* Iwan Bloch, *Sexual Life in England*, Londres, Arco, 1958, p. 327 (Bloch errou ao afirmar que as modelos apareceram inicialmente em 1750); Edward Ward, *The London Spy*, Londres, 1709; revisão da ed. Nova Iorque, Garland, 1985, p. 140; CLRO:SR, (dez. 1704), Recognisance 49, Maison House Justice Room Minute Book, 31 dez. 1789.

tringia sua intenção libertina e pornográfica, situando o sexo em um contexto de casamento e aludindo a Adão e Eva no Paraíso[11].

Fanny Hill, de John Cleland

Nesse contexto nasceu *Fanny Hill*, de Cleland, em 1748 e 1749, com suas descrições repetidas e extensas do pênis e do ato sexual. O romance termina em casamento. Fanny casa-se alegremente com Charles, que a deflorou em sua primeira casa de prostituição e por quem se apaixonou mais tarde. Mas todos os atos sexuais ocorrem fora do casamento. E quando Cleland apresenta seu feliz casal em busca de um paraíso sexual, ele não o conduz a um paraíso cristão. Em vez disso, o autor situa o casal em uma ilha no Tâmisa, que sua imaginação transforma em Citera, o santuário de Vênus, a deusa pagã do amor. Essa celebração da excelência do prazer sexual fora do casamento distingue a obra de Cleland das outras fantasias eróticas com prostitutas que apareceram na Inglaterra nas três gerações seguintes à Restauração. Thomas Nelson explicou a dificuldade para um escritor inglês do início do século XVIII descrever os prazeres da prostituição sem incluir seus sofrimentos e suas frustrações. A prostituta era alvo de compaixão e medo, já que representava os perigos das doenças, da traição, da decadência e do envelhecimento do corpo feminino. Ofendia-se a prostituta por sua pretensão de desfrutar atos sexuais que não eram voluntários, mas meros produtos comerciais. De fato, suas exigências financeiras podiam fazê-la parecer uma espécie de mulher de segunda classe. Surpreen-

11. *Aristotle's Masterpiece: or, The Secrets of Generation*, Londres, 1694, p. 99ff., 172-4. A edição de 1694, de 1710 (em uma versão de 1776) e a de 1725 (em uma versão de 1749) foram reimpressas em um volume único, que compilei (Nova Iorque, Garland, 1986). Para uma boa análise das diversas edições, ver Roy Porter, "The Secrets of Generation Display'd: *Aristotle's Masterpiece* in Eighteenth-Century England", em Maccubbin, *op. cit.*, pp. 1-21; Place, *op. cit.*, p. 45.

dentemente, o romance de Cleland desdenha essa abordagem. A organização da obra exibia sua intenção ideológica. A primeira parte apresenta a lenta decadência de Fanny. Se a segunda parte seguisse o padrão usual das biografias de prostitutas, tanto em prosa como na série de gravuras de Hogarth, relataria a captura, a prisão, a doença e a morte de Fanny. Em vez disso, o livro torna-se lírico e idílico. A cena principal narra a viagem a Citera, organizada pelo jovem que tinha esperança de restaurar a condição original do prazer sexual, livre de aflição e culpa. O casal dirige-se à ilha de Vênus, onde podiam venerar o amor por meio do ato sexual. O sexo torna-se o sacramento do amor, o sinal externo da graça interior[12].

O romance utiliza as novas técnicas do realismo narrativo e cria uma atmosfera de excitação sexual. Mas não é uma representação especialmente realista da vida de uma prostituta, nem mesmo do mundo exclusivo da prostituição destinada aos cavalheiros. Fanny não engravida, evita a doença e a embriaguez, e casa-se por amor com seu primeiro cliente. Mais importante ainda, ela compartilha inteiramente o prazer de seus clientes.

Cleland estava consciente da extensão de sua fantasia. Em seu panfleto sobre os distúrbios dos marinheiros contra as prostitutas e em sua ficção posterior a *Fanny Hill*, ele apresenta a prostituição londrina como um caso muito mais sinistro. É difícil dizer se reconheceu que sua descrição da reação sexual feminina no romance era pouco realista. O clitóris, em comparação ao cuidado dispensado ao pênis, não era descrito com clareza; era até mesmo situado no interior da vagina. (Talvez seja um exemplo antigo da fantasia freudiana sobre o orgasmo vaginal.) Cleland também propõe que, quanto mais generoso o pênis, maior seria o prazer da mulher. A quantidade de orgasmos da mulher era sempre igual à do homem, nunca o supera-

12. T. G. A. Nelson, "Woman of Pleasure", *Eighteenth-Century Life*, 11, 1987, pp. 181-98.

va. Outros escritores do século XVIII conheciam melhor o clitóris e o seu papel no prazer sexual. Portanto, o preço para justificar o prazer no ambiente seguro e domesticado do romance foi pago por uma crescente passividade feminina. Nesses arrebatamentos mútuos, uma nova forma de separação entre homens e mulheres se realizava pela reconstrução da anatomia feminina[13].

Essa idealização do prazer sexual pode ter rompido com a tradicional desconfiança cristã, mas sua concepção de liberação sexual circunscrevia-se às novas estruturas do amor romântico e da reprovação da sodomia. Isso fica claro ao se comparar *Fanny Hill* com *Sodom* [*Sodoma*], o mais infame texto erótico inglês da Restauração. No século XVIII, atribuía-se a autoria de *Sodom* ao lorde Rochester. Os estudiosos modernos questionam a autoria, mas há ainda aqueles que a defendem. Porém, no início do século XVIII, tanto Rochester como *Sodom* foram substituídos como ídolos dos libertinos por homens como Congreve ou Shaftesbury e livros como *Fanny Hill*. Rochester e suas anedotas tornaram-se muito brutas, como declararam Horace Walpole e David Hume. *Sodom* parece ter sido editada três vezes (em 1684, 1689-1690 e 1707), embora restem apenas cópias manuscritas. Era mais um drama que um romance, e os atos sexuais eram mais descritos que consumados. Naturalmente, essas descrições não podiam ser comparadas ao realismo do romance. Mas a objeção principal contra a obra era a presença do sexo entre homens e rapazes adolescentes como uma alter-

13. Trumbach, "Modern Prostitution and Gender in *Fanny Hill:* Libertine and Domesticated Fantasy", em G. S. Rousseau e Roy Porter (orgs.), *Sexual Underworlds of the Enlightenment*, Manchester, UK, Manchester University Press, 1987, pp. 69-85, contrasta a prostituição dos romances com a dos registros das fontes legais. Para a análise de Cleland sobre o clitóris, ver Robert Scholes, *Semiotics and Interpretation*, New Haven, CT, Yale University Press, 1982. Outras argumentações do século XVIII sobre o clitóris, principalmente em *Aristotle's Masterpiece*, são abordadas em Angus McLaren, *Reproductive Rituals*, Nova Iorque, Methuen, 1984. Sobre como a ideologia social pode reconstruir as características sexuais dos corpos, ver Thomas Laqueur, *Making Sex: Body and Gender from the Greeks to Freud*, Cambridge, MA, Harvard University Press, 1990.

nativa agradável ao sexo entre homens e mulheres. Em *Sodom* presumia-se que todos os homens adultos sentiam os dois tipos de desejo. Certamente, a peça pretendia apresentar a sodomia como uma prática excitante e chocante, mas não mais que o adultério, a fornicação, a masturbação e o incesto, que também eram parte da ação dramática[14].

Em 1707, quando *Sodom* foi publicada pela última vez e processada judicialmente, seu editor tentou aproveitar a prisão em massa dos sodomitas naquele ano. Porém, esses sodomitas verdadeiros diferiam consideravelmente dos personagens da obra. Eles desejavam apenas homens, e podiam ser passivos, efeminados e até mesmo travestis. O surgimento desse novo papel masculino exigiu que Cleland, quarenta anos depois, tratasse a sodomia de modo bastante diferente em *Fanny Hill*. O autor nunca acasalou homens e mulheres em um intercurso anal, apesar de uma cena em que um adolescente mais velho penetra em um mais novo, escrita com detalhes mais vívidos que os presentes em *Sodom*. Mas Fanny, que é tão diferente por aprovar todo tipo de prazer sexual, condena os jovens por integrarem uma seita de efeminados que destestam mulheres. Por causa dessa cena, principalmente, o livro foi processado, e a cena foi omitida em todas as edições subseqüentes, até recentemente, quando o movimento de liberação *gay* tornou possível a sua inclusão. Não está claro, contudo, até que ponto o tratamento da sodomia por Cleland considera seu próprio desejo. Em 1781, afirmou-se que era "considerado um sodomita pela censura" e que "em conseqüência, as pessoas de caráter declinavam de visitá-lo ou de cultivar sua amizade". Será verdade? Cleland era o último dos velhos libertinos que apreciava tanto mulheres como garotos, ou era o novo tipo de sodomita

14. J. W. Johnson, "Did Lord Rochester Write *Sodom*?", *Papers of the Bibliographical Society of America*, 81, 1987, pp. 119-53. Para *Sodom*, usei um texto preparado por Larry D. Carver para uma obra organizada por Carol Barash e Rachel Weil. A reputação de Rochester no século XVIII constata-se em *Rochester: The Critical Heritage*, org. David Farley-Hills, Nova Iorque, Barnes & Noble, 1972.

que não gostava de mulheres? Se a resposta correta for a segunda alternativa, o escritor realizou um grande triunfo imaginativo com seus romances e suscitou questões interessantes sobre sua identificação com a heroína (e, talvez, isso pudesse explicar o fato de ter situado o clitóris dentro da vagina). Quaisquer fossem os desejos pessoais de Cleland, para que seu romance atraísse o público masculino em 1750, todos os seus personagens masculinos (exceto no caso dos dois adolescentes) tinham de ser exclusivamente heterossexuais (para usar uma expressão do século XX). Mas não as mulheres. Fanny é seduzida por Phoebe Ayres, apesar de em seguida declarar que "ansiava por um alimento mais sólido, e prometeu tacitamente a si mesma que não iria mais se dedicar a essa tolice de mulher com mulher". Em meados do século XVIII, as mulheres ainda viviam sob o regime sexual mais antigo[15].

A posição ideológica de Cleland, contrária ao contexto estrutural apresentado, sofreu provavelmente duas influências. Conhecia outras culturas, por meio da literatura do antigo Mediterrâneo pagão e da Índia de seu próprio tempo. É evidente que a cultura indiana transformou Cleland em um deísta. Provavelmente, também reforçou sua libertinagem. A segunda influência era um materialismo genérico e difuso, que via o sexo como uma operação natural do corpo e, portanto, moralmente boa. Existem, porém, duas outras influências a considerar. Em primeiro lugar, havia sua suposta sodomia. Certamente, os sodomitas do novo tipo efeminado, atraídos exclusivamente por homens adultos, eram libertinos, apartados do ascetismo cristão convencional. Os sodomitas zombavam do batismo e do casamento em seus rituais sexuais, assim como os

15. Foxon, *op. cit.*, sobre *Sodom*, ver p. 13. Sobre o processo contra Cleland, ver pp. 52-63; *The Tryal and Conviction of Several Reputed Sodomites*, Londres, 1707. Para maiores detalhes sobre *The Trial*, ver Trumbach, "Birth of the Queen" e "Sodomy Transformed"; sobre os dois jovens, ver Cleland, *Memoirs*... pp. 156-60; sobre Ayres, ver pp. 10-34; Henry Merritt, "A Biographical Note on John Cleland", *Notes and Queries*, 28, 1981, pp. 305-306; sobre a atitude de Cleland em relação a sexo entre mulheres, ver Trumbach, "*London's Sapphists...*", pp. 124-30.

libertinos ridicularizavam a Eucaristia. Portanto, o radicalismo sexual de Cleland possivelmente possui uma de suas mais importantes raízes em sua profunda alienação pessoal. Finalmente, existia a influência de lorde Shaftesbury sobre Cleland e sobre todos os libertinos de meados do século XVIII. O desejo de Cleland e de seus contemporâneos por uma sexualidade domesticada e acompanhada de amor afastou-os tanto dos dissolutos selvagens da época de Rochester quanto dos epicuristas mais sóbrios, como Congreve, que os seguiu. Entretanto, Cleland tomou Epicuro como modelo; James Boswell relata que, por causa de *Fanny Hill*, "Epicuro estava agora bem caracterizado como um não-sensualista; o intelecto e os sentidos devem se unir no prazer". Mas foi o prazer associado ao entusiasmo, traçado conforme a doutrina da virtude do lorde Shaftesbury, que reconheceu, sob a beleza e os prazeres do corpo, uma realidade mais profunda. O próprio Shaftesbury foi um libertino. Escreveu e fez circular entre seus amigos mais próximos, ou "irmãos", como ele os chamava, uma fantasia sexual intitulada *The Adept Ladys* [*As Damas Peritas*], junto de alguns versos escatológicos. Estava preocupado em mostrar aos homens de bom-gosto que eles podiam progredir da beleza física do corpo humano para a beleza da poesia, da pintura e da filosofia. Shaftesbury queixou-se ao lorde Somers que seus companheiros aristocratas estavam corrompidos pela busca de mulheres e pelas superstições do cristianismo. Zombava dos galanteadores, afirmando que "não iam mais longe que os professores de dança na procura da graça e da beleza". O verdadeiro virtuoso sabia que "mesmo na arte, que é mera imitação da graça e da beleza exteriores, não só se confessa um gosto, mas faz-se parte da educação refinada, a fim de se descobrir, entre as numerosas falsas maneiras e estilos doentios, a verdadeira, que representa a verdadeira beleza e a Vênus da espécie". Então, da beleza humana derivava a beleza artística, mas da arte provinha a virtude. Isso exigia que o cavalheiro renunciasse "à brutalidade, à insolência e ao tumulto" e apelasse à boa educação. Descobririam, então, que "filosofar, em sentido justo, é apenas uma questão de levar a boa educação para um degrau mais elevado". O virtuoso, ou o "cavalheiro realmente refinado", seria capaz de fazer isso porque amava a arte e o engenho e tinha visto o mundo. Isso soa como um programa para a Dilettanti Society [Sociedade Diletante] e provavelmente ajudou a formar o universo mental de Cleland[16].

O Desígnio Libertino

Para os libertinos agrupados na Dilettanti Society, *Fanny Hill* tornou-se um texto sagrado. De fato, o livro não era uma descrição exata da prostituição em 1750, mas pode ter servido como modelo para um novo tipo de bordel que surgiu na segunda metade do século XVIII, do qual a embriaguez e a doença foram supostamente banidas, alimentando, no lugar, uma fantasia de domesticidade. Cleland pode ter conhecido os bordéis parisienses, um tanto parecidos com os estabelecimentos de seu romance. A obra *The Nocturnal Revels* [*As Folias Noturnas*] (1777), que descreveu esses novos "haréns" londrinos, mencionava dois livros lascivos como cartilhas dos libertinos: *Fanny Hill* e *The Adventures of Mr. F — in Petticoats* [*As Aventuras do Senhor F — de Anáguas*]. Portanto, a relação entre a fantasia do romance de Cleland e o mundo real da pros-

16. Epstein, *op. cit.*, pp. 33-53; Leo Braudy, "*Fanny Hill* and Materialism", *Eighteenth-Century Studies*, 4, 1970, pp. 21-40; Whitley, *op. cit.*, pp. 130-43, é a melhor análise sobre o materialismo de Cleland; James Boswell, *Private Papers* (1928-1934), vol. 13, p. 220, *apud* Whitley, *op. cit.*, p. 504, n. 202; *Complete Works of* [...] *the 3rd Earl of Shaftesbury*, org. Gerd Hemmerich e Wolfram Brends, Stuttgart-Bad Cannstatt, 1981, vol. 1, parte 2, pp. 378-442; Robert Voitle, *The Third Earl of Shaftesbury, 1671-1713*, Baton Rouge, Louisiana State University Press, 1984, pp. 241-2; Lord Shaftesbury, *Characteristics*, ed. J. M. Robertson e Stanley Green, 2 vols., Nova Iorque, Bobbs-Merrill, 1964, vol. 1, pp. 217-8 e vol. 2, pp. 4, 252-3, 255, 269. Sobre a influência de Shaftesbury, ver Lawrence Klein, "The Third Earl of Shaftesbury and the Progress of Politeness", *Eighteenth-Century Studies*, 18, 1984-1985, pp. 186-214; *idem*, "Liberty, Manners and Politeness in Early Eighteenth-Century England", *Historical Journal*, 32, 1989, pp. 583-605.

tituição pode ser outro exemplo de um romance que cria, em parte, uma nova realidade, e não simplesmente a reflete. Isso também remete à analogia proposta por John Bender e Nancy Armstrong entre o romance e o desenvolvimento do bordel e do casamento modernos. Mas o argumento pode funcionar em ambos os sentidos. O bordel civilizado, de caráter doméstico, que surgiu depois de 1750, trouxe à luz os aspectos conflitantes dos novos ideais do casamento e do papel do homem, que podem ter sido considerados para o surgimento do novo gênero de escrita erótica representado por *Fanny Hill*. O casamento romântico exigia que os homens fossem fiéis a suas esposas. Mas os homens também precisavam demonstrar que eram homens de verdade, e não sodomitas, manifestando um interesse sexual constante e exclusivo por mulheres. Esses dois ideais eram conflitantes, mas o medo de parecer sodomita era mais forte. Portanto, os homens não podiam renunciar às prostitutas ou reconstruir a natureza do desejo masculino. Em vez disso, houve tentativas de reeducar a jovem prostituta de rua em estabelecimentos descritos como instituições totais. Os clientes das prostitutas, porém, não eram reeducados por causa do receio de que seu desejo exclusivo por mulheres pudesse ser prejudicado. Em vez disso, o bordel civilizado foi criado como um lugar para o sexo seguro e afetuoso, e o realismo e o caráter doméstico foram então considerados por Cleland e aplicados às repetitivas representações do pênis e do sexo extraconjugal[17].

Cleland e os cavalheiros que registravam essa nova realidade tentavam justificar o prazer sexual nesse mundo dominado pelo ascetismo cristão. Só conseguiriam introduzir seu ponto

17. *Nocturnal Revels: or, The History of King's Place and Other Modern Nunneries* [...] *By a Monk of the Order of St. Francis*, 2 vols., Londres, 1779, vol. 2, p. 77; Stanley Nash, "Prostitution and Charity: The Magdalen Hospital, A Case Study", *Journal of Social History*, 17, 1984, pp. 617-28; Trumbach, "*Sex, Gender, and Sexual Identity...*"; John Bender, *Imagining the Penitentiary*, Chicago, University of Chicago Press, 1987. Há uma descrição popular do bordel domesticado em E. J. Burford, *Royal St. James's*, Londres, Hale, 1988; e uma acadêmica em meu livro *The Sexual Life of Eighteenth-Century London* (no prelo).

de vista criando um contrapeso à influência da Igreja cristã e de seus rituais. Conseqüentemente, a representação do pênis e do ato sexual entre 1748, quando Cleland publicou seu romance, e 1786, quando Richard Payne Knight produziu seu tratado sobre o culto a Priapo, foi criação de um grupo de cavalheiros libertinos, membros de uma religião que cultuava a "força generativa". Seus rituais parodiavam os princípios da Igreja cristã e, sua teologia foi estabelecida em diversas obras eróticas, de vários gêneros, como a poesia, o romance e o tratado erudito. Porém, essa religião dificilmente podia ser levada a sério. As obras raramente possuíam seriedade pornográfica e com freqüência eram subvertidas pelo humor ou pela sátira, que anulavam a fantasia erótica. Entretanto, esses cavalheiros produziram uma literatura que, embora rudimentar na forma, originou uma análise sobre sexualidade que cem anos mais tarde foi considerada e transformada por Freud em uma religião científica da libido revigorante. Em sua própria época, a influência foi menos profunda. Um libertino como Martin Madan leu os textos do Velho e do Novo Testamento de modo menos ascético e em oposição aos Pais da Igreja. Madan deleitou os libertinos, que não o levaram a sério, e chocou seus amigos evangélicos, que o levaram a sério. As opiniões de Madan permaneceram como influência marginal no cristianismo. Mas as divergências entre os libertinos e os cristãos, apresentadas nos textos pornográficos e eróticos que glosavam esses conflitos, revelam, de outro modo, as origens iluministas da cultura moderna em que ainda vivemos[18].

Os cavalheiros da Dilettanti Society proporcionam um foco conveniente para o exame dessa religião libertina. A associação foi fundada em 1732. Visava promover o conhecimento da civilização clássica, conforme se pode ver em suas relíquias físicas remanescentes, como ruínas, esculturas e medalhas. Al-

18. Martin Madan, *Thelypthora: or, A Treatise on Female Ruin*, 3 vols., Londres, 1781; e Trumbach, "Sex, Gender, and Sexual Identity...".

guns dos membros fundadores, como *sir* Francis Dashwood, haviam viajado muito, principalmente pela Itália, Grécia e Ásia Menor. Quando se encontravam, os membros vestiam mantos e participavam de diversos rituais de convívio. Porém, a Dilettanti Society também tinha um programa ideológico de virtude. Eles eram libertinos e, freqüentemente, deístas, contrários ao cristianismo convencional e preocupados em justificar suas vidas sexuais, que as relíquias físicas da antiga civilização clássica pareciam consignar. Alguns membros, sob a liderança de *sir* Francis Dashwood, usaram suas amizades como base para a criação de uma outra confraria, que, em meados daquele século, reunia-se em Medmenham Abbey, a seis milhas da residência principal de Dashwood. Desde então, tornou-se difícil separar fato e ficção na história dos confrades de Medmenham. Essa história foi retratada no romance *Chrysal*, de Johnstone, nos poemas de Charles Churchill, nas *Memoirs* [*Memórias*] de Horace Walpole, e nos artigos jornalísticos de John Wilkes. O mais célebre poema pornográfico inglês do século XVIII, *An Essay on Woman* [*Um Ensaio sobre a Mulher*], pode ter sido uma contribuição de Wilkes aos rituais dessa confraria[19].

Dashwood era o principal responsável por tudo o que acontecia em Medmenham (fig. 7.2). Era muito viajado e quando estava em casa construía bastante e com bom gosto. Reformou o pórtico oeste de sua residência em West Wycomb, reconstruindo um templo para Dioniso (ou Baco), que resistiu no local que havia sido a sede principal do culto dionisíaco, na Jônia. O templo foi pesquisado e esculpido à custa da Dilettanti Society. Dashwood tinha grande interesse pelo ritual religioso. Em 1773, editou *Abridgement of the Book of*

19. Sobre a *Dilettanti*, ver Cecil Harcourt-Smith, *The Society of Dilettanti, Its Regalia and Pictures*, Londres, Macmillan, 1932; e Lionel Cust, *History of the Society of Dilettanti*, Londres, Macmillan, 1914. Sobre o Hell-Fire Club, ver L. C. Clark, *The Clubs of the Georgian Rakes*, Nova Iorque, Columbia University Press, 1942; e D. P. Mannix, *The Hell-Fire Club*, Nova Iorque, Ballantine, 1959.

FIGURA 7.2: Retrato feito por William Hogarth de *Sir Francis Dashwood* (fim da década de 1750), em traje monástico, a cultuar uma escultura de Vênus. George Knapton pintou um retrato semelhante de Dashwood, em que ele segurava um cálice usado em comunhão diante de uma escultura de Vênus, e Adrian Carpentier pintou Dashwood como um papa, em frente a um hermafrodita sem seios.

Common Prayer [*Sumário do Livro de Orações*], em que as orações foram revisadas, recebendo uma orientação mais deística. Dashwood também era fascinado pelo ritual da Igreja católica romana, apesar de desdenhá-lo. Há relatos impressionantes em *Abridgment*, envolvendo um rapaz que grita "o diabo, o diabo", enquanto é açoitado por um chicote, e penitentes da Sexta-Feira da Paixão que se ajoelham na obscuridade da Capela Sistina, descobrindo seus ombros na esperança de receber uma punição mais branda. Dashwood foi retratado como São Francisco, segurando um cálice e rezando diante de uma escultura da Vênus de Medici. Mas Dashwood também tinha um lado mundano, que sua biógrafa mais recente, Betty Kemp, ignora. Walpole descreve-o como uma pessoa "notória por cantar canções profanas e lúbricas em forma de cânone"[20].

Mais ou menos em 1750, Dashwood alugou Medmenham Abbey, que se converteu em um mosteiro cisterciense. Reformou-o para se parecer ainda mais com um mosteiro, agregando uma torre em ruínas e um claustro. No interior do claustro construiu um recinto destinado provavelmente a servir como capela ou como espaço para o cabido, em que "o resplendor da luz é judiciosamente substituído pela agradável obscuridade proporcionada pelos antigos vitrais". No piso inferior, Dashwood recebia o grupo de confrades, para os quais havia vestes "mais parecidas com o traje de barqueiros que com o de confrades". O lema acima da porta — *Fay ce que voudras [Faça o que tiver vontade]* — foi extraído do mosteiro de Theleme, de Rabelais. Grande parte dos mais céticos historiadores está de acordo com essas observações, mas há controvérsia sobre o que os confrades faziam ali. Betty Kemp afirma que vinham "admirar os jardins e pescar ou passear no rio". Para Walpole, cada um tinha "seu cubículo, um traje próprio, um nome monástico e um refeitório comum — ao lado de uma capela [...],

20. Betty Kemp, *Sir Francis Dashwood*, Londres, Macmillan, 1967, pp. 101-4, 116, 137-57; Horace Walpole, *Memoirs of the Reign of George III*, 3 vols., ed. G. F. Russell Barker, Londres, 1894, vol. 1, pp. 136-8, 248.

quaisquer fossem suas doutrinas, suas práticas eram fortemente pagãs: Baco e Vênus eram as divindades por quem quase se sacrificavam publicamente". John Wilkes, que certamente esteve em Medmenham, descreveu esses "mistérios eleusinos ingleses, onde os confrades reuniam-se em todas as ocasiões solenes, e os ritos mais secretos eram executados e as libações derramadas com muita pompa em oferenda à BONA DEA*". Os jardins possuíam diversas estátuas e havia outros lemas, e "os confrades mais jovens" procuravam ali o prazer. Mas Wilkes foi cauteloso ao afirmar se esses prazeres eram desfrutados com mulheres: "de qualquer forma, pareciam ter pecado naturalmente". Em Medmenham não havia a prática da sodomia, embora possa ter acontecido no espaço destinado ao cabido. Nesse recinto, *sir* Francis introduzia os novatos em seus mistérios, como Churchill escreveu:

> [Dashwood] devia derramar de um cálice de comunhão,
> Libações às deusas sem olhos[21].

Um encontro como esse fornecia o público adequado para a apresentação das impiedades presentes em *An Essay on Woman* (fig. 7.3). John Wilkes foi processado por editá-lo. Algumas vezes atribuíram-lhe a autoria, porém, a maior parte dos estudiosos modernos a credita a Thomas Potter, o filho libertino de um arcebispo. Mas é possível que *An Essay on Woman* tenha sido escrito por diversas mãos, como *Sodom*. Certa vez, Wilkes afirmou que esse poema foi lido muitas ve-

* N.T.: A Boa Deusa é Vênus.

21. Kemp, *op. cit.*, pp. 131-6; Walpole, *op. cit.*, vol. 1, p. 138; Raymond Postgate, '*That Devil Wilkes*', Londres, Dobson, 1956, pp. 22-3; Charles Churchill, "The Candidate", em *Poetical Works*, org. Douglas Grant, Oxford, UK, Oxford University Press, 1956, ll. 695-701. As estátuas de Vênus apareceram em alguns jardins do século XVIII como símbolos eróticos: a Vênus em Stowe era acompanhada de pinturas e versos obscenos, e de divãs macios para a atividade sexual. Ver J. G. Turner, "The Sexual Politics of Landscape: Images of Venus in Eighteenth-Century English Poetry and Landscape Gardening", *Studies in Eighteenth-Century Culture*, 11, 1982, pp. 342-66.

zes aos confrades na mesa de jantar. O *Essay* era uma zombaria erudita, inspirada na obra *Essay on Man [Ensaio sobre o Homem]*, de Alexander Pope, e foi comentado pelo bispo Warburton. Estava repleto de escárnios anticlericais, e também alguns anti-sodomitas. O poema era claramente heterossexual. Descrevia obsessivamente os órgãos sexuais femininos como um território para os homens atravessarem. Gerou uma série de outras obras, de Thomas Stretser e outros. Insistia que o objetivo da criação das mulheres era o ato sexual. Nesse sentido, era uma espécie de anti-Gênesis, por sugerir que um destino — ou um Poder supremo — remoto e equânime vigiava os atos sexuais praticados na Terra e recomendar que todos os homens e mulheres deveriam provar o máximo de prazer. O *Essay* era acompanhado de três orações burlescas, derivadas de orações cristãs, que quase certamente foram escritas por Wilkes. Em *Veni Creator* [*Vem, Criador*], uma virgem reza a um pênis divino, pedindo que ele a penetre, aludindo à invocação ao Espírito Santo. O pênis e os dois testículos são tratados como a "três vezes abençoada gloriosa Trindade". Em outro poema, "a grande primeira causa" era invocada como a "mãe de todos, de todos os tempos", mas a nota de rodapé criou alguma confusão a respeito do gênero — masculino ou feminino — da "grande primeira causa", ao afirmar que "se *An Essay on Woman* foi uma obra suspeita de tender ao naturalismo, *Universal Prayer* fala diretamente da *primeira Causa* como Deus e Mestre, tanto quanto como Criador do Universo"[22].

Esses poemas e as descrições dos rituais dos confrades em Medmenham revelam uma curiosa mistura de símbolos cristãos e ritos pagãos gregos antigos. Provavelmente porque, se-

22. O texto é de Adrian Hamilton, *The Infamous "Essay on Woman"*, Londres, Deutsch, 1972; Eric R. Watson, "John Wilkes and the 'Essay on Woman'", *Notes and Queires*, 9, 1914, pp. 121-3, 143-5, 162-4, 183-5, 203-5, 222-3; Calhoun Winton, "John Wilkes and 'An Essay on Woman'", em Donald Kay (orgs.), *A Provision of Human Nature*, University, AL, University of Alabama Press, 1977, pp. 121-32; e Wagner, *op. cit.*, pp. 191-200.

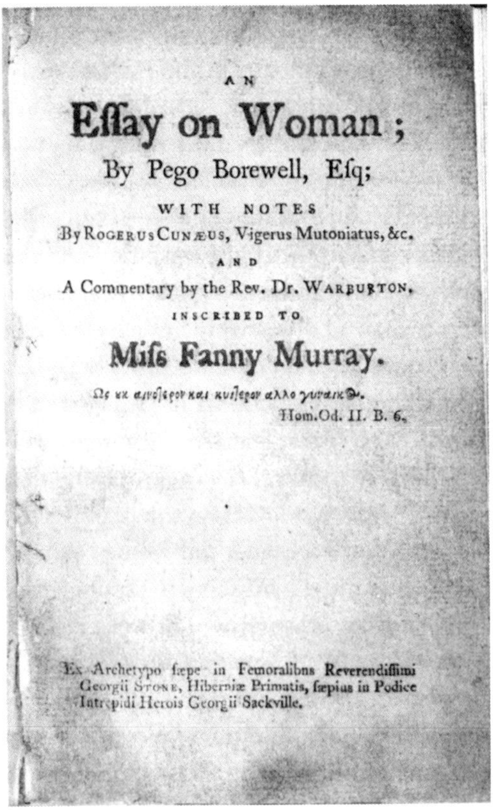

AN

Eſſay on Woman;

By Pego Borewell, Eſq;

WITH NOTES

By ROGERUS CUNÆUS, Vigerus Mutoniatus, &c.

AND

A Commentary by the Rev. Dr. WARBURTON.

INSCRIBED TO

Miſs Fanny Murray.

Ὡς οὐκ αἰνότερον καὶ κύντερον ἄλλο γυναικός.

Hom. Od. II. B. 6.

Ex Archetypo ſæpe in Femoralibus Reverendiſſimi Georgii STONE, Hiberniæ Primatis, ſæpius in Podice Intrepidi Herois Georgii Sackville.

FIGURA 7.3: Uma versão do frontispício de *An Essay on Woman* [Um Ensaio sobre a Mulher] (1762-1763). A frase em latim no pé da página, que deve ter sido impressa no original, refere-se ao falo do arcebispo George Stone, primaz da Irlanda acusado de sodomizar o lorde George Sackville. Um exemplo dos sentimentos anti-homossexuais de John Wilkes e seus companheiros.

gundo a crença instintiva de Dashwood e de seus confrades da Dilletanti Society, atrás de todos os símbolos antigos — gregos ou cristãos — há uma religião única, em que os poderes generativos do mundo eram venerados, e cujo culto era apropriadamente dionisíaco e priápico. O que estava implícito em Medmenham tornou-se explícito por meio das descobertas de *sir* William Hamilton e das teorias do barão d'Harcanville e de Richard Payne Knight. Quando era representante diplomático britânico em Nápoles, Hamilton descobriu na região rural um culto que considerou priápico, florescendo sob a aparência de uma devoção a são Cosme e são Damião[23]. A carta de Hamilton que descrevia esse culto foi publicada pela Dilettanti Society, junto com *Account of the Remains of the Worship of Priapus* [*Balanço dos Vestígios do Culto a Priapo*], de Payne Knight. Esse autor parece ter tido as mesmas influências de Cleland: um conhecimento do antigo Mediterrâneo e da cultura contemporânea indiana, um materialismo difuso, uma alienação sexual como sodomita e um entusiasmo por Shaftesbury[24].

Payne Knight analisa o tratamento dado pela religião antiga aos orgãos sexuais e ao ató sexual. Em primeiro lugar, com relação aos órgãos, afirma que o cristianismo atacou o culto a Priapo mais violentamente que qualquer outro culto do antigo politeísmo. Os cristãos não entenderam que o pênis era "um símbolo bastante natural de um sistema religioso muito natural e filosófico" e, com uma alfinetada maliciosa no sacramento cristão, assinala que "as formas e os cerimoniais de uma religião nem sempre devem ser entendidos em seu sentido direto e óbvio; são [...] representações simbólicas de algum significa-

23. A carta de Hamilton foi impressa em Richard Payne Knight, *Discourse on the Worship of Priapus*, Londres, 1786, reimpressa em Ashley Montagu (org.), *Sexual Symbolism*, Nova York, Julian Press, 1957, pp. 13-23. Ver também Brian Fothergill, *Sir William Hamilton: Envoy Extraordinary*, Nova York: Harcourt, Brace & World, 1969, pp. 173-4.
24. Peter Funnell, em Michael Clarke e Nicholas Penny (orgs.), *The Arrogant Connoisseur: Richard Payne Knight, 1751-1824*, Manchester, UK, Manchester University Press, 1982, cap. 4; e G. S. Rousseau, "The Sorrows of Priapus", em Rousseau e Porter, *op. cit.*, pp. 101-53.

do oculto". Afirma ainda que "os órgãos reprodutores femininos eram venerados como símbolos dos poderes reprodutores da natureza ou da matéria, assim como os dos homens simbolizavam os poderes reprodutores de Deus". Os órgãos masculinos eram algumas vezes representados por outras formas, como uma cruz em forma de letra tê. Às vezes uma cabeça era adicionada à cruz, "dando-lhe o aspecto exato de um crucifixo". Desse modo, o crucifixo era um "emblema da criação e multiplicação, antes de a Igreja adotá-lo como símbolo da salvação".

Em seguida, o autor volta-se para o uso sagrado do ato sexual. Segundo Knight, o intercurso sexual foi, na realidade, uma forma comum de culto antigo: "os santos masculinos e femininos da Antigüidade costumavam ficar juntos nos templos de modo promíscuo e reverenciavam o Senhor por meio de uma exibição liberal e uma transmissão geral dos seus frutos". Existiram prostitutas sagradas em Corinto e Égina, e "o ato da reprodução era uma espécie de sacramento na ilha de Lesbos". A eucaristia cristã mais antiga tinha seu beijo sagrado. Os banquetes e as vigílias noturnas ofereciam "oportunidades muito promissoras às paixões e aos apetites dos homens" e tiveram de ser suprimidos pelos éditos de diversos concílios da Igreja. "Considera-se a sua supressão como a última subversão" da antiga religião fálica, que, no entanto, sobreviveu em alguns costumes, como os ex-votos de são Cosme e as figuras obscenas das catedrais góticas. Essa religião fálica também se encontrava na Índia antiga, como produto da "mente humana em épocas, climas e circunstâncias diferentes, agindo uniformemente de acordo com os mesmos princípios e com as mesmas finalidades". Porém, Payne Knight exibe seu objetivo principal no início de seu livro ao reiterar a doutrina libertina, afirmando que "obviamente, não há impureza ou licenciosidade na satisfação moderada e regular de qualquer apetite natural" e ainda assegura que "nenhum dos órgãos dedicados ao prazer deve ser considerado vergonhoso e ser mais ocultado que os outros".

Tanto os órgãos como os atos sexuais eram objetos dignos da veneração humana. Para instituir tudo isso, o autor invoca a teologia dos antepassados, da maneira como ele a entendeu, e também recorre às obras universais do pensamento humano, contra a intolerância e a severidade da religião cristã[25].

O livro de Payne Knight circulou em caráter privado dentro da Dilettanti Society. Alguns libertinos, como Charles Greville, libertaram-se por meio da obra. Os deístas mais convencionais, como Horace Walpole, ficaram chocados com o ataque aberto e, aos seus olhos, irresponsável ao cristianismo. Quando irrompeu a Revolução na França e o culto a Deus foi instituído e celebrado em ritos supostamente orgiásticos, Payne Knight deve ter parecido ainda mais ultrajante. Seu livro tornou-se publicamente conhecido, e o autor foi, em certa medida, condenado ao ostracismo. Desse modo, a obra foi o clímax intelectual da libertinagem inglesa do século XVIII, mas também seu desfecho. Parece que Payne Knight foi obrigado a disfarçar para muitos de seus amigos sua libertinagem sexual, seu gosto por garotos. Suas referências à sodomia como prática de sátiros e hermafroditas podem refletir até onde ele conseguiu se revelar.

Embora na segunda metade do século XVIII a libertinagem pudesse ser encontrada no programa de Shaftesbury sobre a virtude, a doutrina funcionava dentro de restrições impostas pelas novas proibições contra a sodomia entre homens, e precisou ignorar a pederastia do mundo antigo. Apenas os templos femininos das prostitutas eram mencionados, não os masculinos. Mas o grande apelo da doutrina de Shaftesbury para alguns libertinos residia em sua própria experiência orgiástica; eles se entregavam ao ritual sagrado da fertilidade antes de a teoria justificar a serenidade de tal culto. Os libertinos procuraram reconstruir a atitude cristã em relação à sexualidade, apelando à religião da fertilidade do antigo mundo pagão; isso,

25. Payne Knight, *Discourse*, em Montagu, *op. cit.*, pp. 26-7, 30, 53-4, 61-2, 67, 72-3, 75, 81, 84, 86-9, 123, 134-5, 200-7 e 216.

porém, estava condenado ao insucesso, como o uso do Velho Testamento por Martin Madan contra os Pais da Igreja. Os rituais dos confrades de Medmenham tinham pouca chance de ser estabelecidos, assim como a poligamia de Madan. Madan trabalhou como capelão do Hospital Lock para doenças venéreas e ficou chocado com a multidão de jovens mulheres que chegavam infectadas devido à prostituição. Desse modo, propôs o fim da prostituição, exigindo que todo homem se casasse e cuidasse de cada moça que seduzisse. Essa poligamia podia ser justificada moralmente, apelando-se às práticas do Velho Testamento contra — o que ele dizia ser — as leituras falsamente ascéticas do Novo Testamento. Mas Madan era muito escarnecido pelos libertinos — ao propor que o desejo masculino fosse responsabilizado —, e por seus confrades cristãos — ao sugerir um padrão moral diferente da restrição ascética monógama. Não era possível no mundo real combinar um desejo masculino heterossexual e a sexualidade romântica e domesticada. Wilkes, Payne Knight e o seu círculo podiam lidar com o primeiro elemento, mas não com o segundo. Apenas na fantasia do grande romance de Cleland esses elementos coexistiam.

Apêndice bibliográfico: Sodomia na Europa antes de 1700

A história da sodomia européia é melhor documentada na região Sul, na qual existiam dois padrões levemente diferentes. Na Itália, os homens tinham relações sexuais exclusivamente com rapazes; em Portugal e na Espanha, as relações também eram majoritariamente com rapazes, mas havia alguns poucos adultos passivos efeminados e travestis.

Sobre a Itália, ver Guido Ruggiero, *The Boundaries of Eros*, Nova Iorque, Oxford University Press, 1985. Minha resenha está em Kent Gerard e Gert Hekma (orgs.), *The Pursuit of Sodomy: Male Homosexuality in Renaissance and Enlightenment Europe*, Nova Iorque, Harrington Park Press, 1989, também publicado nos números 1 e 2 do *Journal of Homosexuality*, 16, 1988. Ver também, sobre Florença, o importante ensaio de Michael Rocke, em Gerard e Hekma, *op. cit.*, pp. 7-31; *idem*, "Male Homosexuality and Its Regulation in Late Medieval Florence", tese de doutorado, State University of New York at Binghamton, 1989, cuja versão revisada será editada pela Oxford University Press.

Sobre Espanha e Portugal, ver Rafael Carrasco, *Inquisición y Represión Sexual en Valencia*, Barcelona, Laertes, 1985; Mary Elizabeth Perry, "The Nefarious Sin in Early Modern Seville", em Gerard and Hekma, *op. cit.*, pp. 67-9; E. William Monter, *Frontiers of Heresy*, Nova Iorque, Cambridge University Press, 1990; Luiz Mott, "Pogoda português: a Subcultura *Gay* em Portugal nos Tempos Inquisitoriais", *Ciência e Cultura*, 40, 1988, pp. 120-39, uma versão em inglês encontrada nas atas da *Amsterdam Gay and Lesbian Conference* de 1987 será publicada em uma edição do *Journal of Homosexuality*, editado por Theo van der Meer; *idem*, "Justitia et Misericordia: a Inquisição Portuguesa e a Repressão ao Nefando Pecado da Sodomia", em Ad. vam der Woude (org.), *The Role of the State and Public Opinion in Sexual Attitudes and Demographic Behaviour*, Madri, International Commission of Historical Demography, 1990, pp. 243-58; e Ad. Vem der Woude e Aroldo Assunção, em Gerard e Hekma, *op. cit.*, pp. 99-101. Discordo da análise de Mott; ver Trumbach, "Gender and the Homosexual Role..." citado na n. 3. Também discordo do ensaio sobre sodomia de E. William Monter, "Sodomy and Heresy in Early Modern Switzerland", em Salvatore J. Licata e Robert P. Petersen (orgs.), *Historical Perspective on Homosexuality*, Binghamton, NY, Haworth Press, 1982, pp. 41-55. Ver Trumbach, "Sodomitical Subcultures...", citado na n. 3. Acho que esses dois bons historiadores estão imbuídos de pressuposições do século XX; pressuposições oriundas do movimento gay, no caso de Mott, e da psicanálise, no caso de Monter.

Há menos evidências sobre a Europa setentrional. A França, que, no século XVIII parecia-se mais com a Inglaterra e com os Países Baixos, mas, antes de 1700, tinha um registro de instauração de processos legais mais parecido com a Europa meridional; ver Marice Lever, *Les Bûchers de sodome*, Paris, Fayard, 1985; David Teasley, "The Charge of Sodomy as a Political Weapon in Early Modern France: The Case of Henry III in Catholic League Polemic, 1585-1589", em *The Mayland Historian*, 18, 1987, pp. 17-30; e Robert Oresko, "Homosexuality and the Court Elites of Early Modern France", em Gerard e Hekma, *op. cit.*, pp. 105-28. Sobre a Inglaterra, ver Alan Bray, *Homosexuality in Renaissance England*, Londres, Gay Men's Press, 1982. Ver também a obra de três historiadores literários: Steve Brown, "The Boyhood of Shakespeare's Heroines: Notes on Gender Ambiguity in the Sixteenth Century", *Studies in English Literature*, 30, 1990, pp. 243-63; Bruce R. Smith, *Homosexual Desire in Shakespeare's England*, Chicago, University of Chicago Press, 1991; e Gregory W. Bredbeck, *Sodomy and Interpretation*, Ithaca, NY, Cornell University Press, 1991.

Sobre os Países Baixos, ver Dirk Jaap Noordam, "Sodomy in the Dutch Republic 1600-1725", em Gerard e Hekma, *op. cit.*, pp. 207-28; *idem*, "Sodomites in the Rural Areas of the Low Countries in the Early Modern Period (15th-19th Centuries)", faz parte das atas da conferência de Amsterdã, a sair no *Journal of Homosexuality*. A documentação sobre a Inglaterra e os Países Baixos antes de 1700 é problemática, já que nestes países não houveprocessos como na França, Suíça, Espanha, Portugal e Itália; entretanto, o padrão de sexo entre homens e adolescentes passivos é claro. A mudança do sistema de relações sexuais — da dominação por idade (homens com adolescentes) para a dominação por gênero sexual (ou relações com homens passivos efeminados æ foi a substituição de padrões de relação sexual entre homens. Esses padrões foram identificados por Randolph Trumbach, em "London's Sodomites: Homosexual Behavior and

Western Culture in the Eighteenth Century", *Journal of Social History*, 11, 1977, pp. 1-33. Foram analisados, sem o devido crédito, com elaborações deselegantes e exageradas, e contextualização histórica duvidosa, por David F. Greenberg, *The Construction of Homosexuality*, Chicago, University of Chicago Press, 1988.

Capítulo VIII

Política e Pornografia na República Holandesa dos Séculos XVII e XVIII

Wijnand W. Mijnhardt

No século XVII e no início do século XVIII, a República holandesa era uma das mais importantes *clearinghouses* intelectuais da Europa. Numerosos *livres philosophiques* do Iluminismo eram editados ali e, mesmo depois de 1750, quando a importância da indústria editorial holandesa declinou em favor dos centros de produção mais baratos como Neuchâtel e Bouillon, uma editora de Amsterdã, Leiden ou Haia ainda era importante (mesmo que fosse só para enganar os censores). Como Robert Darnton mostrou, a censura governamental francesa não fazia nenhuma distinção entre os diversos gêneros de *mauvais livres*, classificando como *livres philosophiques* as obras de crítica política, os tratados filosóficos e os livros pornográficos. O mercado editorial holandês, que, afinal de contas, era um empreendimento comercial, também não fazia nenhum tipo de distinção (naturalmente, por outros motivos), por isso produzia todos os títulos que lhe eram solicitados[1].

Embora a República holandesa colaborasse na distribuição de grande parte das obras filosóficas, pornográficas e políticas do Iluminismo, deve-se analisar a atuação internacional e a atuação local das editoras holandesas. As recentes pesquisas

1. Robert Darnton, *Edition et sédition: L'Univers de la littérature clandestine au XVIIIe siècle*, Paris, Gallimard, 1991.

sobre o Iluminismo holandês evidenciam que a cultura holandesa do século XVIII tinha duas faces. Por um lado, os numerosos refugiados e os autores europeus que buscavam um editor fizeram da República holandesa uma das principais bases editoriais do Iluminismo europeu. Por outro lado, os intelectuais holandeses desenvolveram uma versão diferente do Iluminismo, adaptada aos valores religiosos, políticos e intelectuais da República[2]. Os editores holandeses atendiam ambos os mercados: a produção editorial internacional publicava livros franceses (inclusive textos libertinos) para uma clientela internacional; a nacional editava textos no idioma nativo para um público interessado no pensamento iluminista local.

Se admitirmos a hipótese de Steven Marcus sobre a ascensão da pornografia (considerada simultânea ao processo de modernização), então a República holandesa deve ter apresentado um notável desenvolvimento da pornografia em sua produção literária[3]. Ao menos até meados do século XVIII, era a sociedade européia mais urbanizada e instruída, com uma privacidade maior que qualquer outro país da Europa moderna. Além disso, a alta tolerância política e religiosa — se não institucionalmente, pelo menos na prática — impôs menos constrangimentos à produção, à distribuição e ao consumo da literatura pornográfica que na maioria dos outros países da Europa Ocidental. Contudo, os autores holandeses não desempenharam um papel importante na produção de obras pornográficas. A fim de resolver esse paradoxo, delinearei inicialmente as origens e o desenvolvimento da tradição pornográfica holandesa, concentrando-me sobre a relação da pornografia com a filosofia e a política. Depois, tentarei explicar por quê, na República holandesa, a percepção e os usos da pornografia nos

2. Wijnand W. Mijnhardt, "The Dutch Enlightenment: Humanism, Nationalism and Decline", em Margaret C. Jacob e Wijnand W. Mijnhardt (orgs.), *The Dutch Republic in the Eighteenth Century: Decline, Enlightenment and Revolution*, Ithaca, NY, Cornell University Press, 1992.
3. Steven Marcus, *The Other Victorians: A Study of Sexuality and Ponography in Mid-Nineteenth-Century England*, Nova Iorque, Basic Books, 1966; ver a Conclusão.

séculos XVII e XVIII eram tão diferentes daqueles praticados na Inglaterra e na França.

Como a história da pornografia holandesa não atraiu muito os estudiosos, um corpo completo dos textos e das ilustrações pornográficos ainda precisa ser organizado[4]. De qualquer modo, os dados bibliográficos até agora compilados possibilitam a criação de um retrato preliminar, mas básico. As pesquisas sobre a tradição visual mal começaram; assim, esse ensaio irá se concentrar, inevitavelmente, sobre a pornografia textual. A definição de pornografia que usei é bastante ampla, qual seja, as representações realistas do ato sexual e suas variações, com o fim de excitar a sensibilidade sexual.

A Tradição Pornográfica Holandesa

Embora, ao menos até meados do século XVIII, a tradição pornográfica francesa predominasse na Europa, nenhuma tradução era necessária para o consumo da elite holandesa. Afinal de contas, numerosos títulos franceses eram impressos na própria República, os livreiros estavam totalmente integrados à rede européia de trocas de livros e o conhecimento do francês era difundido entre as elites urbanas. Mas, apesar disso, também parece ter existido um grande mercado para traduções. Nas décadas de 1670 e 1680, quase todos os clássicos da porno-

4. Apenas dois autores contribuíram para o estudo da pornografia holandesa: Petrus Jacobus Buijnsters, "Libertjnse Literatuur in Nederland Gedurende de 18e Eeuw?", em Petrus Jacobus Buijnsters (org.), *Nederlandse Literatuur van de Achttiende Eeuw*, Utrecht, Hes, 1984, pp. 99-113; e Donald Haks, "Libertinisme en Nederlands Verhalend Proza, 1650-1700", em Gert Hekma e Herman Roodenburg (orgs.), *Soete Minne en Helsche Boosheit: Seksuele Voorstellingen in Nederland, 1300-1850*, Nijmegen, Sun, 1988, pp. 85-108. Como não existe uma bibliografia especializada, minha pesquisa baseou-se em: Emma Dronckers, *Verzameling F. G. Waller: Catalogus van Nedelandsche en Vlaamsche Populaire Boeken*, Haia, M. Nijhoff, 1936; M. Buisman, *Populaire Prozascrijvers van 1600-1815: Alfabetische Naamlijst*, Amsterdã, Israel, 1960; *Short-title-catalogus van Nederladstalig Populair Proza (in het Bijzonder: Romans)*, Amsterdã, Instituut voor Neerlandistick, 1981; Petrus Jacob Buijnsters (org.), *Populaire Prozaschrijvers der XVIIe en XVIIIe Eeuw*, Utrecht, Hes, 1981; e J. L. M. Gieles e A. P. J. Plak, *Bibliografie van het Nederlandstalig Narratief Fictioneel Proza, 1670-100*, Nieuwkoop, De Graaf, 1988.

grafia do século XVII identificados por Foxon estavam traduzidos para o holandês, com a notável exceção da obra *L'Academie des dames*, de Chorier, originalmente publicada em latim, e traduzida somente em 1770[5]. A tradução de *Ragionamenti*, de Aretino, incluia até gravuras feitas pelo respeitável artista Romeyn de Hooghe, o mais famoso gravurista holandês do período[6].

A crescente demanda por obras pornográficas traduzidas mobilizou os escritores mercenários holandeses. Conseqüentemente, a origem de uma tradição pornográfica holandesa praticamente coincidiu com a publicação das traduções dos clássicos franceses e italianos. Nas últimas décadas do século XVII, um grande número de romances pornográficos foi publicado e alguns alcançaram grande sucesso comercial[7]. Entre os títulos que devem ter sido muito populares, já que eram reeditados a intervalos regulares, destacam-se: *Het Amsterdamsch Hoerdom* [*As Prostitutas de Amsterdã*] (Amsterdã, 1681), *D'Openhertige Juffrow* [*A Concubina Sincera*] (Leiden, 1679) e *De Hedendaagsche Haagsche en Amsterdamse Zalet-Juffers* [*Os Salões das Concubinas Contemporâneas de Amsterdã e Haia*] (Amsterdã, 1696)[8]. A história literária holandesa classifica a maioria desses romances como picaresca, baseando-se em cer-

5. Ver David Foxon, *Libertine Literature in England, 1660-1745*, New Hyde Park, NY, University Books, 1965. Para detalhes bibliográficos completos sobre essas traduções, ver Buijnstes, *op. cit.*, p. 105.

6. John Landwehr, *Romeyn de Hooghe (1645-1798) as Book Illustrator*, Amsterdã, Van Genut, 1970, p. 121. Alguns anos depois, Hooghe foi acusado por alguns dos seus adversários políticos de ter feito as gravuras da tradução holandesa de *La Puttana Errante* (falsamente atribuída a Aretino). Ver também Gerhard Langemeyer, "Aesopus in Europa", em *Bemerkungen zur Politischen Graphik des Romeyn de Hooghe*, Munster, Landesmuseum für kunst und kulturgeschichtem, 1974, pp. 39-40; e Arend H. Huussen Jr., "Censorship in the Netherlands", em Robert P. Maccubbin e Martha Hamilton-Phillips (orgs.), *The Age of William III and Mary II: Power, Politics and Patronage, 1688-1702*, Williamsburg, VA, College of William & Mary English Department, 1989, p. 349.

7. Haks, *op. cit.*, pp. 90-6.

8. *Het Amsterdamsch Hoerdom*, Amsterdã, 1681; revisão das edições de 1684, 1756, 1765, 1782); *D'Openhertige Juffrow of d'Ontdekte Geveinsheid*, Leiden, 1679; revisão das eds. de 1699, 1725, 1744, 1769, 1774, 1790); *De Hedendaagsche Haagsche en Amsterdamse zalet-juffers*, Amsterdã, 1696; revisão das eds. de 1696, 1699). Ver M. Buisman, *Populaire Prozaschrijvers*.

tas características de tal gênero, como, por exemplo, sua técnica narrativa autobiográfica e sua ênfase na oportunidade ou no destino. Porém, há pouca dúvida de que a maioria desses textos estava associada à tradição pornográfica internacional. Esses romances eram muito mais pornográficos que os romances picarescos congêneres, e, em seus prefácios, os autores cuidam de incluí-los entre as obras pornográficas renomadas, divulgando-os como imitações de Aretino, introduzindo um *dramatis personae* a exemplo de *L'Académie des dames*, ou fazendo referências a *L'École des filles*[9].

Porém, o interesse do público holandês pela pornografia holandesa ou estrangeira teve vida curta. A segunda vertente pornográfica internacional, intimamente relacionada à voga do Iluminismo na década de 1740 e posteriores, passou quase despercebida. Clássicos pornográficos como *Histoire de Dom Bougre, portier des Chartreux; Thérèse philosophe; Les Bijoux indiscrets*, de Diderot; *Fanny Hill*, de Cleland ou os romances de Sade não foram traduzidos no século XVIII. Entre as exceções, havia obras menores, como *Margot la ravaudeuse*, de Fougeret de Monbron, publicada em 1748 e traduzida em 1764; *Le Rideau levé, ou L'Éducation de Laure*, supostamente de Mirabeau, publicada em 1786 e traduzida em 1793; e a tradução de *L'Académie des dames* em 1770, já mencionada.

Além disso, essa segunda vertente pornográfica, que incluiu as primeiras obras pornográficas inglesas, não inspirou nenhum dos autores holandeses. À parte a reedição eventual de textos anteriores a 1700 (a maior parte publicada nas primeiras décadas do século XVIII), poucos títulos novos foram produzidos. Comparados à sexualidade ostensiva dos romances anteriores ao século XVII, os romances holandeses do século XVIII apresentavam histórias mais domésticas, em que no fim o herói se

9. Rolande Mortier, "Libertinage littéraire et tensions sociales dans la littérature de l'ancien régime: De la 'Picara' a la 'fille de joie'", *Revue de Littérature Comparée*, 1972, pp. 35-45; Hendrik van Gorp, *Inleiding Tot de Picareske Verhaalkunst*, Groningen, Wolters-Noordhof, 1978, pp. 57-60; e ver Haks, *op. cit.*, pp. 94-5.

casa. Nenhuma dessas obras alcançou grande popularidade, por isso nunca foram reeditadas[10]. A única exceção foi *Venus en Cupido* (1780), cuja pornografia podia competir com títulos do século XVII, como *D'Openhertige Juffrow*. Porém, enquanto *Venus en Cupido* se baseava em episódios pornográficos explícitos, a estrutura narrativa de *D'Openhertige Juffrow* era muito mais convincente. Nesta, uma prostituta faz um balanço de sua vida, retratando-se como uma mulher independente, desembaraçada e bem-sucedida financeiramente, que já em 1679 zomba dos ideais burgueses sobre virtude feminina e vida doméstica.

Os romances iluministas holandeses da segunda metade do século XVIII não eram indiferentes ao forte erotismo das obras inglesas e francesas, mas, ao contrário do século anterior, os exemplos estrangeiros agora provocavam críticas severas. O romance holandês incluía ataques incisivos à literatura licenciosa francesa, que, aos olhos dos romancistas e moralistas, tinha cativado demasiadamente a imaginação dos leitores holandeses. As escritoras Betje Wolff e Aagje Deken, em seu prefácio para *Sara Burgerhart* (Haia, 1782), o mais influente romance do Iluminismo holandês, censuravam violentamente obras como *Le Sopha, couleur de rose* (1742), de Crébillon. Isso revela que, mesmo sem traduções, os romances pornográficos continuavam com grande circulação na República Holandesa[11].

Pode-se considerar que a tradição pornográfica holandesa malogrou. Depois de um início promissor nas últimas décadas do século XVII, essa tradição lentamente se enfraqueceu até quase sumir no fim do século seguinte. Não era só nisso que o gênero pornográfico holandês se diferenciava. Na comunidade intelectual francesa, o materialismo filosófico muitas vezes ti-

10. Ver *De Amsterdamsche Lichtmis of Zoldaat van Fortuin* [*O Dissoluto de Amsterdã*], Amsterdã, 1731; *De Middelburgsche Avantrier: Of het Leven van een Burger Persoon* [*O Aventureiro de Middelburg*], Amsterdã, 1760 e as obras precedentes; Buisman, *Populaire Prozaschrijvers*, pp. 22-4; *De Belydenis van een Lichtmis* [*Confissões de um Dissoluto*], s.l., 1770; e Buijnsters, *op. cit.*, pp. 107-8.
11. Buijnsters, *op. cit.*, p. 99.

nha forte sabor sexual — até mesmo pornográfico —, que culminou na busca de Sade por liberdade total, e a pornografia era muitas vezes usada como veículo para expressar idéias materialistas[12]. As marotas histórias holandesas do fim do século XVII careciam da oposição de representações realistas do comportamento sexual com convenções hipócritas da Igreja e da sociedade. Nas raras alusões a idéias libertinas, os autores holandeses nunca conseguiam apresentar um argumento convincente. Por exemplo, o autor de *Leydsche Straatschender* [*O Rufião de Leiden*], de 1679, reduziu sua discussão sobre libertinagem a breves afirmações como "prefiro Aretino a Aristóteles ou Descartes" ou a alusões à sua formação epicurista.

Os romances libertinos holandeses do século XVIII continham um pouco mais de "filosofia". Em *Middelburgse Avanturier* (1760), o herói defende uma educação tolerante e despreza a escravidão, e em *Venus en Cupido* pode-se encontrar alusões a uma nova ciência experimental. A obra *Belydenis van een Lichtmis* incluía — embora superficialmente — os elementos filosóficos que constituíam a base da tradição pornográfica mundial: uma classificação das variações sexuais e um ataque contra as ideologias e instituições que proibiam o prazer sensual, como a educação tradicional, o casamento monogâmico, o celibato do clero e as prescrições bíblicas. Tudo isso era denunciado por uma freira, apropriadamente chamada Pelagia* (fig. 8.1). O tom, porém, era muito mais moderado que o de obras francesas como a violentamente anticlerical *Dom Bougre*. Os poucos romances eróticos e pornográficos holandeses da segunda metade do século XVIII vinculam-se à evolução moderada do Iluminismo holandês, que se opôs à maioria dos preceitos iluministas franceses. Os livros holandeses de ilus-

*N. T.: Deriva de pelagianismo, a doutrina desenvolvida no século V pelo heresiarca inglês Pelágio, que nega o pecado original e a corrupção da alma humana.

12. B. Ivker, "Towards a Definition of Libertinism in Eighteenth-Century French Fiction", *Studies on Voltaire and the Eighteenth Century*, 73, 1970, pp. 221-39.

Figura 8.1: Cena de sedução. Fonte: *De Belydenis van een Lichtmis* [*Confissões de um Dissoluto*] (1770). Um exemplo do caráter ameno das ilustrações dos livros pornográficos holandeses.

trações pornográficas eram igualmente comedidos. Comparadas à ousadia e à excelência gráfica das ilustrações inglesas e francesas, as holandesas podem ser consideradas amenas e até mesmo castas.

Além disso, os temas sexuais abordados nos romances pornográficos holandeses eram bastante convencionais. Dificilmente havia qualquer classificação das variações sexuais, nem qualquer discussão importante sobre masturbação, sodomia, incesto ou homossexualidade. Os autores holandeses simplesmente descreviam as mulheres como seres insaciáveis e as prostitutas como parceiras ideais para a fornicação. As únicas imagens não-convencionais apreciadas pelos escritores pornográficos holandeses eram as cenas de flagelação. Porém, a flagelação não era tratada como uma variação sexual atraente; era uma forma de punir as mulheres que se recusavam a se entregar aos desejos dos heróis masculinos. Em *Koddig en Voddig Leven der Hedendaagsche Labourlotten* (1685), todos os integrantes de uma famosa gangue de rufiões de Amsterdã prestam um juramento no qual prometem flagelar todas as mulheres que os rejeitarem, principalmente as prostitutas. Portanto, pode-se dizer que os romances pornográficos holandeses contentavam-se em promover a propaganda direta da liberdade sexual convencional, e o prazer sexual parece ter sido seu único objetivo.

Quase nada é conhecido sobre o público leitor desses romances pornográficos (traduzidos ou originalmente em holandês), e ainda menos sobre sua recepção. O número de exemplares em circulação era provavelmente reduzido, e a tiragem raramente superaria quinhentas cópias. Existem alguns poucos documentos autobiográficos remanescentes, comparáveis, embora inferiores, ao de Samuel Pepys, em que os indivíduos anotavam sua experiência de leitura de obras pornográficas. Simon Eikelenberg, um arquiteto que viveu na cidade de Alkmaar no início do século XVIII, registrou zelosamente suas leituras eróticas e pornográficas — inclusive de textos estrangeiros —, além de suas experiências sexuais. Mas não estava interessado na ideologia materialista libertina dos livros estrangeiros. Simplesmente usou a pornografia para estimular o desejo ou como substituta das relações sexuais[13]. Embora esse testemunho confirme minhas observações sobre o caráter da tradição pornográfica holandesa, introduz dois problemas: os outros consumidores europeus, como se supõe freqüentemente, de fato liam os romances de modo completamente diferente? Por quê?

A ausência de obras pornográficas holandesas como veículo para a filosofia materialista libertina equipara-se à falta de obras pornográficas com propósitos sociais ou políticos. No cânone da pornografia holandesa discutida até aqui, dificilmente se encontra algum vestígio de crítica às relações sociais ou intenção de abalar a ordem política vigente e seus representantes. Desde o fim do século XVI, o debate político holandês era conduzido por uma contínua corrente de panfletos, que se multiplicavam em períodos de crise. Evidentemente, entre os mais de trinta mil panfletos dos séculos XVII e XVIII que foram preservados, muitos incluíam obscenidades com o objetivo de macular a reputação de certos regentes ou grupos religiosos, mas seus argumentos raramente eram disfarçados em histórias de caráter genuinamente pornográfico.

Mesmo nos anos anteriores à Revolução Patriótica de 1787, um período em que, na França, os panfletos pornográficos eram extremamente eficazes em denegrir o caráter sagrado e o prestígio das instituições políticas e sociais do Antigo Regime, o panfletarismo pornográfico não se tornou mais popular na República holandesa, embora os exemplares franceses fossem conhecidos e comercializados[14]. Apenas nas circunstâncias ex-

13. Truusje Goedings, "De 'Vrijerijboeken' en 'Pareltjes' van Simon Eikelenberg (1663-1738): Lets Over de Erotische Belangstelling van een 17de-eeuwer", *De Boekenwereld*, 1, 1984, pp. 47-57, e *De Boekenwereld*, 2, (1985-1986), pp. 80-92.

14. Arend H. Huussen, "Freedom of the Press and Censorship in the Netherlands, 1780-1810", em A. C. Duke e C. A. Tamse (orgs.), *Too Mighty to be Free: Censorship and the Press in Britains and the Netherlands*, Zutphen, de Walburg Pers, 1987, p. 113.

tremas de meados da década de 1780, quando o *stadhouder* holandês Guilherme V conseguiu capturar algumas cidades da Gueldre ocupadas pelos patriotas rebeldes, alguns panfletos e peças teatrais pornográficos atacaram-no, como o famoso *Het Gestoorde Naaijpartijdje van Willem de Vijfden* [*A Perturbada Festa de Fornicação de Guilherme V*][15]. Porém, comparados à abundância do panfletarismo tradicional e do jornalismo político do período, esses folhetos difamatórios eram extremamente incomuns.

A "Modernidade" da República Holandesa

Em diversos livros e ensaios, autores como Robert Darnton revelaram a existência na França moderna de uma "trindade" secular, baseada em política, pornografia e filosofia, que, aos olhos da autoridade oficial, eram consideradas categorias características dos maus livros. Só depois da Revolução Francesa a pornografia passou a ser definida com base em sua função exclusiva de estímulo sexual[16]. Parece que na República holandesa essa trindade secular jamais existiu. A partir do final do século XVII, a pornografia foi considerada, não só por seus produtores e consumidores, mas também pelas autoridades públicas holandesas, uma categoria à parte.

Essa diferença fundamental entre a França e a Holanda pode ser constatada nas diversas propostas de legislação da literatura obscena aprovadas depois das revoluções Francesa e Holandesa. Enquanto na França o *Code Pénal* de 1791 ainda considerava a exibição e a distribuição de livros imorais um ultraje à paz pública, o liberal *Crimineel Wetboek* (equivalente holandês do *Code Pénal*) de 1808 considerava a porno-

15. Willem Pieter Cornelis Knuttel, *Catalogus van de Pamflettenverzameling Berustende in de Koninklyke Bibliotheek*, 9 vols., Haia, 1889-1920. Cito os panfletos sob o n. 20674.
16. Darnton, *op. cit.*, pp. v, 13-6. Para um debate sobre o emprego moderno da palavra *pornografia*, ver a introdução de Lynn Hunt neste volume.

grafia apenas uma ofensa à moralidade. O artigo penal no *Crimineel Wetboek* não era novidade, pois se baseava na tradição derivada de um édito da Corte de Justiça da Holanda, decretado em 1726. Esse édito, referente à atividade censória, praticamente excluiu a pornografia da categoria dos livros de impressão proibida[17]. Evidentemente, isso não significava que a pornografia estava liberada para publicação a partir dessa data; muito pelo contrário, um número cada vez maior de interdições ocorre durante o século XVIII, principalmente depois de 1750. Mas só depois de 1726 encontramos casos em que a autoridade pública condenou publicações exclusivamente por sua obscenidade.

Para entender por que essa "moderna" noção de pornografia foi adotada em um estágio tão precoce, deve-se considerar a relativa liberdade de imprensa: na República holandesa, os filósofos e escritores políticos desfrutavam de mais liberdade que na maioria dos países da Europa Ocidental, portanto, não precisavam da pornografia para transmitir suas idéias. Além disso, seus interesses eram fundamentalmente diferentes dos de seus colegas de outras partes da Europa. Essa indulgência não deve, porém, ser superestimada. O espírito de tolerância e a liberdade de imprensa na República nunca se basearam em qualquer princípio institucional, eram considerados, antes de tudo, problemas políticos[18].

As autoridades holandesas foram forçadas a ceder, na impossibilidade de impor a intolerância. Por exemplo, o protestantismo reformado era a religião de uma pequena maioria;

17. Tom Schalken, *Pornografie en Strafrecht: Beschouwingen over het Pornografiebegrip en Zijn Juridische Hanteerbaarheid*, Arnhem, Gouda Quint, 1972, pp. 7-10.
18. Wijnand W. Mijnhardt, "De Geschiedschrijving over de Ideeëngeschiedenis van de 17e en 18e-eeuwse Republiek", em Wijnand W. Mijnhardt (org.), *Kantelend Geschiedbeeld: Nederlandse Historiografie sinds 1945*, Utrecht & Antwerp, Het Spectrum, 1983, pp. 165-8; e Ernst Heinrich Kossman, "Freedom in Seventeenth-Century Dutch Though and Practice", em Jonathan I. Israel (org.), *The Anglo-Dutch Moment: Essays on the Glorious Revolution and Its World Impact*, Cambridge, UK, Cambridge University Press, 1991, pp. 281-98. Ver também *Too Mighty to be Free*, em especial as contribuições de Simon Groenveld e Arend H. Huussen.

até o final do século XVIII, os católicos constituíam quase 40% da população. O poder militar das cidades — o núcleo da estrutura política da República — também era fraco se comparado aos dos outros países europeus, por dispor apenas das milícias da cidade, nem sempre confiáveis. Finalmente, a vaga estrutura federativa impedia quaisquer medidas firmes e de âmbito nacional. A censura das publicações, portanto, era um meio de manter sob controle as pressões religiosas e políticas, e não de impor uma ortodoxia moral. Só nesse contexto é que se pode entender a decisão da Corte de Justiça da Holanda favorável à supressão, em 1720, de *Papekost Opgedist in Geuse Schotelen* [*A Arte Culinária Papista nos Pratos dos Mendigos*], um dos raros panfletos obscenos contra os católicos (e que muitos regentes calvinistas ortodoxos devem ter aprovado). A Corte justificou sua proibição referindo-se à obscenidade da linguagem e das ilustrações do panfleto, que os juízes consideraram ofensivas aos cidadãos católicos da República, portanto potencialmente subversivos[19].

Assim, um inútil controle censório de publicações permitiu que diversos títulos propostos na lista de *best-sellers* pornográficos de Darnton fossem distribuídos e vendidos abertamente na República holandesa. Atualmente, temos informações detalhadas da venda de certos títulos em algumas cidades do interior no final do século XVIII. Por exemplo, *Histoire philosophique*, de Raynal, era um dos mais impressionantes *best-sellers*, mesmo na cidade provinciana de Zwolle[20]. Além disso, a relativa liberdade de imprensa possibilitou a publicação e a distribuição de muitos textos políticos. Nos anos politicamente calmos, mesmo a mídia inofensiva, como o jornalismo dedicado aos mexericos, era capaz de criticar os regentes holandeses

19. Willem Pieter Cornelis Knuttel, *Verboden Boeken in de Republiek der Verenigde Nederlanden: Beredeneerde Catalogus*, Haia, M. Nijhoff, 1914. Cito o panfleto sob n. 67.

20. Devo essa referência a Han Brower, que está preparando uma tese de doutorado sobre esse tema.

por sua negligência nas políticas públicas, e em tempos de crise havia poucas restrições sobre o que podia ser dito[21]. Durante os anos anteriores à Revolução Patriótica, quase todos os temas políticos e a conduta das autoridades públicas podiam ser debatidos livremente em panfletos, semanários e assembléias dos clubes políticos. Embora ocasionalmente algumas publicações fossem proibidas e até mesmo jornalistas e impressores fossem presos, as autoridades nunca foram capazes de impedir o debate público.

As estruturas política, social e religiosa da Holanda podem esclarecer ainda melhor a ausência da pornografia na discussão política e filosófica. Na Inglaterra do século XVIII, o alto grau de liberdade de imprensa não impediu a erupção da pornografia inglesa. Na República holandesa, porém, não havia cortes, reis, nobreza privilegiada nem Igreja investida de poderes especiais sobre os dogmas e a moralidade. Embora a Holanda tivesse um *stadhouder* e uma corte, era muito menor que as outras cortes européias, e nunca atuou como um centro social e cultural de grande importância. E, entre 1650 e 1672 e 1702 e 1747, nem havia um *stadhouder*. Em comparação aos outros Estados europeus, a dimensão e a influência política da nobreza holandesa eram bastante restritas. Nas principais províncias da Holanda e da Zelândia não havia famílias nobres e, embora alguns nobres ocupassem altos cargos, a política era uma prerrogativa explícita da metrópole e de sua influente classe de regentes. Nas províncias mais distantes, como Gueldre e Overijssel, a nobreza ainda tinha alguma influência nos assuntos provinciais e locais, mas seu papel nacional era reduzido. E também não desempenhava papel decisivo na comunidade intelectual. Embora a Igreja reformista dos Países Baixos ocupasse uma posição especial, nunca foi intimamente associada

21. Wijnand W. Mijnhardt, "The Dutch Enlightenment"; e N. C. F. van Sas (org.), "Opiniepers en politieke cultuur", em F. Grijzenhout, Wijnand W. Mijnhardt e N. C. F. van Sas, *Voor Vaderland en Vrijheid: De Revolutie van de Patriotten*, Amsterdã, Bataafsche Leeuw, 1987, pp. 114-21.

ao Estado e, apesar de privilegiada, nunca provocou o ódio contra as instituições religiosas, comum em outros países.

Por isso, enquanto na Inglaterra ou na França suas cortes, nobrezas e Igrejas — devido à sua importância política — eram alvos certos, e as extravagâncias sexuais de seus dignitários oligárquicos eram o objeto ideal do folheto pornográfico difamatório, a República praticamente não dispunha de tais alvos[22]. Mesmo os católicos, vítimas ideais da sátira pornográfica na Inglaterra desde Henrique VIII, eram até certo ponto preservados na República.

Na minha opinião, o fato que explica decisivamente a ausência da pornografia política e religiosa é o caráter burguês da sociedade holandesa. Num tempo em que, nas monarquias européias centralizadas, a cultura das cortes e da nobreza começava lentamente a infiltrar-se através das camadas médias, os cidadãos holandeses conseguiram impor seus próprios valores burgueses em toda a sociedade. A nobreza holandesa permaneceu fiel a seus próprios códigos morais e sexuais, mas, para os cidadãos holandeses, os nobres viviam em um domínio à parte, e eram tratados como uma anomalia[23]. Até mesmo os regentes que tentaram imitar o código aristocrático das classes sociais superiores constataram que suas pretensões não afetavam seriamente os padrões burgueses de comportamento. Segundo muitos viajantes que visitaram os Países Baixos, as relações sociais na República eram um fenômeno peculiar, caracterizado pela pequena distância entre os grupos sociais[24]. Essa proximidade era também perceptível na estrutura política, na execução da justiça criminal e até mesmo nos hábitos sexuais. Todos os cidadãos eram iguais perante a lei, e as políticas gover-

22. Peter Wagner, *Eros Revived: Erotica of the Enlightenment in England and America*, Londres, Secker & Warburg, 1988, pp. 47-112.
23. D. J. Noordam, "Lust, Last en Plezier: Vier Eeuwen Seksualiteit in Nederland", em *Een Kind onder Her Hart: Verloskunde, Volksgeloof, Gezin, Seksualiteit en Moraal Vroeger en Nu*, Amsterdã, Meulenhoff, 1987, pp. 146-8.
24. W. Th. M. Frijhoff, "Seksualiteit en erotiek in de achttiende eeuw", *Documentatieblad Werkgroep Achttiende Eeuw*, 17, 1985, p. 203.

namentais, visavam ao bem-estar de toda a comunidade. Os costumes sexuais não diferiam entre os grupos sociais. A ausência de diferenças sexuais, sociais e culturais pronunciadas tornaram a pornografia desnecessária como arma política.

Para explicar o fim precoce da tradição pornográfica holandesa, devemos nos voltar às mudanças fundamentais no pensamento burguês sobre a sexualidade, durante o século XVIII. No final do século XVII, a popularidade dos romances pornográficos, estrangeiros e nativos, não era um fenômeno isolado, e estava intimamente relacionada à liberalidade dos costumes sexuais burgueses na Holanda. De acordo com pesquisadores contemporâneos, como o famoso poeta Jacob Cats, o sexo era uma necessidade e deveria ser desfrutado como tal[25]. O humanista Johan de Brune escreveu que os homens e as mulheres holandeses não precisavam das posições de Aretino, pois já desfrutavam "todos os tipos de jogos amorosos impróprios"[26]. Entre os estudiosos, colecionar livros eróticos clássicos era um passatempo comum[27].

Uma atitude liberal semelhante encontrava-se nos diversos guias sexuais e eróticos que surgiram nesse período. O mais popular, publicado em 1683, foi a adaptação holandesa do renomado manual *Venus Minsieke Gasthuis* [*A Casa de Hóspedes de Vênus para os Amantes*], de Nicolas Venette, que examinava abertamente diversas variantes da relação sexual e os métodos necessários para se obter o máximo prazer[28]. Os bordéis holandeses eram instituições públicas, e a prostituição, embora não fosse aprovada, era geralmente aceita. Na literatura e

25. Noordam, *op. cit.*, pp. 128-9.
26. J. de Brune de Jonge, *Wetsteen der Vernuften oft Bequaam Mideel om van Alle Voorvallende Zaken Aardighlik te Leeren Spreken*, Amsterdã, 1644, ver o Prefácio, "Aen den Leser".
27. Ver Th. J. Meijer, "Brieven uit de Studentenkerker", *Leids Jaarboekje*, 63, 1971, pp. 43-64.
28. Ver Herman Roodenburg, "'Venus Minsieke Gasthuis': Over Seksuele Attitudes in de Achttiende-eeuwse Republiek", em J. Bremmer (org.), *Van Sappho tot de Sade: Momenten in de Geschiendenis van de Seksualiteit*, Amsterdã, Wereld-bibliotheek, 1988, pp. 80-99.

nas artes, a sexualidade era constante e dificilmente ocultada; são muito importantes as diversas referências simbólicas em pinturas com significados sexuais diretos[29]. Na década de 1660, na cidade universitária de Utrecht, *L'École des filles* podia ser adquirida sem dificuldades e era até mesmo exibida nas vitrinas das livrarias[30]. A maioria dos pastores calvinistas ortodoxos protestava rispidamente. Outros representantes desse círculo, porém, como o teólogo ortodoxo Petrus Wittewrongel, autor de um renomado manual sobre a família cristã, admitiam algumas variações de ordem sexual, embora dentro dos sagrados vínculos do matrimônio[31].

Depois da década de 1740, tudo isso começou a mudar. O manual de Venette, assim como diversos romances pornográficos e eróticos, foi condenado, tanto quanto os tratados dos moralistas e reformadores sociais, e foi censurado com mais freqüência. A obra literária de Cats foi expurgada, os temas eróticos das pinturas do século XVII foram retocados, e os bordéis tornaram-se estabelecimentos restritos[32]. Nas academias de arte, os órgãos sexuais eram ocultados e famosos modelos de nus eram molestados nas ruas[33]. Em resumo, a sexualidade, em todos os aspectos, foi transferida da esfera pública para a esfera privada. Evidentemente, a pornografia, e a francesa em particular, ainda estava à venda, como pode ser comprovado pelos catálogos de leilão das bibliotecas particulares[34]. Porém,

29. E. de Jongh, "Erotica in Vogelperspectief: De Dubbelzinnigheid van een Reeks 17de-eeuwse Genrevoorstellingen", *Simiolus*, 1, 1968-1969, pp. 22-72.
30. Haks, *op. cit.*, p. 86.
31. Leendert F. Groenendijk, *De Nadere Reformatie vat het Gezin: De Visie van Petrus Wittewrongel op de Christelijke Huishouding*, Dordrecht, Vandentol, 1984, pp. 82-3.
32. P. J. H. Kapteyn, *Taboe, Ontwikkelingen in Macht en Moraak Speciaal in Nederland*, Amsterdã, De Arbeiderspers, 1980, p. 71; e Lotte C. van der Pol, "Van Speelhuis Naar Bordeel: Veranderingen in de Organisatie van de Prostitutie in Amsterdam in de Tweede Helft van de Achttiende Eeuw", *Documentatieblad Werkgroep Achttiende Eeuw*, 17, 1985, pp. 157-72.
33. Mirjam Westen, "Over het Naakt in de Noordnederlandse Kunst in de Periode 1770-1830", *De Negentiende Eeuw*, 10, 1986, pp. 219-20.
34. Walter Gobbers, *Jean-Jeacques Rousseau in Holland: Een Ondersoek naar de Invloed van de Mens en Het Werk (1760-1810)*, Gent, Secretariaat van de Koninklijke Vlaamse Academie voor taal en Letterkunde, 1963, pp. 71-4.

no final do século XVIII, os registros de vendas das livrarias mostram que o comércio de literatura pornográfica tornou-se extremamente difícil.

A venda de material pornográfico, mesmo na liberal cidade de Amsterdã, parece ter se tornado atribuição de um circuito subterrâneo de pequenos lojistas e mascates, que negociavam não só literatura pornográfica, mas também preservativos, consolos e outros objetos sexuais[35]. A atmosfera ilícita da venda de material pornográfico é demonstrada pela tendência crescente entre os impressores de produzir livros pornográficos no idioma nativo, tanto traduções quanto originais, sem a marca do impressor. Enquanto no final do século XVII e início do século XVIII essas obras eram editadas sob o nome do próprio impressor, na segunda metade do século XVIII a maioria das obras era editada sem referências a nomes, datas e lugares, restringindo-se a anúncios anônimos, como "impresso para os devotos". Mesmo os títulos antes publicados abertamente eram agora reeditados anonimamente[36].

Para entender essa mudança fundamental na atitude holandesa em relação à sexualidade, dois fatores de caráter exclusivamente nacional devem ser considerados. Um dos aspectos principais do moralismo iluminista holandês do século XVIII era o declínio econômico e internacional da República[37]. Incapazes de interpretar o declínio em termos econômicos e políticos, os analistas apontaram uma causa moral. Segundo

35. O interrogatório do vendedor ambulante judeu Matthijs Modechai Cohen, preso em 1768 em posse de preservativos, consolos, cópias de *L'École de filles* e ilustrações do *Dom Bougre*, revelou a existência de um circuito secreto. Arquivos do Tribunal de Justiça da Holanda, Algemeen Rijksarchief, Haia, Criminele Sententies, Inv. N. 5665. O malogrado processo contra Julien, um distribuidor de Roterdã, em 1772, indica a existência de uma rede similar na região Sul dos Países Baixos (*idem*, Inv. N. 5500.10).

36. Essa prática aplica-se, por exemplo, à obra *Het Amsterdamsch Hoerdom*, publicada anonimamente em 1756.

37. Para um debate mais extenso sobre essa questão, ver Wijnand W. Mijnhardt, "The Duth Enlightenment" e "Dutch Culture in the Age of William and Mary: Cosmopolitan or Provincial?", em Dale Hoak e Mordechai Feingold (orgs.), *The Glorious Revolution*, Berkeley, University of California Press, 1992.

eles, a história do século XVII registrava uma nação que, em pouco tempo, alcançou um nível incomparável de prosperidade econômica, estabilidade política e social e avanço cultural. Tais conquistas seriam conseqüências do caráter original holandês: frugal, bondoso, corajoso, desinteressado e tolerante. Nesse contexto, o declínio do século XVIII era considerado o resultado de uma catastrófica perda de força moral. O catálogo de vícios criado pelos moralistas e romancistas concentrou-se na descrição dos vícios praticados pelos regentes e cidadãos prósperos, como no código moral aristocrático francês; a leitura de livros licenciosos era justamente um deles. Apenas se os holandeses abandonassem seus hábitos luxuriosos, em geral de origem francesa, e retomassem a moralidade republicana, a República poderia restaurar sua prosperidade e prestígio. Conseqüentemente, a liberdade sexual, o erotismo e a pornografia foram intimamente associados ao nefando código moral aristocrático francês e, portanto, integrados ao discurso sobre o declínio moral.

Essa imagem da identidade moral holandesa, com sua aversão à França, era, naturalmente, uma construção ficcional. Algo também evidente, principalmente nos romances e tratados moralistas, era a celebração da vida privada e doméstica[38]. Isso levou à publicação de um novo tipo de manual educacional, em que a sexualidade era excluída da vida humana. Essas brochuras eram distribuídas por sociedades beneficentes, como a influente *Maatschappij tot Nut van't Algemeen* [*Sociedade para o Bem-estar Público*][39]. Portanto, a idealização do casamento, do amor e da vida familiar tinha suas raízes nas forças sociais.

38. W. van den Berg, "Sara Burgerhart en haar Derde Stem", *Documentatieblad Werkgroep Acttiende Eeuw*, 13, 1981, pp. 151-208.
39. A obra de Gerrit Warnars, *Alexis en Gualthur of de Wijze om Jongelingen Tegen Ontucht te Beilingen: Een boek ter Bevordering van Zedelijk en Huiselijk Geluk* [*Os Meios de Proteger os Jovens da Imoralidade: Uma Contribuição para a Felicidade Moral e Doméstica*], Amsterdã, 1801, foi um dos destaques desses novos manuais de educação sexual.

Na historiografia holandesa atual, a ideologia da vida doméstica relaciona-se a uma perspectiva de classe média. Sua implementação ocorre como parte do processo civilizador geral controlado pelas elites social e cultural — um modelo derivado do influente livro de Norbert Elias, *On the Civilizing Process* [*Sobre o Processo Civilizador*]. Porém, parece impossível aplicar esse modelo, baseado em sociedades aristocráticas, ao caso holandês. A sociedade holandesa caracterizava-se pela proximidade entre os grupos sociais, o que se estendia ao relacionamento entre os indivíduos. Essa falta de distância tem origem nos típicos padrões de relacionamento da República, onde um rápido processo de urbanização criou muitas cidades pequenas e onde a introdução da família nuclear ajudou a criar um sistema complexo de controle social. Nesse sistema, a proximidade e a intimidade física e psicológica, eram características cruciais. Será que a idealização da vida doméstica e privada resultou da maior pressão psicológica e física associada à aceitação completa desse sistema de controle social desenvolvido às custas dos aspectos externos e públicos da sexualidade? Se essa hipótese é verossímel, então a mudança fundamental de atitude em relação à sexualidade, que levou à invenção relativamente precoce da pornografia como gênero de *mauvais livres* — processo iniciado em meados do século XVII, mas que se manifestou de modo mais amplo durante o século XVIII — era também inerente à própria cultura burguesa da Holanda.

Capítulo IX

A Pornografia e a Revolução Francesa

Lynn Hunt

Pornografia e revolução parecem companheiras involuntárias e constrangidas. Nos séculos XVI, XVII e XVIII, a pornografia foi escrita quase exclusivamente por homens; em geral, ainda que nem sempre, para um público de leitores masculinos da classe alta, supostamente libertinos, tanto nos ideais quanto no comportamento. Os libertinos aristocráticos examinados nos capítulos precedentes são, presumivelmente, representantes da decadência da moralidade aristocrática que os revolucionários franceses desejavam erradicar. Os revolucionários franceses são retratados como puritanos — Robespierre, evidentemente, é o principal exemplo —, e é difícil imaginar esses homens rígidos e ascéticos aprovando a pornografia.

De fato, a Revolução Francesa e a pornografia tinham algumas conexões muito íntimas, no plano pessoal e social. Pelo menos dois líderes revolucionários — Mirabeau e Saint-Just — escreveram obras pornográficas antes da Revolução, e alguns dos principais pornógrafos, dos quais Sade é o mais notório, participaram diretamente da Revolução[1]. A pornografia de motivação política ajudou a provocar a Revolução ao abalar a legitimidade do Antigo Regime como sistema social e políti-

1. Em 1792-1793, Sade ocupou vários cargos menores em seu distrito de Paris. Sobre a carreira revolucionária de Sade, ver Gilbert Lély, *The Marquis de Sade: A Biography*, trad. Alec Brown, Nova Iorque, Grove Press, 1961, pp. 310-57.

co. Em 1789, quando a Revolução começou, a pornografia não afundou em meio ao dilúvio de novas publicações; em vez disso, emergiu à superfície das novas práticas políticas populares, sob a forma de ataques ainda mais virulentos contra os principais cortesãos e, em particular, contra a rainha Maria Antonieta. A pornografia que não era explicitamente política também continuou a ser publicada na década de 1790.

O espaço para tais publicações na França nunca havia sido tão grande, até recentemente, porque a obscenidade era menos ameaçadora à causa voluntária que os impressos contrarrevolucionários. E alcançou também um público jamais conquistado. Essa pornografia tornou-se, então, instrumento de uma ação política popular conscientemente vulgar. Depois do período do terror, e talvez como reação a ele, o romance pornográfico atingiu uma espécie de ápice estilístico e ideológico, principalmente nas famosas obras do marquês de Sade — a maioria publicada na década de 1790 —, mas também nos romances pornográficos de Andréa de Nerciat e Restif de la Bretonne. Este ensaio analisará as diversas relações entre a Revolução e a pornografia.

Essas relações não se reduzem, porém, à relevância da pornografia para a Revolução Francesa. A revolução assinalou uma mudança decisiva na história da pornografia, não só na França mas também em outras partes do mundo ocidental. No fim do século XVIII, na França, a pornografia política alcançou seu apogeu — em números e em depravação — e, em seguida, praticamente desapareceu, substituída pela pornografia que continuou pondo à prova tabus sociais e morais, mas sem alvejar figuras políticas. Em outros países, o espectro da Revolução Francesa, com sua ameaça de democratização, de mobilização política das massas e de desordem social, incentivou a regulamentação legal da pornografia como categoria distinta. Na Europa ocidental, aproximadamente na década de 1830, a pornografia se desvincula da filosofia e da política, tornando-se um gênero distinto.

Na França, podemos traçar a influência da Revolução ao investigar a história da palavra *pornografia*, que parece ter adquirido seu significado moderno em 1789 ou logo depois. Em 1769, a palavra *pornógrafo* foi usada por Restif de la Bretonne para se referir aos textos relacionados à prostituição. Em 1806, definia os textos que perturbavam a ordem social e transgrediam os bons costumes. Nesse ano, um compilador francês de um dicionário de palavras proibidas definiu pornografia como uma categoria de livros reprimidos por razões morais em oposição a razões religiosas ou políticas[2].

Aparentemente, a palavra *pornografia* não entrou em circulação na Inglaterra até o final do século XIX, apesar da repressão aos livros obscenos por razões morais já estar estabelecida, ao contrário do que ocorria na França do século XVIII. Em 1728, o tribunal da Corte sustentou um veredicto contra o editor de um libelo obsceno, Edmund Curll; desse modo, estabeleceu um precedente na lei inglesa, que se estendeu como jurisprudência a processos judiciais similares até a promulgação do *Obscene Publications Act* [*Lei das Publicações Obscenas*], em 1959. Antes do caso Curll, porém, os tribunais seculares recusaram-se a instaurar processo "devido à publicação de material obsceno", já que "um libelo deve ser contra uma ou várias pessoas, ou contra o governo"[3]. A corrupção dos costumes não era um delito passível de punição, segundo esse tribunal.

Na Inglaterra, uma ação contra a literatura imoral tornou-se uma cruzada apenas quando se fundou a Proclamation Society, em 1787, com a finalidade de "prevenir e punir o vício, a profanação e a imoralidade". Como as outras associações para a reforma dos costumes fundadas na Inglaterra desde o fim do século XVII, a Proclamation Society concentrou seus

2. Ver Introdução deste volume. A fonte básica é Etienne-Gabriel Peignot, *Dictionnaire critique, littéraire, et bibliographique des principaux livres condamnés au feu, supprimés ou censurés*, 2 vols., Paris, 1806.

3. Donald Thomas, *A Long Time Burning: The History of Literary Censorship in England*, Nova Iorque, Praeger, 1969, p. 78, citando um juízo do Tribunal Real, em 1707.

esforços na luta contra a embriaguez, a profanação e a quebra da santidade do Sábado. Mas, ao contrário das predecessoras, também incluiu uma referência específica à necessidade de suprimir "todas as ilustrações, livros e publicações embriagadoras e licenciosas, que disseminam veneno nas mentes dos jovens e dos imprudentes". Mesmo para a Inglaterra, com seu passado de supressão dos libelos obscenos, a Revolução Francesa foi decisiva para o seu posicionamento; porém, foi só no início do século XIX que "o frenesi para colocar os pornógrafos atrás das grades" realmente tomou impulso[4].

Na Inglaterra, foi fundamental o surgimento da Society for the Suppression of Vice and the Encouragement of Religion and Virtue [Sociedade para a Supressão do Vício e o Encorajamento da Religião e da Virtude] —, conhecida como Vice Society —, fundada em 1801 e que começou imediatamente sua campanha contra o "amplo comércio de livros, ilustrações, desenhos e instrumentos obscenos". Os processos judiciais mais antigos — como o promovido em 1797 contra *Age of Reason* [*Idade da Razão*], de Thomas Paine, e a ameaça, no mesmo ano, de ação legal contra o romance *The Monk* [*O Monge*], de Matthew Lewis — eram insignificantes quando comparados ao acentuado crescimento de ações legais depois de 1802[5]. O *Annual Register* [*Registro Anual*] de 1798 esclarece como a Revolução Francesa podia ser responsabilizada pela expansão do vício:

> A Revolução Francesa ilustrou a conexão entre os bons costumes e a ordem e paz da sociedade mais que toda a retórica do púlpito e todos os tratados dos filósofos morais em muitos séculos. As classes superiores da sociedade, os homens de posição e fortuna, nem sempre os mais curiosos sobre outros assuntos, estavam entre os primeiros a se inquietar com essas doutrinas irreligiosas e devassas nas quais a democracia francesa procurou abrigar o desregramento de sua conduta.

4. *Idem*, pp. 113 e 189.
5. *Idem*, p. 189.

Portanto, o início do "grande período de expurgo" nos primeiros anos do século XIX não foi acidental. Em 1818, Thomas Bowdler publicou sua censurada *Family Shakespeare* [*Família Shakespeare*], com um prefácio que explicava seu objetivo "de excluir dessa publicação tudo quanto fosse inadequado para se ler em voz alta por um cavalheiro acompanhado de damas"[6]. A Revolução Francesa expôs o perigo da ampla circulação de material impresso, e os reformadores morais do século XIX estavam determinados a manter a literatura perigosa fora do alcance de mulheres e crianças.

A nova urgência moral e social que se abateu sobre a pornografia também foi nutrida por mudanças verificadas na pornografia como gênero literário na França durante a década revolucionária. Como foi descrito nos ensaios anteriores, a pornografia foi usada com objetivos políticos bem antes de 1789; de fato, Peter Wagner definiu a pornografia do Iluminismo de modo geral como "um veículo de protesto contra a autoridade da Igreja-Estado"[7]. A pornografia francesa do Antigo Regime parecia essencialmente subversiva como gênero, porque se baseava na filosofia materialista e muitas vezes criticava padres, freiras e aristocratas. Durante a Revolução, a pornografia política proliferou cada vez mais e estendeu seu público até as classes populares. Ao mesmo tempo, contudo, começou a se afastar da política, talvez em conseqüência do grande sucesso do ataque pornográfico contra o Antigo Regime.

Após o período do Terror, a atenção dos pornógrafos franceses voltou-se quase exclusivamente à descrição do prazer sexual como um fim em si mesmo. Essa mudança assinalou o início da pornografia verdadeiramente moderna: produção em massa de textos ou imagens dedicadas à descrição explícita dos órgãos ou das atividades sexuais, com o único propósito de pro-

6. *Idem*, pp. 179 e 186.
7. Peter Wagner, *Eros Revived: Erotica of the Enlightenment in England and America*, Londres, Secker & Warburg, 1988, p. 6.

duzir excitação sexual. Paradoxalmente, logo que a pornografia política se democratizou, deixou de ser política.

A Pornografia durante a Revolução

A pornografia política possui uma longa tradição, que remonta a Aretino no século XVI, e parece que ganhou força nas últimas décadas do Antigo Regime. Robert Darnton revelou como o sensacionalismo sexual dos panfletos foi usado para atacar a Corte francesa, a Igreja, a aristocracia, as academias, os salões e a própria monarquia[8]. Recentemente, Sarah Maza destacou algumas questões de gênero nessas críticas. Os panfletos pornográficos políticos escritos entre 1770 e 1780 muitas vezes denunciavam a influência supostamente excessiva das mulheres na Corte francesa[9]. A rainha Maria Antonieta era o principal alvo dessa literatura; os panfletos pornográficos, os dísticos e as cantilenas detalhavam sua presumida má conduta sexual e questionavam a paternidade dos seus filhos, comprometendo a imagem da autoridade real[10]. Se o rei não podia controlar sua esposa nem mesmo saber se era o pai de seus filhos, incluindo o herdeiro do trono, como poderia exigir a obediência dos súditos ou o direito da dinastia ao trono?

O receio da desordem sexual ia além dos círculos da corte. Em seu estudo recente a respeito de *Mémoires secrets* e *Correspondance secrète*, coleções de notícias e fofocas compiladas nas décadas de 1770 e 1780, Jeffrey Merrick percebeu que era muito difundida a idéia de que a desordem sexual era um

8. Robert Darnton, "The High Enlightenment and the Low-Life of Literature", em *The Literature Underground of the Old Regime*, Cambridge, MA, Harvard University Press, 1982, pp. 1-40, principalmente p. 29.
9. Sarah Maza, "The Diamond Necklace Affair Revisited (1785-1786): The Case of the Missing Queen", em Lynn Hunt (org.), *Eroticism and the Body Politic*, Baltimore, MD, Johns Hopkins University Press, 1991, pp. 63-89.
10. Chantal Thomas, *La Reine scélerate: Marie-Antoinette dans les pamphlets*, Paris, Seuil, 1989. Ver também Lynn Hunt, "The Many Bodies of Marie Antoinette: The Problem of the Feminine in the French Revolution", em Lynn Hunt (org.), *Eroticism...*, pp. 108-30.

sinal de colapso da ordem pública. Os folhetos dedicados a escândalos estavam repletos de histórias sobre homossexualidade impudente, esposas rebeldes e lascivas e conflitos maritais, além das conhecidas histórias de devassidão nos círculos mais elevados da corte[11]. Quando Restif de la Bretonne observou em *Nuits de Paris* (1786) que "o delírio, a devassidão e a insubordinação alcançaram seu apogeu", reproduzia o senso comum. Um sociólogo concluiu que essas observações, além dos famosos escritos de Laclos e Sade, eram sinais da anomia sexual difundida nos últimos anos do Antigo Regime, portanto, eram "indicadores importantes de uma severa deterioração da organização social e do colapso derradeiro da legitimidade da autoridade"[12]. Mesmo que os textos libertinos não sejam uma das principais causas da Revolução Francesa, pode-se ainda admitir que alguns contemporâneos consideravam a expansão da pornografia na década de 1780 o anúncio da uma crise social mais ampla.

A quantidade de títulos de pornografia política cresceu constantemente de 1774 a 1788 e decolou depois de 1789. Nos primeiros anos da Revolução, a literatura pornográfica política representava metade da produção de literatura obscena e retratava os aristocratas como impotentes, crivados de doenças venéreas e entregues à devassidão. A obra *Chronique Arétine* (1789), por exemplo, oferecia uma análise da "verdadeira fonte de todas as desordens que nos perturbam". A "corrupção dos costumes" devia-se à "degradação dos bons costumes pelos excessos escandalosos e impunes das cortesãs deste século". Entre essas cortesãs estavam as principais mulheres da aristocracia[13].

11. Jeffrey Merrick, "Sexual Politics and Public Order in Late Eighteenth-Century France", *Journal of the History of Sexuality*, 1, 1990, pp. 68-84.
12. Edward A. Tiryakian, "From Underground to Convention: Sexual Anomie as an Antecedent to the French Revolution", *Social Theory*, 5, 1984, pp. 289-307, citação p. 302; a citação de Restif está na p. 301.
13. *Cronique Aretine, ou Recherches pour servir à l'histoire des moeurs du XVIII*[e] *siècle*, Caprée, 1789.

O alvo central desses ataques era a própria rainha Maria Antonieta. Em um folheto extremamente pornográfico, *L'Autrichienne en goguettes*, descreve-se a rainha em um ato amoroso com o irmão do rei, o conde d'Artois, e sua predileta, a duquesa de Polignac. Assim que o rei desfalece, depois de beber muito champanhe, começa a orgia. Em certo momento, a duquesa queixa-se que está sendo ignorada, mas esclarece que estava ocupada se masturbando enquanto lia *Histoire de Dom Bougre, portier des Chartreux*, um dos mais conhecidos textos pornográficos de meados do século XVIII[14]. As referências aos clássicos da pornografia mostram que os pornógrafos políticos da Revolução baseavam-se conscientemente em uma tradição, mesmo quando a adaptavam aos seus própios objetivos. Em *Apparution de Thérèse philosophe à Saint-Cloud*, a famosa Thérèse da obra pornográfica de meados do século XVIII aparece em um sonho e conta como ela instruiu a rainha nos costumes da *volupté*[15].

A homossexualidade funcionava de modo semelhante à impotência nessa literatura, ao exibir a decadência do Antigo Regime por meio de seus padres e aristocratas. Por exemplo, os panfletos sobre a rainha quase sempre referiam-se a seu tribadismo. O panfleto *Les Enfants de Sodome à l'Assemblée Nationale* (1790) enumerava os supostos sodomitas entre os deputados clericais e aristocráticos da Assembléia Nacional, e as tríbades entre as principais mulheres da aristocracia (fig. 9.1)[16]. Um dos principais alvos de tais ataques era um deputado conservador, o abade Maury, denunciado como "le plus grand jean-foutre de l'univers" em um panfleto intitulado *Fredaines*

14. *L'Autrichienne en goguettes, ou L'Orgie royale, opera proverbe, 1789: Composé par un Garde-du-Corps, et publié depuis la liberté de la presse, et mis en musique par la Reine*, s.l., 1789. Para uma análise das diferenças entre os panfletos sobre a rainha anteriores e posteriores a 1789, ver Hunt, Lynn "The Many Bodies...".
15. *Apparution de Thérèse philosophe à Saint-Cloud, ou Le Triomphe de la volupté. Dédié à la Reine*, Saint-Cloud, Chez la Mère des Grâces, 1790.
16. *Les Enfants de Sodome à l'Assemblée Nationale, ou Députation de l'ordre de la manchette*, Paris, 1790.

Ce Trio Masculin, dans ses goûts ingenieux!,
Vous retrace Ô! Lecteurs des vrais Bougr.. les Jeux.

FIGURA 9.1: Cena de sodomia entre deputados da Assembléia Nacional. Fonte: *Les Enfans de Sodome à l'Assemblée Nationale* (Paris, 1790). O texto afirma: "Esse trio masculino, com seu gosto inventivo, lembra a vocês, leitores, o passatempo dos verdadeiros sodomitas".

lubriques de J — F. — Maury (1790)[17]. Nesses panfletos, a degeneração sexual andava de mãos dadas com a corrupção política. Contrapondo-se — em geral implicitamente — aos aristocratas degenerados e aos padres sodomitas do Antigo Regime, havia o amor saudável dos novos patriotas[18]. Em *Les Travaux d'Hercule* (1790), o autor sustenta que "uma constituição máscula e vigorosa é necessária para aqueles que desejam experimentar o [prazer]", e os "homens saudáveis" são contrastados com os "homens imperfeitos e efeminados"[19].

A proliferação de panfletos pornográficos depois de 1789 revela que a pornografia política não pode ser considerada apenas um desvio ou um substituto da ação política "real". Como sua participação cresceu de modo dramático, especialmente com a explosão de jornais e panfletos não-censurados, a ação política não seguiria simplesmente o rumo principal[20]. Junto da torrente de novos panfletos políticos sobre cada assunto defrontado pela nação, choveram outros, como o satírico *Dom-Bougre aux Etats Généraux, ou doléances du portier des Chartreux, par l'auteur de la foutromanie*, com seus fantásticos dados de publicação: "A Foutropolis, Chez Braquemart, Libraire, rue Tire-Vit, à la couille d'or. Avec permission des Supérieurs [sem data]". O panfleto, que satirizou o título do notório clássico pornográfico do século XVIII, *Histoire de Dom Bougre, portier des Chartreux* (1714), atribuiu-se a Restif de la Bretonne, que foi

17. *Fredaines lubriques de J – F – Maury, prêtre indigne de l'Eglise catholique*, s.l.,(1790). O padre Jean-Siffrein Maury (1746-1817) era deputado dos Estados Gerais, conhecido por sua oposição à nacionalização das propriedades da Igreja e à constituição civil do clero. Ele emigrou no fim de 1791.

18. Sobre o contraste entre a decadência aristocrática e a saúde republicana, ver Antoine de Baecque, "Pamphlets: Libel and Political Mythology", em Robert Darnton e Daniel Roche (orgs.), *Revolution in Print: The Press in France, 1775-1800*, Berkeley, University of California Press, 1989, pp. 165-76; e *Idem*, "Dégénérescence et régénération: Le Livre licencieux juge la Révolution française", em Daniel Roche e Roger Chartier (orgs.), *Mélanges de la Bibliothèque de la Sorbonne*: vol. 9, *Livre et Révolution*, Paris, Aus Amateurs de Livres, 1989, pp. 123-32. Minha opinião é de que Baecque pode ter acentuado demais a predominância desse tema.

19. *Les travaux d'Hercule, ou La Rocambole de la fouterie, Par un Emule de Piron, Grécourt et Gervais*, Paris, L'An Deuxième de la Liberté [1790].

20. Discordo da visão sugerida por Darnton em "The High Enlightenment...", principalmente p. 33.

detido mas logo solto, provavelmente por falta de provas[21]. Cerca de duzentos panfletos e livros licenciosos foram publicados apenas entre 1789 e 1792[22].

Podem-se mencionar diversas razões para essa proliferação da pornografia política durante a Revolução Francesa, mas seguramente uma das mais importantes foi a incapacidade dos legisladores para reprimi-la. O governo nacional revolucionário exerceu um pequeno controle sobre a pornografia depois da liberdade de imprensa conquistada em 1789. Freqüentemente, os deputados da Assembléia Nacional denunciavam panfletos obscenos ou grosseiros, além de outros ultrajes permitidos em um regime de imprensa livre, e em janeiro de 1790 o abade Sieyès propôs uma lei contra as injúrias praticadas sob forma impressa. Essa lei foi denunciada pela imprensa de esquerda e jamais foi debatida na Assembléia. Em 7 de julho de 1791, a Assembléia votou uma lei denunciando "aqueles que transgridem publicamente a moral com insultos flagrantes contra o recato das mulheres, por meio de atos impudicos, atos devassos ou corrupção de jovens de ambos os sexos mediante exposição e venda de imagens obscenas". As intervenções feitas por Pétion e Robespierre contra essa proposta mostram a relutância de muitos legisladores nessa esfera. Robespierre argumentou, em vão, que a lei era muito parcial, que essa ação contra imagens obscenas iria inevitavelmente resultar em uma ação contra os trabalhos escritos, e que isso violaria a liberdade de imprensa. Na realidade, como todos os historiadores da imprensa concordam, a lei não teve efeito[23].

21. A atribuição é mencionada no *Dictionnaire des oeuvres érotiques: Domaine français*, Paris, Mercure de France, 1971, p. 147.
22. Antoine de Baecque, "The 'Livres remplis d'horreur': Pornographic Literature and Politics at the Beginning of the French Revolution", em Peter Wagner (org.), *Erotica and the Enlightenment*, Frankfurt, 1991, p. 152.
23. Para uma breve discussão sobre os esforços legislativos, ver Jean-Jacques Pauvert, *Estampes érotiques révolutionnaires: La Révolution française et l'obscénité*, Paris, Henri Veyrier, 1989, principalmente pp. 18-40. Ver também Alma Söderhjelm, *Le Régime de la presse pendant la Révolution française*, 2 vols., Genebra, Slatkine Reprints, 1971. Sobre o debate particular e o texto da lei, ver M. J. Mavidal e M. E. Laurent (orgs.), *Archives parlementaires de 1787 à 1870*, primeira série, 1787-1799, vol. 28, Paris, 1887, p. 28.

A execução de medidas contra a obscenidade era geralmente atribuição das autoridades locais. A prefeitura de Paris tentou censurar imagens desde os primeiros dias da Revolução. Nomeou um censor para caricaturas em julho de 1789 e empreendeu esforços para confiscar estampas durante 1791 e 1792. Os governos municipais votaram em nome da ordem pública diversas leis contra os vendedores ambulantes de escritos sediciosos e licensiosos, mas as repetidas promulgações dessas leis indicam seu fracasso. Em junho de 1790, por exemplo, a câmara municipal ordenou a instauração de processo contra os editores e distribuidores da obra anônima *Vie privée, impartiale, politique, militaire e domestique du marquis de la Fayette.* O impressor foi preso, mas foi solto em menos de um mês[24].

Freqüentemente, a polícia parisiense procurava e prendia vendedores ambulantes de literatura obscena no Palais-Royal, o centro dessas atividades. As operações de captura detiam gentes variadas; em sua maior parte, rapazes — aprendizes de joalheiros, relojoeiros, vendedores de artigos de segunda mão e cabeleireiros, por exemplo —, mas, de vez em quando, a polícia prendia mulheres, crianças e até mesmo um padre[25]. Algumas vezes, a polícia queimava os textos ofensivos, mas as pessoas presas eram liberadas algumas horas depois. Durante o Terror, o governo municipal de Paris forçou o expurgo de peças teatrais ou tentou prender atores de peças obscenas. Geralmente, porém, o cerco à prostituição e à indecência não era muito praticado[26].

A partir dos registros fragmentários dos arquivos da polícia parisiense, é possível determinar o esquema geral da polícia contra as publicações licenciosas. Essa ação foi mais intensa entre 1790 e 1791, diminuiu em 1792, e recrudesceu novamente

24. Söderhjelm, *op. cit.*, vol. 1, pp. 154-92.
25. Para informações sobre vendedores ambulantes, ver Söderhjelm, *op. cit.*, mas principalmente Baecque, "The 'Livres remplis d'horreur...'", pp. 123-65.
26. Pauvert, *op. cit.*; e Antoine de Baecque, *La Caricature révolutionnaire*, Paris, Presses du CNRS, 1988, pp. 30-1, 37, 236-7.

nos primeiros anos do Consulado, entre 1800 e 1802[27]. A atividade policial entre 1790 e 1791 foi uma reação contra o dilúvio de novas publicações surgidas com o advento da liberdade de imprensa, em 1789. Em 1797, a renovação do cerco policial resultou, provavelmente, da criação de uma divisão de costumes da polícia parisiense, embora a atividade declinasse nos dois anos seguintes. Em 1799, apesar das declarações do Ministério da Polícia de que "os costumes são o nervo dos governos, principalmente das Repúblicas", a Primeira República não foi particularmente bem-sucedida em suas tentativas de "fazer desaparecer trabalhos escritos ou gravuras que podiam corromper ou degradar corações e mentes"[28]. O governo do Consulado intensificou seus esforços para encontrar e confiscar a literatura licenciosa como parte do seu programa para controlar com mais rigor a imprensa e a indústria editorial. Mas essas tentativas fracassaram.

Desde 1794 — talvez até mesmo desde 1792 — até o período do Consulado, a repressão foi ainda menos eficaz que nos primeiros anos da Revolução, como demonstra o protesto de Louis-Sébastien Mercier, em 1798:

> Algumas pessoas só expõem livros obscenos, cujos títulos e gravuras são ofensivos tanto à decência, quanto ao bom gosto. Eles vendem essas monstruosidades em toda parte, ao longo das pontes, nas portas dos teatros, nos bulevares. O veneno não é caro; dez centavos o volume [...]. Pode-se dizer que os fornecedores de brochuras são mercadores privilegiados de lixo; parece que excluem qualquer título que não emporcalhe suas vitrinas. Os jovens são capazes de chegar a essas fontes de toda espécie de vício sem qualquer empecilho ou receio. Essa medonha fabricação de livros licenciosos é conduzida por adulteradores, espécie de piratas que

27. Baseado no inventário de apreensão de *libelles*, em *APP*, Paris, Aa.
28. *Journal du soir des frères Chaignieau*, 23 fev. 1799, *apud* Alphonse Aulard, *Paris pendant la réaction thermidorienne et sous le Directoire*, vol. 5, *Du 3 thermidor an VI au 19 brumaire an VIII / 21 juillet 1798 – 10 novembre 1799*, Paris, 1902, p. 397.

> matam a indústria editorial, a literatura e os homens de letras. Baseia-se na ilimitada liberdade de imprensa, que foi exigida pelo mais falso, mais desprezível e mais obscuro dos homens[29].

Embora os líderes do regime do Diretório, como Mercier, fossem importunados pelos abusos da liberdade de imprensa, eles procuravam controlar sobretudo os jornais políticos. A preocupação com a dissidência política parece ter aberto o caminho para a relativa liberdade de publicação da pornografia apolítica[30].

Dada a natureza da publicação pornográfica, a possibilidade constante de sua repressão, mesmo na década de 1790, e a relutância dos bibliófilos ou mesmo da polícia em colecionar ou registrar essas obras, é muito difícil traçar com alguma segurança o volume real das obras publicadas. O catálogo de Pascal Pia, *Les Livres de l'Enfer* — a lista de livros pornográficos da Biblioteca Nacional Francesa — é uma espécie de índice incipiente das principais obras[31], sendo que "principais" significa obras suficientemente extensas ou famosas para integrar as coleções que mais tarde seriam confiscadas pela polícia francesa e enviadas para um lugar especial na biblioteca. O catálogo de Pia subestima seriamente o ritmo de produção das publicações efêmeras; portanto, sua lista é um índice imperfeito. Segundo a relação de Pia, o maior número de obras pornográficas inéditas foi publicado em 1790 (considerando pornografia explicitamente política e também obras obscenas apolíticas). Depois, as publicações declinaram, até atingir o ponto mais baixo em 1795 e 1796. A produção de novas obras só cresceu ligeiramente nos últimos anos da década revolucionária.

29. Louis-Sébastien Mercier, *Le Nouveau Paris*, Paris, an 7 [1799], vol. 3, pp. 178-9.
30. Sobre as tentativas de suprimir os jornais políticos, ver Söderhjelm, *op. cit.*, vol. 2.
31. Pascal Pia, *Les Livres de l'Enfer: Bibliographie critique des ouvrages érotiques dans leurs différentes éditions du XVIe siècle à nos jours*, 2 vols., Paris, C. Cloulet & A. Faure, 1978. O catálogo de Pia é alfabético, e não cronológico. Selecionei todas as obras publicadas durante a década revolucionária para comparações.

Com a distinção entre pornografia política e apolítica — nem sempre uma tarefa fácil — duas tendências tornam-se evidentes[32]. O ponto alto da pornografia política também foi atingido em 1790; depois disso, a quantidade de obras inéditas declinou, principalmente de 1793 em diante. Depois da publicação de algumas das mais extensas obras contra Maria Antonieta, em 1793 e 1794, quase toda a pornografia política publicada entre 1795 e 1799 era anticlerical. A pornografia que atacava questões e personalidades da época não prosperou outra vez até 1799 e 1800, quando a esposa de Napoleão, Josefina, tornou-se a vítima preferida das novas obras. Porém, a pornografia apolítica não teve um ápice e não seguiu uma tendência, exceto um declínio insignificante em 1795 e 1796; era a mais constante entre as publicações revolucionárias.

Diversas hipóteses podem ser inferidas da lista de Pia. A pornografia floresceu como conseqüência imediata da liberdade de imprensa de julho de 1789, mas retraiu-se quando a Revolução se radicalizou, em 1792, 1793 e 1794. Começou a declinar nesse período por diversas razões. A imprensa de direita, que também publicava sua própria literatura vil, foi suprimida depois de 10 de agosto de 1792. Desde que a aristocracia e o clero perderam sua influência, diversas motivações para publicar panfletos pornográficos foram relegadas. Além disso, enquanto o governo do Terror ampliava seu poder, os escritores tornavam-se cada vez mais hesitantes em relação a qualquer gênero que pudesse tornar-se suspeito. A publicação de novos romances declinou de 112, em 1789, para 40, em 1792, e para menos de 15, em 1794[33].

Enquanto a pornografia política tornava-se praticamente insignificante nos últimos anos do século XVIII, a pornografia

32. Para determinar o conteúdo das obras que não li, usei o *Dictionnaire des oeuvres érotiques*, que enumera algumas das obras apresentadas no catálogo de Pia da Bibliothèque Nationale.
33. Esses números são baseados em Angus Martin, Vivienne G. Mylne e Richard Frautschi, *Bibliographie du genre romanesque français, 1751-1800*, Londres, Mansell, 1977.

apolítica ressuscitou, paralelamente ao renascimento do romance. Formas novas de novelas pornográficas surgiram entre 1795 e 1803: *Aline et Valcour*, *La Philosophie dans le boudoir* e *La Nouvelle Justine*, de Sade; *L'Anti-Justine*, uma réplica de Restif de la Bretonne; *Eléonore, ou L'Heureuse personne*, um romance transexual (atribuído a Andréa de Nerciat); e *Le Diable au corps*, romance cômico póstumo de Andréa de Nerciat. Provavelmente, o incômodo de certos observadores, como Mercier, deve-se ao aparecimento de tais obras.

Não se conhece muita coisa sobre as pessoas que escreviam, publicavam e distribuíam obras pornográficas, exceto sobre autores como Sade e Restif de la Bretonne. Recentemente, Antoine de Baecque descobriu informações fascinantes sobre as façanhas policiais de um ativo delegado chamado Toublanc, que atuou no Palais-Royal entre novembro de 1790 e março de 1791. Em seis meses, Toublanc prendeu e interrogou setenta vendedores ambulantes e confiscou quatrocentas obras consideradas pornográficas, injuriosas, polêmicas ou difamatórias. Os mascates vendiam a mercadoria a preços variáveis, desde cinco *livres* por uma cópia ilustrada de *Arétin français* até cinco *sols* pelo impresso mais barato, panfletos de pequeno formato, com um *livre* equivalendo a vinte *sols*. Em julho de 1790, durante uma prisão por difamação pública ao rei, a polícia chegou a Etienne Magdelimi, que admitiu ser o autor de três obras licenciosas. Era natural da cidade de Sedan, localizada no leste da França, tinha 32 anos e residia em Paris há três anos. Provavelmente, era um representante típico dos escritores mercenários que estavam dispostos a fazer sua vida na nova indústria, mas sabe-se pouco a respeito de suas motivações — além do benefício comercial — e menos ainda de suas vidas ou histórias publicadas[34].

34. De Baecque, "The 'Livres remplis d'horreur...'", pp. 123-65. Para maiores detalhes, ver também seu ensaio "Le Corps de la Révolution: La souveraineté, le récit et le rituel politiques étudiés à travers leurs représentations corporelle (de l'ancien régime à la Révolution française)", 2 vols., tese de doutorado, Université de Paris I, 1992.

Sabe-se que a pornografia não era instrumento exclusivo dos críticos do Antigo Regime. Antes da Revolução, os panfletos que difamaram Maria Antonieta, por exemplo, eram certamente patrocinados por facções da própria corte. Quando a Revolução começou e a publicação de jornais se expandiu, os editores de direita trouxeram a pornografia a público. O jornal monarquista *Actes des apôtres* especializou-se inicialmente em ensaios lascivos sobre a "vida privada" dos principais políticos revolucionários de 1789. Um impresso ultramonarquista, o *Journal da la cour et de la ville*, publicava fofocas grosseiras e anedotas escandalosas sobre os principais políticos revolucionários e anunciava abertamente a publicação de uma estampa anti-revolucionária quase pornográfica[35]. Durante poucos meses, entre o final de 1791 e o início de 1792, a imprensa monarquista produzia sete novas caricaturas por semana, que se destinavam a atrair o público popular. Algumas eram explicitamente pornográficas, e havia escritores partidários da monarquia envolvidos na produção de panfletos pornográficos que zombavam dos novos líderes revolucionários[36].

Os panfletos que atacavam importantes democratas como Théroigne de Méricourt, ou a própria rainha, eram mais difíceis de ser classificados. O panfleto *Bordel National sous les auspices de la Reine, à l'usage des confédérés provinciaux; dédié et présenté à Mlle. Théroigne, présidente du district des Cordeliers et du Club des Jacobins*, por exemplo, incluía uma dedicatória à *mademoiselle* Théroigne: "sua chama insaciável

35. Para uma análise dessa ilustração — "Grand Débandement de l'armée anticonstitutionelle" — ver Vivian Cameron, "Political Exposures: Sexuality and Caricature in the French Revolution", em Lynn Hunt (org.), *Eroticism...*, pp. 90-107. A ilustração, divulgada inicialmente em fevereiro de 1792, exibia várias mulheres da aristocracia mostrando seus traseiros despidos para o exército austríaco. Elas são lideradas por Théroigne de Méricourt, famosa democrata, que expõe sua "République" (coisa pública, partes pudendas) ao exército, que é visto em uma pose de virtual pavor sexual freudiano. Os jacobinos e os *sans-culottes* escondem-se atrás da fileira de traseiros desnudos das mulheres, apontando lanças com presuntos e lingüiças espetados. Nessa ilustração, porém, o objetivo satírico é muito mais evidente que a intenção pornográfica.
36. Sobre a produção de caricaturas monarquistas, ver Claude Langlois, *La Caricature contre-révolutionnaire*, Paris, Presses du CNRS, 1988.

guia as prostitutas antigas e modernas". Uma das ilustrações exibia a rainha abraçando seu criado, o irmão do rei e o deputado Le Chapelier ao mesmo tempo (a ilustração se perdeu, mas a legenda não). Théroigne afirma que, naquela manhã, dez deputados da Assembléia Nacional a sodomizaram, incluindo o "incansável abade Syeyes [Sieyès]". Lafayette, Bailly, o irmão do rei, Barnave e vários outros personagens de ambos os lados do espectro político apareceram em um panfleto presumivelmente orleanista, já que apenas o duque de Orleans se beneficiaria da destruição dos democratas e da família de Luís XVI. Os democratas radicais são alvo de um ataque particular. Em um segundo impresso, Danton pergunta a Marat por que está ali, já que tinha sido especialmente excluído por ser "um escrevinhador infame" e "nanico". Marat responde que viera praticar felação em mulheres e homens para ganhar dinheiro, pois não podia viver com o que ganhava em seu jornal[37].

Também é bastante difícil determinar o público da pornografia política. Embora o mexerico que formava a base de grande parte da pornografia política do Antigo Regime passasse por numerosos circuitos sociais antes de ser impresso, o público para a verdadeira pornografia política impressa parece ter sido relativamente reduzido antes de 1789. Obras como *Portefeuille d'un talon rouge, contenant des anecdotes galantes et secrètes de la cour de France* — um ataque aos costumes aristocráticos — eram extensas e pareciam, devido à tipografia, tamanho e conteúdo, destinadas a leitores da classe alta[38].

37. O estranho registro da publicação afirma: "*A Cythere et dans tous le bordels de Paris, 1790*".

38. O circuito social das fofocas grosseiras é descrito pelo autor de *Portefeuille d'un talon rouge*: "um cortesão vil elabora histórias nas sombras da corte, outro as coloca sob a forma de versos e dísticos, e seus criados fazem-nas circular até os mercados. As histórias são transmitidas aos artesãos, que, por sua vez, relatam-nas aos nobres que, sem perder sequer um minuto, cochicham aos seus amigos em tom da mais deslavada hipocrisia, 'você as leu?'". Ed. rev., Paris, Bibliothèque des Curieux, 1911, p. 22. A reedição baseia-se na edição datada de 178_, De l'Imprimerie du Comte de Paradès.

O público da pornografia mudou quando a Revolução eliminou as restrições à imprensa. Embora as publicações monarquistas tenham contribuído, tirando a pornografia do subterrâneo e trazendo-a para o público leitor de jornal, foram os críticos radicais do Antigo Regime que se apoderaram desse novo instrumento. Em 1789, panfletos pornográficos muito curtos começaram a aparecer, em substituição aos panfletos usualmente extensos produzidos antes: *L'Autrichienne en goguettes; Bord — R —* [*O Bordel da Rainha*]; *Dom-Bougre aux Etats-Généraux; Le Godmiché royal* [*O Consolo Real*], outro ataque contra a rainha. Todos esses panfletos tinham apenas dezesseis páginas, portanto, podiam ser adquiridos por um público maior. Outros não tinham mais que oito páginas. A expensão de 1790 abrangeu muitas obras mais extensas, mas também diversas com 24, 32, 48 e 60 páginas.

Embora os panfletos políticos pornográficos fossem mais caros que os exclusivamente políticos — provavelmente, por causa das gravuras — ainda assim podiam ser adquiridos por um público vasto, por preços tão baixos quanto cinco *sols* ou até menos. Os vendedores ambulantes eram presos com um grande número de panfletos ou brochuras em seus pacotes; ocasionalmente, até uma centena deles. Um vendedor expunha de uma vez sobre uma banca de madeira no Palais-Royal até trinta panfletos; alguns impressos eram oferecidos por negociantes de vinho ou botequineiros, ou mascateados na portaria dos teatros ou no museu de cera. Os vendedores ambulantes colocavam-se em fila de manhã cedo e no fim da tarde nas portas dos impressores clandestinos e, em seguida, dispersavam-se pela cidade para vender sua mercadoria[39].

A nova difusão social da pornografia revolucionária é evidente nas ilustrações que acompanhavam os textos. Podiam ser gravuras a bico-de-pena aparentemente eruditas, que acompanhavam romances como *La Philosophie dans le boudoir*, de

39. De Baecque, "The 'Livres remplis d'horreur...".

Sade, publicado em 1795 (fig. 9.2), ou ilustrações mais vulgares e produções políticas contra grupos particulares, como monges, ou contra personagens políticos específicos (figs. 9.3 e 9.4). Essa variedade sinaliza o início da democratização da pornografia como gênero durante a Revolução. A literatura libertina do Antigo Regime, destinada exclusivamente aos homens da classe alta, agora tornou-se em parte — talvez até mesmo predominantemente — um gênero popular. Assim como as lideranças revolucionárias esperavam mobilizar todas as classes do povo francês, os pornógrafos políticos esperavam atingir todas as classes de leitores e espectadores.

Um dos exemplos mais interessantes da indistinção entre libertinagem e vulgaridade pode ser notada nas caricaturas ilustradas à maneira de Giuseppe Arcimboldo, pintor italiano do século XVI. Suas figuras, compostas de frutas, flores, conchas e peixes, eram tomadas como modelos para versões grotescas de famosas figuras políticas, com suas cabeças constituídas de figuras copulando e, algumas vezes, de pênis e testículos destacados (figs. 9.5 e 9.6). Obviamente, a maior parte dessas *têtes composées* é desenhada muito apressadamente, e o gênero como um todo parece planejado quase exclusivamente como um ataque à aristocracia e ao clero. Parece que os aristocratas (homens e mulheres) e os clérigos são inteiramente dominados pelo desejo sexual, que os seus genitais dominam a cabeça, que o "baixo" espreita a cabeça ou a porção supostamente "superior" dessas figuras[40]. Tanto o público quanto o conteúdo dessas imagens são vulgares.

Um evidência direta da popularização das ilustrações obscenas é apresentada em *Histoire des caricatures de la révolte des Français*, de Boyer de Nîmes. O autor era um estudioso monarquista que, em 1792, pouco antes da queda da monarquia, escreveu uma obra em dois volumes sobre as ilustrações revolu-

40. Essas ilustrações foram reproduzidas em Pauvert, *op. cit.* Os originais estão sob a guarda do Cabinet des Estampes, Bibliothèque Nationale.

Figura 9.2: (pag. anterior) Cena típica de sexo grupal, extraída de *La Philosophie dans le boudoir do marquês de Sade*. (ed. francesa, 1795).

Figura 9.3: Sátira pornográfica. O texto afirma: "Estou chegando... Eu sou a boa Constituição" (provavelmente impressa em Paris, [1791?]).

Figura 9.4: Libelo pornográfico contra Jacques Necker, ministro das Finanças. O texto afirma: "Os danos causados por M. Necker à França" (provavelmente impressa em Paris, [1789-1790?]).

Figura 9.5: (acima) Retrato pornográfico de uma mulher aristocrata. O texto afirma: "Oh! Oh! Esse é o meu retrato" (provavelmente impressa em Paris, [1791?]).

Figura 9.6: (Direita) Retrato pornográfico de um clérigo. O texto faz um trocadilho entre *vivant* (animado) e *vit* (gíria para pênis) – *vit* como *vivre* é uma das formas conjugadas do verbo *vivre* (provavelmente impressa em Paris, [1791?]).

L'ABBÉ M. . . .

L'original est vivant son portrait est en VIT.

cionárias. Em sua análise mais geral das ilustrações revolucionárias e anti-revolucionárias, examinou também ilustrações obscenas. Para Boyer, as caricaturas eram uma *écriture parlée*, um escrito que fala: "deve-se notar que as caricaturas são o termômetro que denuncia a temperatura da opinião pública; deve-se notar também que aqueles que sabem controlar suas variações também sabem controlar a própria opinião pública". Afirmou que a quantidade de ilustrações antimonarquistas cresceu de modo alarmante nas semanas anteriores a 20 de junho de 1792: "um ano antes, algumas dessas ilustrações eram exibidas pelos negociantes de ilustrações nas ruas e ao longo dos cais da capital, mas desde então sua quantidade cresceu tão prodigiosamente e tornou-se tão considerável que se podem encontrar várias delas em quase todas as vitrinas das lojas"[41]. Boyer prossegue denunciando como os jacobinos aumentaram artificialmente as vendas: circulavam de loja em loja perguntando qual ilustração antimonarquista o comerciante não tinha; depois, exigiam que ele adquirisse uma grande quantidade de tais estampas.

O êxito dos panfletos e das gravuras pornográficas em atrair o público é especialmente evidente no caso da rainha. Maria Antonieta era, certamente, o alvo favorito dos ataques, tanto antes quanto depois de 1789. Existiam mais panfletos dedicados a ela do que a qualquer outra figura, e eram os mais fundamentados em suas críticas; aparentemente, também eram os *best-sellers* do gênero. Em 1790 e 1791, por exemplo, entre os impressos que encabeçavam a lista de confisco da polícia parisiense, estavam *Vie privée, libertine, et scandaleuse de Marie-Antoinette*, com 88 cópias confiscadas, e *La Messaline française*, com 81 cópias confiscadas. O segundo item da lista

41. Boyer de Nîmes [Jacques Marie Boyer], *Histoire des caricatures de la révolte des Français*, 2 vols., Paris, De l'Imprimerie du Journal du Peuple, 1792, vol. 1, p. 10 e vol. 2, p. 6. Em sua obra, Boyer fornece cópias de diversas gravuras, algumas das quais beiram a pornografia, e examina a expansão da literatura e das gravuras pornográficas, apesar de não nomeá-las devidamente.

era o clássico *Thérèse philosophe* (1748), com 27 exemplares apreendidos pela polícia[42]. Boyer queixa-se que os panfletos contra a rainha eram vendidos no portão do palácio das Tulherias, em seus jardins e exatamente sob a janela do rei[43]. Esse tipo de pornografia tinha um público muito maior que a literatura libertina do Antigo Regime.

A literatura pornográfica protagonizada pela rainha refletia uma ansiedade em relação ao papel das mulheres na nova república e à manutenção de distinções entre os gêneros. Maria Antonieta era o símbolo mais visível da mulher que atuava na esfera pública com suas tradicionais qualidades femininas de dissimulação e sedução. Além disso, ao tecer comentários sobre os papéis desempenhados pelas mulheres na sociedade e na política, essa pornografia também tinha um efeito democrático ou nivelador. Invariavelmente, enfatizava que o corpo da rainha servia como uma espécie de acesso à soberania: era casada com o rei e mãe do novo herdeiro do trono, e seu corpo era, portanto, fundamental ao poder. Depois de 1789, a pornografia sustentou cada vez mais o acesso desimpedido de todos à rainha. Mesmo quando ela estava na prisão, era acusada de dormir com seus criados (e também com seu filho). Portanto, a pornografia sobre seu comportamento não só degradava a realeza, mas elevava o homem comum[44].

Esse efeito democratizante vincula-se ao caráter espetacular presente nos panfletos pornográficos revolucionários. Os panfletos libertinos anteriores a 1789 narravam as histórias sórdidas da corte como versões escritas de uma fofoca; depois de 1789, o público "vê" a degeneração em ação em vez de "escutar" os rumores da corte. A apreciação da devassidão tomou diversas formas. As ilustrações pornográficas acompanhadas de legendas em forma de diálogo teatralizam a ação, tornando o

42. De Baecque, "The 'Livres remplis d'horreur...", pp. 134-7.
43. Boyer, *op. cit.*, vol. 2, p. 9.
44. Agradeço as sugestões de Hans-Ulrich Gumbrecht.

leitor um *voyeur* e um juiz moral. Mesmo os panfletos antiaristocráticos como *Marie-Antoinette dans l'embarras, ou Correspondance de la Fayette avec le roi, la reine, la Tour-du-Pin et Saint-Priest*, em que apenas os aristocratas são parceiros sexuais da rainha, tinham esse efeito democratizante, pois ao expor o corpo da rainha, tornava-o visível para todo homem[45]. Esse efeito era até mesmo mais pronunciado quando a rainha era exibida em relações sexuais com membros do proletariado. Por exemplo, em *La Cadran des plaisirs de la cour, ou Les Aventures du petit page Chérubin*, descreve-se a rainha com um jovem pajem, que desconhece sua identidade até a eclosão da Revolução[46].

A pornografia sobre aristocratas, padres, monges, freiras e prostitutas poderia ter um efeito similar. Todas essas figuras eram representadas como transgressores da conduta sexual, portanto, sujeitos à denúncia. Porém, em sua fraqueza, eles também se assemelhavam a todos os outros homens e mulheres. Diversos panfletos afrontavam a degradação dos costumes aristocráticos e clericais. *Les Roup — tes des Calotins* denunciava o clero, exclamando: "Quantos sátiros libidinosos e lúbricos o sagrado colégio não criou?"[47]. Muitos outros panfletos referiam-se em tom mais brando a infrações parecidas. Em *Dom-Bougre aux Etats-Généraux*, por exemplo, o autor se perdeu no encanto de descrever uma lista completa dos vícios, desviando-se do seu objetivo declarado de ensinar como "purificar os costumes, impedir o abastardamento da raça humana, destruir o adultério, a sodomia, a bestialidade e os outros vícios que estavam degradando os franceses por cinco ou seis gerações"[48]. *Les Bijoux du petit neveu de l'Arétin, ou Etrennes libertines* era dedicado "às mulheres de caráter de outrora [mulheres nobres],

45. S.l., s.d.
46. *Le Cadran des plaisirs de la cour, ou Les Aventures du petit page Chérubin. Pour servir de suite à la vie de Marie-Antoinette, ci-devant Reine de France. Suivi de la confession de Mademoiselle Sapho*, Paris, Chez les Marchands de Nouveautés, s. d.
47. *Les Roup – tes des Calotins*, s.l., s.d.
48. *Dom-Bougre*.

mesmo que não haja nenhuma; aos padres castos, cuja idade os incita rumo ao prazer; e, finalmente, aos sensuais devotos dos prazeres do amor, onde quer que se encontrem". Entre as ilustrações do panfleto há uma do *Père Duchesne* — personagem comum dos bulevares e das feiras, que ornava o topo de diferentes jornais revolucionários — fazendo sexo com uma garota camponesa, sobre o dorso de uma mula[49]. Desse modo, o homem comum participava de atividades imaginadas especialmente para as classes altas.

A pornografia na Revolução, até mais do que no Antigo Regime, assegurava que o sexo seria de todos. O autor do panfleto *La Confédération de la nature, ou L'Art de se reproduire, avec figures* (1790) — tomando um exemplo particularmente expressivo — usava uma linguagem carregada de duplo sentido sexual: "patriotas vigorosos, cordiais cidadãos companheiros, um novo CAMPO, que, embora mais ESTREITO que o de MARTE, é mais agradável, está agora ABERTO a vocês; convidando para que se ENTRE nele". Entre os diversos poemas anticlericais e geralmente obscenos inseridos no panfleto, há um em que uma prostituta promete preços mais baixos para os patriotas: "dezoito *sous*, em vez de vinte e quatro; uma redução de preço da minha xoxota nacional" [*Dix-huit sous, au lieu de vingt-quatre; C'est à quoi se réduit mon con national*][50].

A transferência das mulheres públicas de um homem para outro — e talvez de todas as mulheres da imaginação pornográfica — evidencia-se principalmente em *Julie philosphe, ou Le Bon patriote* (1791), a versão revolucionária atualizada de *Thérèse philosophe*. Entre os homens com que Julie se envolve, estão *chevalier* de Morande, um escritor pornográfico mercenário pré-revolucionário; Calonne, em seu exílio inglês; um cirurgião de classe média que a salvou de ser linchada; Mirabeau; o revolucionário belga Vander-Noot; um clérigo e um aristocrata

49. Paris, De L'Imprimerie de la Delaunay, connoisseuse, si jamais il en fut, 1791.
50. Londres, 1790.

(fig. 9.7). Julie fica rica graças ao dinheiro do aristocrata, mas casa-se com um camponês. Portanto, seu corpo passa pelas mãos dos homens de todas as classes sociais e de toda a nação revolucionária; e ela ainda é uma perspicaz observadora da cena política, que opina, por exemplo, sobre as principais notícias políticas do dia[51].

O objetivo político de *Julie philosophe* não pode ser facilmente classificado como pró-revolucionário ou anti-revolucionário. O romance é claramente satírico, pois, como o subtítulo indica, Julie é exemplo de "cidadã ativa" — uma ironia à categoria política dos cidadãos ativos, que incluía os homens com propriedades, segundo a Constituição de 1791. Porém, ela é "ativa" no sentido sexual, e não no sentido político. Embora Julie parecesse a versão revolucionária da narradora feminina encontrada nas obras pornográficas do século XVIII, ela não tinha independência ou determinação. Segundo o subtítulo, Julie é agente e vítima das recentes revoluções ocorridas na França, Holanda e Brabante (Bélgica). Tem pontos de vista políticos — pró-revolucionários e democráticos — mas é dependente dos homens e, finalmente, tornou-se esposa devotada de um camponês, satisfeita em "trazer à luz pequenos cidadãos para o Estado"[52]. No fim, de modo ambivalente, o romance justapõe juízos democráticos e disposição sexual, perspicácia política e desejo doméstico, declamações contra a aristocracia e o clero e sátiras dos revolucionários.

Em sua obra sobre os panfletos pornográficos produzidos durante a Revolução, Antoine de Baecque também enfatizou seu efeito democrático, embora de forma diferente. Ele argumenta que as publicações licenciosas integravam "o estágio de aprendizado da vida democrática", tentando dizer tudo, até mesmo disparates. Na nova ordem revolucionária, todos os políticos des-

51. *Julie philosophe, ou Le Bon patriote. Histoire à peu près véritable, d'une Citoyenne active qui a été tour-à-tour agent et victime dans le dernières révolutions de la Hollande, du Brabant et de la France,* 2 vols., s.l., 1791.
52. *Idem*, vol. 2, p. 221.

FIGURA 9.7: Cena de *Julie philosophe* (ed. francesa, 1791).

cobriram que sua conduta estava sujeita à crítica e ao escrutínio, e que a sátira pornográfica fazia parte de uma insistência sobre a transparência, a publicidade ou a sinceridade da prática política[53].

Embora haja muito mérito na análise atenciosa sobre os modos e meios de publicação, a obra de Antoine de Baecque contempla inteiramente a questão do gênero sexual nas novas formas de democratização. A democracia foi estabelecida contra a monarquia por meio dos ataques pornográficos sobre a feminização da aristocracia e da monarquia. Esse processo acelerou-se depois de 1789 em ataques contra a principal figura feminina do Antigo Regime, a rainha. Ao mesmo tempo, os laços fraternais da democracia foram estabelecidos — na pornografia, ao menos e talvez mais amplamente[54] — pela circulação de imagens de corpos femininos, principalmente na mídia impressa e nas minuciosas descrições nos textos pornográficos. As fantasias de múltiplos parceiros sexuais e de atos sexuais entre classes diferentes, assim como outros privilégios da aristocracia (como a caça), estavam agora ao alcance de todos, mas, especialmente, de todo homem. Portanto, as mulheres foram fundamentais para o avanço da democracia e, no fim, foram excluídas dela. Julie — como suas companheiras da vida real — retirou-se da vida política para criar seus filhos e cultivar seu jardim.

Os Efeitos da Revolução sobre a Tradição Pornográfica

Com sua ideologia materialista, a pornografia esteve por longo tempo na vanguarda da investigação científica sobre o novo homem democrático (algumas vezes apenas homens, outras vezes homens e mulheres), sobre as atividades do seu corpo, a semelhança de seus corpos com todos os outros (aristocráticos ou não) e sobre as atividades de sua imaginação, retratada como

53. De Baecque, "The 'Livres remplis d'horreur...", pp. 129-30.
54. Ver Hunt, Lynn, *The Family Romance of the French Revolution*, Berkeley, CA, University of California Press, 1992.

dependente do corpo. Na última década do século XVIII, a ideologia materialista atingiu seu auge e sua *reductio ad absurdum* nos textos de Sade, que demonstrou, quer queira quer não, a armadilha lógica e cultural do universo materialista. A similaridade básica de todos os corpos foi utilizada por Sade para uma visão política e social dominada por senhores e escravos, em que os homens eram usualmente os senhores, e as mulheres e crianças, os escravos[55]. Por exemplo, em *La Philosophie dans le boudoir*, Sade empregou a ideologia materialista para excluir toda idéia de sentimento familiar, religião ou moralidade convencional e, explicitamente, associou a nova ênfase sobre igualdade e fraternidade às virtudes do incesto e da comunidade de todas as mulheres. Na visão de Sade, as filósofas Thérèse e Julie agora compartilhariam, assim como todas as outras mulheres, de gigantescos templos de Vênus[56].

Os romances sadianos assinalaram uma importante transição na década de 1790. O marquês levou as possibilidades subversivas da pornografia, política e socialmente, ao seu possível extremo e, ao mesmo tempo e talvez pela mesma ação, abriu o caminho para a pornografia moderna e apolítica. Suas investidas contra todos os aspectos da moralidade convencional abalaram o uso da pornografia com objetivos. A pornografia era, então, identificada como ataque à própria moralidade, em vez de crítica ao sistema moral do Antigo Regime. Por esse motivo, Sade foi condenado por todos os regimes — Antigo Regime, republicano e napoleônico. A polícia republicana e, mais tarde, a polícia napoleônica dedicaram grande energia à perseguição e apreenção de cópias de *Justine* e *Juliette*[57].

55. Para uma outra visão, ver Lucienne Frappier-Mazur, *Sade et l'écriture de l'orgie*, Paris, Nathan, 1991, principalmente pp. 29-85.
56. Analisei essa obra mais extensamente em *The Family Romance*, pp. 124-50. Para uma análise sugestiva diversa, ver Frances Ferguson, "Sade and the Pornographic Legacy", *Representations*, 36, 1991, pp. 1-21.
57. Isso se evidencia a partir do índice de Alphonse Aulard, *Paris pendant la réaction thermidorienne et sous le Directoire: Recueil de documents pour l'histoire de l'esprit public à Paris*, 5 vols., Paris, 1898-1902; e *idem*, *Paris sous le Consulat: Recueil de documents pour l'histoire de l'esprit public à Paris*, 4 vols., Paris, 1903-1909.

Os contemporâneos de Sade perceberam imediatamente sua ameaça. O autor anônimo de um livro sobre a vida literária parisiense em 1799 louvava Restif de la Bretonne e Laclos, ainda que ambos tivessem escrito livros considerados escandalosos. Ele classificou *Les Liaisons dangereuses* como "uma das obras mais famosas na Europa [...]. É uma história real, em que só os nomes foram trocados". Contudo, injuriou Sade, sugerindo o perigo que ele representava:

> Mencionamos Sade aqui, de modo que todos irão saber, de modo que ninguém irá esquecer, que ele é o autor de *Justine ou les malheurs de la vertu*, uma obra abominável. Dizem que ele acabou de morrer; bem, tanto melhor, tanto melhor, já que a existência de um homem assim é uma verdadeira calamidade, e a morte fez bem em livrar o mundo dele[58].

No prefácio de *L'Anti-Justine*, Restif admitiu ter lido *Justine*, *Aline et Valcour* e *La Philosophie dans le boudoir*, e declara seu objetivo de escrever um texto mais excitante que todas as obras de Sade. Também esperava escrever um livro sem a violência e o sadismo presentes em Sade; seria um livro que "as esposas poderiam ler para seus maridos a fim de serem melhor satisfeitas". "Ninguém", declara Restif, "ficou mais revoltado que eu com as obras sórdidas do infame Dfds [iniciais de Sade]"[59].

Embora muito influente mais tarde, no final do século XVIII Sade permanecia uma figura paradoxal na invenção da pornografia. Ao contrário dos contemporâneos pornógrafos, suas obras sempre conservaram a rispidez política das obras materialistas iniciais, que rapidamente desapareceu das outras obras pornográficas. Quando a imprensa tornou-se mais livre com os go-

58. *Paris, littéraire*, Hamburgo, an 7.
59. *L'Anti-Justine, ou Les Délices de l'amour, par M. Linguet, Avocat au et en Parlement*, Paris, Palais-Royal, 1798, p. 3.

vernos revolucionários, a pornografia — apolítica e política — foi muito publicada, mas, depois de 1794, a vertente política começou a desaparecer. A pornografia podia ser lucrativa, e não havia necessidade de outra justificativa.

Uma das principais figuras na transição de uma pornografia clandestina e política para uma pornografia mais comercial, popularizada e apolítica nos séculos XIX e XX foi o *chevalier* Andréa de Nerciat (1739-1800). Filho de um oficial real na Borgonha, começou sua carreira como oficial militar, como Laclos e Sade. Em 1775, quando se afastou do exército, passou a escrever peças teatrais, poesia e música ligeira e, não sendo bem-sucedido em nenhuma dessas atividades, dedicouse à pornografia. Na década de 1780, foi bibilotecário do príncipe Frederico II, de Hesse-Kassel, posto que serviu como disfarce para sua missão de agente secreto do governo francês. Em 1787, foi enviado à República Holandesa durante a revolta holandesa — por isso alguns acreditaram que pudesse ser o autor de *Julie philosophe*, que aborda as revoltas holandesa e belga. Posteriormente, foi à Áustria e à Boêmia, onde continuou a escrever e também a servir como agente do governo republicano francês. Logo, porém, Andréa de Nerciat desempenhava o papel de agente duplo, servindo à República Francesa mas também fornecendo informações aos aliados inimigos. As autoridades francesas sabiam que ele escrevia "livros sujos" (*quelques romans orduriers*) e, em 1798, foi preso quando os franceses invadiram Nápoles, seu posto mais recente. Faleceu logo depois de sua libertação, em 1800[60].

A carreira literária de Andréa de Nerciat passou pelo Antigo Regime, Revolução e Consulado. Seu primeiro romance conhecido, *Félicia*, publicado em 1775, teve dezesseis reedições até 1812, sete entre 1792 e 1798[61]. A obra teve uma longa carrei-

60. Guillaume Apollinaire, *Les Maîtres de l'Amour: L'Ouvre du chevalier Andréa de Nerciat*, 2 vols., Paris, Bibliothèque des Curieux, 1910, vols. 1, p. 33, carta de maio 1797, de Sabatier de Castres para Napoleão Bonaparte.

61. Para a história editorial da obra, ver Martin, Mylne e Frautschi, *op. cit.*

ra, já que sua destruição foi ordenada em 1822, 1842 e 1865 por diferentes tribunais franceses, sendo confiscada pela última vez em 1955, em Paris[62]. Sua última obra, publicada postumamente em 1803, mas supostamente escrita antes de 1789, foi *Le Diable au corps*, descrita por um celébre bibliógrafo do século XIX como "a mais obscena e renomada obra de Nerciat", que "em minha opinião [...] é o melhor romance erótico francês"[63].

Andréa de Nerciat é importante não só por ter sido muito lido e muito publicado, mas também por acompanhar e talvez ajudar a criar as novas convenções do gênero pornográfico nesse período crucial de transição. *Félicia*, como suas predecessoras *Thérese philosophe* e *Margot la ravaudeuse*, era narrada por uma voz feminina. Félicia, uma criança enjeitada, conta sua história para um de seus favoritos, um nobre. Abriu seu caminho no mundo do amor e da escrita para "ver e rever meu desatino, com a satisfação de um coronel recém-promovido que faz seu regimento marchar em um dia de parada militar, ou, se quiserem, como um velho avarento que conta e pesa o dinheiro da aposentadoria". Ela escreve "para se divertir [...] e para escandalizar o universo!"[64].

Durante a Revolução, o narrador nos romances de Andréa de Nerciat muda a voz feminina para a masculina e, em seguida, para um ponto de vista onisciente, não identificado nem com um homem nem com uma mulher. Depois de *Félicia*, Nerciat publicou *Monrose, ou Le Libertin par fatalité* (1792), em que Félicia ainda se expressa, mas rapidamente, explicando que Monrose será o principal personagem da história. Então, Monrose narra sua história a ela. A voz de Félicia é ouvida ocasionalmente, mas a voz masculina domina a nar-

62. Pia, *Les Livres de l'Enfer*, vol. 1, pp. 247-8.
63. Louis Perceau, *Bibliographie du roman érotique au XIXe siècle*, 2 vols., Paris, G. Fourdrinier, 1930, vol. 1, p. 27.
64. *Félicia*, 4 vols., Paris, 1782, vol. 1, p. 2.65. *Monrose, ou Le Libertin par fatalité*, 2 vols., s.l., 1792.

rativa[65]. Quando Andréa de Nerciat publicou seu trabalho seguinte, *Les Aphrodites, ou Fragments thali-priapiques pour servir à l'histoire du plaisir* (1793), usou o narrador onisciente para descrever a congregação das Afrodites, composta pelos principais nobres e por mulheres. A ordem está inteiramente devotada ao prazer e à exploração do sexo. Em sua última obra, *Le Diable au corps*, Andréa de Nerciat usou o narrador onisciente para descrever diversos *tableaux* na estrutura narrativa do romance.

A transformação da voz narrativa é importante porque sinaliza uma mudança fundamental na representação das mulheres. Como Thérèse, Margot e até mesmo Julie, Félicia desfruta sua independência, determinação e autoridade. Quando a narradora feminina perde evidência, representa a redução da função das mulheres. Nos romances sem narradora feminina é evidente que os corpos das mulheres estão presentes para ser lidos, vistos e desfrutados pelos homens. Embora *madame* Durat administre o "hospício" das Afrodites, os corpos femininos são meras fichas em um sistema masculino de trocas. Em uma orgia entre casais de nobres, por exemplo, são os homens que vão sucessivamente de mulher em mulher, quase automaticamente.

A transformação da voz narrativa não era sempre completa ou consistente. O personagem da marquesa em *Le Diable au corps*, por exemplo, ainda sustenta algumas das prerrogativas da narradora feminina. Em seu diálogo com Philippine, uma mulher mais jovem, ela ensina a descrever os órgãos sexuais do corpo com palavras obscenas: "aprenda então a falar e a não hesitar em cada palavra, como uma moça de convento". Mas a marquesa é descrita como possuidora de "um tom de voz que é um pouco masculino", o que explica sua iniciativa. Em geral, os papéis sexuais ficam mais definidos, mesmo quando desempenhados em um mesmo corpo. Cada personagem é dissecado em termos sexuais — um padre alemão, por exemplo, possui

65. *Monrose, ou Le Libertin par fatalit]e*, 2 vols., s.l., 1792.

Figura 9.8: Cena de bestialidade, Andréa de Nerciat, *Le Diable au corps.*

Figura 9.9: Cena de *l'Enfant du bordel* (Paris, 1800). O texto afirma: "Meu suposto clitóris é beijado com entusiasmo pela tríbade (lésbica) Julie". Essa cena captura o jogo entre sexos característico da pornografia. O herói se disfarça de mulher para seduzir uma lésbica.

traços um pouco femininos — e um personagem é identificado como pederasta. Seu desejo por garotos não é declarado, mas é apresentado como característica determinante. A pornografia ainda atua contra a diferenciação sexual, ao enfatizar o efeito nivelador dos desejos físicos, mas nas obras de Andréa de Nerciat existe uma tentativa de reinscrever essas diferenças no molde pornográfico[66]. A política possui um papel curioso nos romances de Andréa de Nerciat. Ele não oferece a reflexão filosófica e política tão admirável nos romances de Sade, de vez em quando faz referências específicas à Revolução Francesa, mas todas negativas ou satíricas. Em *Les Aphrodites*, por exemplo, uma nota de rodapé atribui a abolição dos títulos da nobreza a "um punhado de bêbados". *Madame* Durat não deseja ler o material pornográfico criado por Mirabeau porque ele tinha apoiado a Revolução. E, no posfácio, os editores afirmam que a congregação de Afrodites dissolveu-se como ordem no final de 1791, partindo para um "exílio delicioso". Diversas Afrodites morreram na revolta de 10 de agosto de 1792 e nos massacres de setembro do mesmo ano[67]. Em um romance anterior de Andréa de Nerciat, *Mon noviciat* (1792), o editor afirma em uma nota de rodapé que os livros sórdidos fizeram-no ganhar muito dinheiro: "o direito de expô-los e de vendê-los publicamente [...] é apenas uma das menores vantagens dessa venturosa liberdade, nascida da Revolução, realizada por nossa grande coragem"[68].

Em geral, porém, a política ocupa um espaço muito pequeno. Muitos dos principais personagens em *Le Diable au corps* (1803) são aristocratas ou clérigos, exatamente como os das obras pornográficas do Antigo Regime. Mas o autor não tem interesse em denunciar a libertinagem. A marquesa é bela e

66. *Le Diable au corps, oeuvre posthume du très recommandable Docteur Cazzoné, membre extraordinaire de la joyeuse Faculté Phallo-coiro-pygo-glottonomique*, 2 vols., Paris, 1803, vol. 1, pp i e 134.
67. *Les Aphrodites, ou Fragments thali-priapiques pour servir à l'histoire du plaisir*, 4 vols., [1793, revisão da ed. 1864], vol. 1, pp. 21-2, e vol. 4, pp. 181-5.
68. André-Robert Andréa de Nerciat, *Mon noviciat, ou Les Joies de Lolotte*, 2 vols., s.l., 1792-1864, vol. 1, p. 14.

possui uma conduta nobre, a condessa de Motte-en-Feu tem uma beleza menos viçosa, e o abade Boujaron é um padre napolitano, que desfruta os vícios de cada nação e de todas as estações. Seus prazeres agora são democráticos —, a marquesa dorme com o homem que vende novos e interessantes consolos ingleses, enquanto o abade os observa do quarto anexo — mas o foco está na descrição de seus prazeres, incluindo um ato de bestialidade com um asno, descrito como possuidor de "todos os encantos que podem tornar um asno atraente" (fig. 9.8). O cruzamento entre sexos, raças (as relações sexuais com um escravo negro também são detalhadas), classes sociais e espécies buscam o escândalo e a excitação, e não a crítica política[69]. Mesmo assim, representa um avanço em relação à filosofia materialista do século XVIII, ao estabelecer a igualdade da atração física.

Andréa de Nerciat provou que não era preciso ser um revolucionário para se beneficiar da revolucionária liberdade de imprensa. Sua obra também mostrou que o mercado pornográfico, estimulado pela crítica ao sistema social e político do Antigo Regime, também podia ser explorado por aqueles que não tinham propósitos políticos. Os Héberts* da Revolução usaram a pornografia para atingir um novo público leitor francês e para impulsionar a democratização da ordem política e social. Os livros de Andréa de Nerciat refletiram a influência da nova cultura democrática, mas também indicam o desinteresse por qualquer política — inclusive a democrática.

Depois de 1799, o mercado para os livros sujos não é muito conhecido, e Andréa de Nerciat pode representar um retorno ao velho mercado libertino do fim do século XVII e inicio do século XVIII. Mas mesmo que essa fosse sua intenção, é evidente que os novos tipos de pornografia apolítica estavam

*N. T.: Referência ao político e jornalista francês Jacques René Hébert (1757-1794). Aderiu à Revolução, adquirindo popularidade pelos violentos artigos que publicava em seu jornal Le Père Duchesne. Foi preso e guilhotinado em 24 de março de 1794.

69. *Le Diable au corps*, vol. 1, pp. i e 176.

conquistando e, talvez, expandindo o mercado de livros proibidos no século XIX. A obra *L'Enfant du bordel*, de autoria anônima, por exemplo, aproveitou-se da moda dos romances sobre órfãos e crianças enjeitadas, que apareceram depois de 1795. Era escrita como uma paródia pornográfica desses romances "infantis", que descreviam a ascensão social de pobretões[70]. Como *Eléonore, ou L'Heureuse personne*, romance que apareceu no mesmo ano, *L'Enfant du bordel* abordava o tema do travestismo (fig. 9.9). *Amélie de Saint-Far, ou la fatale erreur*, supostamente escrito por *Madame* de C — (segundo a página de rosto), tentou ocupar um espaço entre o romance sentimental e o romance pornográfico, ao reduzir as descrições sexuais explícitas e encaixá-las em uma narrativa típica do romance sentimental. Com a importante exceção da obra de Sade, os romances pornográficos posteriores a 1795 buscavam a exploração de novos prazeres sexuais — bestialidade, travestismo e até transexualidade em *Eléonore*, mas não sadismo, tortura ou assassinato — abandonaram a tradição da pornografia política. As obras não se afastaram totalmente da realidade social e política — Eléonore, por exemplo, era a filha ilegítima de um nobre e era também a criança do bordel —, mas desenvolveram-se como um gênero distinto, ocupando uma posição inferior na vida doméstica e burguesa dos séculos XIX e XX. A mulher filosófica libertina cedeu (exceto, naturalmente, em suas numerosas reedições) à *femme fatale* e, principalmente, às *femmes vicieuses*, essas mulheres com tendências lésbicas que se prostituíam por dinheiro, arruinavam homens com sua luxúria e, no fim, destruíram a virilidade dos homens, isso se não fossem vitimados primeiro[71]. A pornografia continuaria a ter significados políticos e sociais, como ainda os tem, mas agora eles seriam menos intencionais e muito mais sutis, mesmo quando o gênero tornou-se amplamente divulgado.

70. Para uma discussão sobre romance envolvendo "crianças", ver Hunt, *The Family Romance...*, pp. 171-81.
71. Sobre a pornografia do século XIX, ver Annie Stora-Lamarre, *L'Enfer de la IIIe République: Censeurs et pornographes (1881-1914)*, Paris, Imago, 1990, pp. 22-44.

Créditos das Ilustrações:

I.1. Bibliothèque Nationale, Paris.
I.2. Bibliothèque Nationale, Paris.
I.3. Bibliothèque Nationale, Paris.
I.4. Bibliothèque Nationale, Paris.

1.1. Fondazione Querine Stampalia, Veneza.
1.2. The Metropolitan Museum of Art, The Elisha Whittelsey Fund, 1955.
1.3. The New York Public Library, Lenox and Tilden Foundation, Print Collection, Miriam and Ira D. Wallach Division of Art, Prints and Photographs.
1.4. Graphische Sammlung, Albertina, Viena.
1.5. Museo del Prado, Madri.
1.6. Bibliothèque Nationale, Paris.
1.7. Kunsthistorische Museum, Viena.
1.8. Kunsthistorische Museum, Viena.
1.9. Museum of Fine Arts, Boston; James Fund and by Special Contribution.
1.10. British Museum, Londres.

2.1. Bibliothèque Nationale, Paris.

3.1. Princeton University Libraries.

4.1. Bibliothèque Nationale, Paris.
4.2. Bibliothèque Nationale, Paris.
4.3. Bibliothèque Nationale, Paris.
4.4. Bibliothèque Nationale, Paris.
4.5. Bibliothèque Nationale, Paris.
4.6. Bibliothèque Nationale, Paris.
4.7. Bibliothèque Nationale, Paris.

5.1. Bibliothèque Nationale, Paris.
5.2. Bibliothèque Nationale, Paris.

6.1. Bibliothèque Nationale, Paris.
6.2. Bibliothèque Nationale, Paris.

7.1. Guilhall Library, Londres.
7.2. Paul Mellon Centre, Londres.
7.3. Victoria and Albert Museum, Londres.

8.1. Royal Library, Haia.

9.1. Bibliothèque Nationale, Paris.
9.2. Bibliothèque Nationale, Paris.
9.3. Bibliothèque Nationale, Paris.
9.4. Bibliothèque Nationale, Paris.
9.5. Bibliothèque Nationale, Paris.
9.6. Bibliothèque Nationale, Paris.
9.7. Bibliothèque Nationale, Paris.
9.8. Bibliothèque Nationale, Paris.
9.9. Bibliothèque Nationale, Paris

Colaboradores

JOAN DEJEAN é professora de francês na Universidade da Pensilvânia. É autora de *Fictions of Sappho* e *Tender Geographies: Women and the Origins of the Novel in France*.

PAULA FINDLEN leciona no Departamento de História e no Programa de História e Filosofia da Ciência na Universidade da Califórnia, Davis. É autora de *Possessing Nature: Museums, Collecting and Scientific Culture in Early Modern Italy*.

LUCIENNE FRAPPIER-MAZUR é professora de francês na Universidade da Pensilvânia. É autora de *L'Expression métaphorique dans "La Comédie humaine"* e *Sade et l'écriture de l'orgie*. Publicou numerosos artigos sobre representação novelística no século XIX e pesquisa representações do corpo no romance francês.

LYNN HUNT é professora de história na Universidade da Pensilvânia. É autora de diversos livros sobre a Revolução Francesa e sobre a nova história cultural.

MARGARET C. JACOB é professora de história da *University at the New School for Social Research*. Escreveu diversos livros sobre ciência e Iluminismo.

WIJNAND W. MIJNHARDT é professor de história cultural na Universidade de Utrecht. É autor da principal história da sociabilidade holandesa no século XVIII. Organizou com Margaret Jacob a obra *The Dutch Republic in the Eighteenth Century: Decline, Enlightenment, and Revolution*. Atualmente, conclui um livro sobre atividade editorial e leitura nos Países Baixos entre 1780 e 1850.

KATHRYN NORBERG é professora associada do Departamento de História da Universidade da Califórnia, Los Angeles, e diretora do *UCLA Center for the Study of Women*. É autora de *Rich and Poor in Grenoble, 1600-1814* e *From the Royal to the Republican body: Incorporating the Political in Enlightenment London*, University of California Press.

RANDOLPH TRUMBACH é professor de história no *Baruch College, City University of New York*. Escreveu *The Rise of the Egalitarian Family* e um série recente de dez ensaios sobre homossexualidade e prostituição, para um estudo em dois volumes sobre a vida sexual na Londres do século XVIII.

RACHEL WEIL é professora-assistente de história na Universidade de Cornell. Está trabalhando em um livro sobre a relação entre ideologia sexual e discurso político na Inglaterra dos últimos Stuart.

ESTA OBRA FOI COMPOSTA EM
WALBAUM MT, LASER FILM, IMPRESSA
PELA PROL GRÁFICA EDITORA LTDA.
EM PAPEL PÓLEN SOFT 85 G/M²
EM NOVEMBRO DE 1999.